독학사

2단계
국어국문학과

국어사

시대에듀

머리말 INTRO

학위를 얻는 데 시간과 장소는 더 이상 제약이 되지 않습니다. 대입 전형을 거치지 않아도 '학점은행제'를 통해 학사학위를 취득할 수 있기 때문입니다. 그중 독학학위제도는 고등학교 졸업자이거나 이와 동등 이상의 학력을 가지고 있는 사람들에게 효율적인 학점 인정 및 학사학위 취득의 기회를 줍니다.

학습을 통한 개인의 자아실현 도구이자 자신의 실력을 인정받을 수 있는 스펙인 독학사는 짧은 기간 안에 학사학위를 취득할 수 있는 가장 빠른 지름길로써 많은 수험생들의 선택을 받고 있습니다.

이 책은 독학사 시험을 준비하는 수험생분들이 단기간에 효과적인 학습을 할 수 있도록 다음과 같이 구성하였습니다.

01 핵심이론을 학습하기에 앞서 각 단원에서 파악해야 할 중점과 학습목표를 정리하여 수록하였습니다.

02 시험에 출제될 수 있는 내용을 '핵심이론'으로 수록하였으며, 이론 안의 '더 알아두기' 등을 통해 내용 이해에 부족함이 없도록 하였습니다. (2023년 시험부터 적용된 개정 평가영역 반영)

03 해당 출제영역에 맞는 핵심포인트를 분석하여 구성한 '실전예상문제'를 수록하였습니다.

04 최신 출제유형을 반영한 '최종모의고사(2회분)'를 통해 자신의 실력을 점검해 볼 수 있도록 하였습니다.

국어사는 국어국문학 분야에서 어려울 수 있는 과목입니다. 문법적 개념에 대한 지식을 갖추어야 하고, 역사와 고전문학에 대해 전반적으로 잘 이해하고 있어야 하며, 낯선 고어와 한자어를 읽고 해석할 수 있어야 하기 때문입니다. 그러나 국어사를 충분히 학습하고 소화한다면, 문법의 체계를 숙지할 수 있을 뿐 아니라 고전문학을 이해하는 폭도 한층 넓어질 것입니다. 국어사는 통시적 변화를 이해하는 것이 특히 중요합니다. 시대의 흐름을 놓치지 말고 통합적 시각으로 끈기 있게 공부하셔서 지식의 지평이 확장되는 기쁨을 누리시기 바랍니다.

편저자 드림

독학학위제 소개 BDES

◇ 독학학위제란?

「독학에 의한 학위취득에 관한 법률」에 의거하여 국가에서 시행하는 시험에 합격한 사람에게 학사학위를 수여하는 제도

- 고등학교 졸업 이상의 학력을 가진 사람이면 누구나 응시 가능
- 대학교를 다니지 않아도 스스로 공부해서 학위취득 가능
- 일과 학습의 병행이 가능하여 시간과 비용 최소화
- 언제, 어디서나 학습이 가능한 평생학습시대의 자아실현을 위한 제도
- 학위취득시험은 4개의 과정(교양, 전공기초, 전공심화, 학위취득 종합시험)으로 이루어져 있으며 각 과정별 시험을 모두 거쳐 학위취득 종합시험에 합격하면 학사학위 취득

◇ 독학학위제 전공 분야 (11개 전공)

※ 유아교육학 및 정보통신학 전공 : 3, 4과정만 개설
　(정보통신학의 경우 3과정은 2025년까지, 4과정은 2026년까지만 응시 가능하며, 이후 폐지)
※ 간호학 전공 : 4과정만 개설
※ 중어중문학, 수학, 농학 전공 : 폐지 전공으로, 기존에 해당 전공 학적 보유자에 한하여 2025년까지 응시 가능

※ 시대에듀는 현재 4개 학과(심리학과, 경영학과, 컴퓨터공학과, 간호학과) 개설 완료
※ 2개 학과(국어국문학과, 영어영문학과) 개설 중

독학학위제 시험안내 INFORMATION

⬢ 과정별 응시자격

단계	과정	응시자격	과정(과목) 시험 면제 요건
1	교양	고등학교 졸업 이상 학력 소지자	• 대학(교)에서 각 학년 수료 및 일정 학점 취득 • 학점은행제 일정 학점 인정 • 국가기술자격법에 따른 자격 취득 • 교육부령에 따른 각종 시험 합격 • 면제지정기관 이수 등
2	전공기초		
3	전공심화		
4	학위취득	• 1~3과정 합격 및 면제 • 대학에서 동일 전공으로 3년 이상 수료 (3년제의 경우 졸업) 또는 105학점 이상 취득 • 학점은행제 동일 전공 105학점 이상 인정 (전공 28학점 포함) • 외국에서 15년 이상의 학교교육과정 수료	없음(반드시 응시)

⬢ 응시방법 및 응시료

- 접수방법 : 온라인으로만 가능
- 제출서류 : 응시자격 증빙서류 등 자세한 내용은 홈페이지 참조
- 응시료 : 20,700원

⬢ 독학학위제 시험 범위

- 시험 과목별 평가영역 범위에서 대학 전공자에게 요구되는 수준으로 출제
- 독학학위제 홈페이지(bdes.nile.or.kr) ➡ 학습정보 ➡ 과목별 평가영역에서 확인

⬢ 문항 수 및 배점

과정	일반 과목			예외 과목		
	객관식	주관식	합계	객관식	주관식	합계
교양, 전공기초 (1~2과정)	40문항×2.5점 =100점	—	40문항 100점	25문항×4점 =100점	—	25문항 100점
전공심화, 학위취득 (3~4과정)	24문항×2.5점 =60점	4문항×10점 =40점	28문항 100점	15문항×4점 =60점	5문항×8점 =40점	20문항 100점

※ 2017년도부터 교양과정 인정시험 및 전공기초과정 인정시험은 객관식 문항으로만 출제

합격 기준

■ 1~3과정(교양, 전공기초, 전공심화) 시험

단계	과정	합격 기준	유의 사항
1	교양	매 과목 60점 이상 득점을 합격으로 하고, 과목 합격 인정(합격 여부만 결정)	5과목 합격
2	전공기초		6과목 이상 합격
3	전공심화		

■ 4과정(학위취득) 시험 : 총점 합격제 또는 과목별 합격제 선택

구분	합격 기준	유의 사항
총점 합격제	• 총점(600점)의 60% 이상 득점(360점) • 과목 낙제 없음	• 6과목 모두 신규 응시 • 기존 합격 과목 불인정
과목별 합격제	• 매 과목 100점 만점으로 하여 전 과목(교양 2, 전공 4) 60점 이상 득점	• 기존 합격 과목 재응시 불가 • 1과목이라도 60점 미만 득점하면 불합격

시험 일정

1단계 2월 중 → 2단계 5월 중 → 3단계 8월 중 → 4단계 10월 중

■ 국어국문학과 2단계 시험 과목 및 시간표

구분(교시별)	시간	시험 과목명
1교시	09:00~10:40(100분)	국어학개론, 국어문법론
2교시	11:10~12:50(100분)	국문학개론, 국어사
중식 12:50~13:40(50분)		
3교시	14:00~15:40(100분)	고전소설론, 한국현대시론
4교시	16:10~17:50(100분)	한국현대소설론, 한국현대희곡론

※ 시험 일정 및 세부사항은 반드시 독학학위제 홈페이지(bdes.nile.or.kr)를 통해 확인하시기 바랍니다.
※ 시대에듀에서 개설된 과목은 빨간색으로 표시하였습니다.

독학학위제 과정 CURRICULUM

독학학위제 출제방향 GUIDE

국가평생교육진흥원에서 고시한 과목별 평가영역에 준거하여 출제하되, 특정한 영역이나 분야가 지나치게 중시되거나 경시되지 않도록 한다.

독학자들의 취업 비율이 높은 점을 감안하여, 과목의 특성을 반영하는 범주 내에서 학문적이고 이론적인 문항뿐만 아니라 실무적인 문항도 출제한다.

단편적 지식의 암기로 풀 수 있는 문항의 출제는 지양하고, 이해력·적용력·분석력 등 폭넓고 고차원적인 능력을 측정하는 문항을 위주로 한다.

이설(異說)이 많은 내용의 출제는 지양하고 보편적이고 정설화된 내용에 근거하여 출제하며, 그럴 수 없는 경우에는 해당 학자의 성명이나 학파를 명시한다.

교양과정 인정시험(1과정)은 대학 교양교재에서 공통적으로 다루고 있는 기본적이고 핵심적인 내용을 출제하되, 교양과정 범위를 넘는 전문적이거나 지엽적인 내용의 출제는 지양한다.

전공기초과정 인정시험(2과정)은 각 전공영역의 학문을 연구하기 위하여 각 학문 계열에서 공통적으로 필요한 지식과 기술을 평가한다.

전공심화과정 인정시험(3과정)은 각 전공영역에 관하여 보다 심화된 전문적인 지식과 기술을 평가한다.

학위취득 종합시험(4과정)은 시험의 최종 과정으로서 학위를 취득한 자가 일반적으로 갖추어야 할 소양 및 전문지식과 기술을 종합적으로 평가한다.

교양과정 인정시험 및 전공기초과정 인정시험의 시험방법은 객관식(4지택1형)으로 한다.

전공심화과정 인정시험 및 학위취득 종합시험의 시험방법은 객관식(4지택1형)과 주관식(80자 내외의 서술형)으로 하되, 과목의 특성에 따라 다소 융통성 있게 출제한다.

독학학위제 단계별 학습법 STUDY PLAN

1단계 평가영역에 기반을 둔 이론 공부!

독학학위제에서 발표한 평가영역에 기반을 두어 효율적으로 이론을 공부해야 합니다. 각 장별로 정리된 '핵심이론'을 통해 핵심적인 개념을 파악합니다. 모든 내용을 다 암기하는 것이 아니라, 포괄적으로 이해한 후 핵심내용을 파악하여 이 부분을 확실히 알고 넘어가야 합니다.

2단계 시험 경향 및 문제 유형 파악!

독학사 시험 문제는 지금까지 출제된 유형에서 크게 벗어나지 않는 범위에서 비슷한 유형으로 줄곧 출제되고 있습니다. 본서에 수록된 이론을 충실히 학습한 후 '실전예상문제'를 풀어 보면서 문제의 유형과 출제의도를 파악하는 데 집중하도록 합니다. 교재에 수록된 문제는 시험 유형의 가장 핵심적인 부분이 반영된 문항들이므로 실제 시험에서 어떠한 유형이 출제되는지에 대한 감을 잡을 수 있을 것입니다.

3단계 '실전예상문제'를 통한 효과적인 대비!

독학사 시험 문제는 비슷한 유형들이 반복되어 출제되므로, 다양한 문제를 풀어 보는 것이 필수적입니다. 각 단원의 끝에 수록된 '실전예상문제'를 통해 단원별 내용을 제대로 학습하였는지 꼼꼼하게 확인하고, 실력을 점검합니다. 이때 부족한 부분은 따로 체크해 두고, 복습할 때 중점적으로 공부하는 것도 좋은 학습 전략입니다.

4단계 복습을 통한 학습 마무리!

이론 공부를 하면서, 혹은 문제를 풀어 보면서 헷갈리고 이해하기 어려운 부분은 따로 체크해 두는 것이 좋습니다. 중요 개념은 반복학습을 통해 놓치지 않고 확실하게 익히고 넘어가야 합니다. 마무리 단계에서는 '최종모의고사'를 통해 실전연습을 할 수 있도록 합니다.

독학학위제 합격수기 COMMENT

" 저는 학사편입 제도를 이용하기 위해 2~4단계 시험에 순차로 응시했고 한 번에 합격했습니다.
아슬아슬한 점수라서 부끄럽지만 독학사는 자료가 부족해서 부족하나마 후기를 쓰는 것이 도움이 될까 하여 제 합격전략을 정리하여 알려 드립니다.

#1. 교재와 전공서적을 가까이에!

학사학위 취득은 본래 4년을 기본으로 합니다. 독학사는 이를 1년으로 단축하는 것을 목표로 하는 시험이라 실제 시험도 변별력을 높이는 몇 문제를 제외한다면 기본이 되는 중요한 이론 위주로 출제됩니다. 시대에듀의 독학사 시리즈 역시 이에 맞추어 중요한 내용이 일목요연하게 압축·정리되어 있습니다. 빠르게 훑어보기 좋지만 내가 목표로 한 전공에 대해 자세히 알고 싶다면 전공서적과 함께 공부하는 것이 좋습니다. 교재와 전공서적을 함께 보면서 교재에 전공서적 내용을 정리하여 단권화하면 시험이 임박했을 때 교재 한 권으로도 자신 있게 시험을 치를 수 있습니다.

#2. 시간확인은 필수!

쉬운 문제는 금방 넘어가지만 지문이 길거나 어렵고 헷갈리는 문제도 있고, OMR 카드에 마킹까지 해야 하니 실제로 주어진 시간은 더 짧습니다. 앞부분에 어려운 문제가 있다고 해서 시간을 많이 허비하면 쉽게 풀 수 있는 뒷부분 문제들을 놓칠 수 있습니다. 문제 푸는 속도가 느려지면 집중력도 떨어집니다. 그래서 어차피 배점은 같으니 아는 문제를 최대한 많이 맞히는 것을 목표로 했습니다.
① 어려운 문제는 빠르게 넘기면서 문제를 끝까지 다 풀고 ② 확실한 답부터 우선 마킹한 후 ③ 다시 시험지로 돌아가 건너뛴 문제들을 다시 풀었습니다. 확실히 시간을 재고 문제를 많이 풀어봐야 실전에 도움이 되는 것 같습니다.

#3. 문제풀이의 반복!

여느 시험과 마찬가지로 문제는 많이 풀어볼수록 좋습니다. 이론을 공부한 후 예상문제를 풀다보니 부족한 부분이 어딘지 확인할 수 있었고, 공부한 이론이 시험에 어떤 식으로 출제될지 예상할 수 있었습니다. 그렇게 부족한 부분을 보충해가며 문제유형을 파악하면 이론을 복습할 때도 어떤 부분을 중점적으로 암기해야 할지 알 수 있습니다. 이론 공부가 어느 정도 마무리되었을 때 시계를 준비하고 모의고사를 풀었습니다. 실제 시험시간을 생각하면서 예행연습을 하니 시험 당일에는 덜 긴장할 수 있었습니다.

학위취득을 위해 오늘도 열심히 학습하시는 수험생 여러분에게도 합격의 영광이 있길 기원하면서 이만 줄입니다. "

이 책의 구성과 특징 STRUCTURES

01 단원 개요

핵심이론을 학습하기에 앞서 각 단원에서 파악해야 할 중점과 학습목표를 확인해 보세요.

02 핵심이론

평가영역을 바탕으로 꼼꼼하게 정리된 '핵심이론'을 통해 꼭 알아야 하는 내용을 명확히 파악해 보세요.

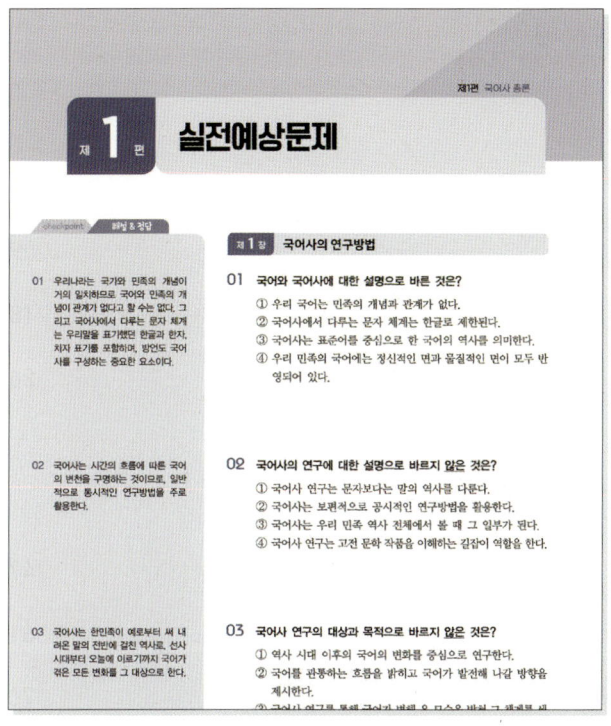

03 실전예상문제

'핵심이론'에서 공부한 내용을 바탕으로 '실전예상문제'를 풀어 보면서 문제를 해결하는 능력을 길러 보세요.

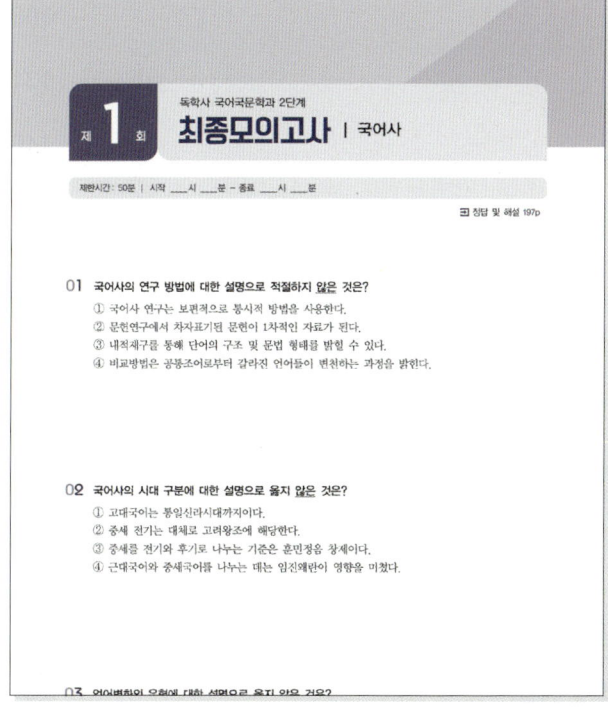

04 최종모의고사

'최종모의고사'를 실제 시험처럼 시간을 정해 놓고 풀어 보면서 최종점검을 해 보세요.

목차 CONTENTS

PART 1 핵심이론 & 실전예상문제

제1편 국어사 총론

제1장 국어사의 연구방법 · 003

제2장 국어의 계통 · 009

제3장 문자 체계 · 018

실전예상문제 · 026

제2편 시대별 음운, 어휘, 문법, 표기법의 변천

제1장 고대국어 · 047

제2장 전기 중세국어 · 061

제3장 후기 중세국어 · 070

제4장 근대국어 · 108

제5장 현대국어 · 131

실전예상문제 · 140

PART 2 최종모의고사

최종모의고사 제1회 · 175

최종모의고사 제2회 · 186

최종모의고사 제1회 정답 및 해설 · 197

최종모의고사 제2회 정답 및 해설 · 201

제1편

국어사 총론

제1장 국어사의 연구방법
제2장 국어의 계통
제3장 문자 체계
실전예상문제

I wish you the best of luck

국어국문학과 2단계

잠깐! 자격증・공무원・금융/보험・면허증・언어/외국어・검정고시/독학사・기업체/취업

이 시대의 모든 합격! 시대에듀에서 합격하세요!

www.youtube.com → 시대에듀 → 구독

제1편 국어사 총론

제1장 국어사의 연구방법

단원개요 제1장에서는 국어사의 연구대상과 목적을 파악하고, 국어사 연구를 실행하기 위해 필요한 구체적인 연구방법 네 가지를 알아본다. 그리고 언어변화의 유형에 따른 국어의 변화를 음운, 문법, 어휘라는 세 층위에서 살핀다.

출제 경향 및 수험 대책
이 단원에서는 우선 국어사의 연구 대상과 목적을 중심으로 국어사 연구의 특성을 확인해야 한다. 그리고 국어사 연구 방법의 특징을 묻거나 각 연구방법을 비교하는 문제가 출제될 수 있으므로, 각 연구방법의 개념과 장단점 등을 잘 정리하자. 국어의 변화에 대해서는 예를 중심으로 문제가 구성될 가능성이 높으므로, 각 변화의 유형과 관련된 예들을 반드시 파악한다.

제1절 연구대상과 목적 중요★

1 연구대상

국어사(國語史)는 한국어(韓國語)라는 하나의 언어를 다룬다. 그리고 국어사의 연구 대상은 '선사시대부터 지금까지 국어가 겪어온 모든 변화'이다.

2 연구목적

(1) 옛날부터 오늘에 이르기까지 음운, 어휘, 문법상 변화된 양상을 밝혀 체계를 세우는 것이다.

(2) 국어가 변해 온 자취와 그 이유를 설명하여 우리말을 관통하는 흐름이 무엇인지 밝히는 것이다.

(3) 국어에는 우리 민족의 정신적·물질적 생활의 모든 것이 반영되어 있기 때문에, 국어사 연구는 우리 민족 역사 전체의 일부를 구명(究明)하는 일이 될 수 있다.

(4) 고전 문학 작품을 제대로 이해하기 위한 기초가 되며, 현대국어를 이해하는 데도 도움이 된다.

제 2 절 연구방법 중요 ★★

1 개요

언어학을 연구하는 기본적인 방법으로 '통시적 방법'과 '공시적 방법'이 있는데, 국어사 연구는 보편적으로 '통시적 방법'을 사용한다.

통시언어학 (역사언어학)	국어 변천의 양상과 원인 등을 역사적으로 밝히는 것으로, 하나의 언어체계에만 초점을 맞추어 시간의 흐름에 따라 변화해 가는 언어의 양상을 연구한다.
공시언어학	어느 한 시대에 나타난 언어 상태를 연구대상으로 삼아, 언어의 구성요소 간의 관계를 연구한다.

2 문헌 연구

문헌 연구는 국어사 연구에서 핵심적인 방법이며 일차적인 과업이지만, 언어를 사용한 세월에 비해 문헌자료가 적고 현존하는 자료의 제작 시기도 편중되어 있어 연구에 어려움이 있다.

(1) 문헌자료의 유형
   ① 훈민정음으로 기록된 문헌이 1차적인 자료가 된다.
   ② 향가와 지명 표기, 『계림유사(鷄林類事)』와 『조선관역어(朝鮮館譯語)』 등과 같은 자료는 한자를 빌려서 우리말을 기록했기 때문에, 그 시대의 언어 모습을 유추하는 간접적인 자료로 활용할 수 있다.
   ③ 중국과 일본 등 주변국의 문헌에 기록된 우리말에 대한 자료도 참고할 수 있다.

(2) 유의점
   ① 현재와 발음이 달라진 문자가 있으며, 사라진 문자의 경우 본래 어떤 발음을 표기하기 위한 것이었는지 가늠하기 어렵다.
   ② 문자 표기는 보수성이 있어, 현실적으로 발음되는 것과 표기하는 방법 간에 차이가 나타나기도 한다.

3 비교 방법

문헌의 결핍을 보충하기 위한 언어사 연구의 기본방법으로, 시대가 다른 문헌들을 비교·연구함으로써 문헌자료 이전의 언어사를 밝히는 방법이다.

(1) 필요성
국어는 문헌의 결핍이 크고 역사가 짧으므로, 동일 어족과의 비교연구를 통해 문헌 이전의 원시적인 언어 상태를 가설적으로 설정해 보아야 한다.

(2) 방법
① 음운, 문법, 어휘의 발달을 확인하고 동일계통에 속하는 언어들을 비교하여, 공통조어(共通祖語)를 재구(再構)한다.
② 공통조어로부터 갈라진 언어들이 변천하는 과정을 밝힌다.

4 내적 재구

공시적 상태를 보여주는 자료가 내재하고 있는 내용에 근거하여, 그 이전의 상태를 재구하는 방법이다.

(1) 효과
문헌자료 이전의 단어 구조와 문법 형태를 어느 정도 추정하는 것이 가능하다.

(2) 예
① '나모', 'ᄒᆞᄅᆞ'와 같이 특수한 교체가 나타나는 명사들의 옛 모습을 추정해 볼 수 있다.
② 불규칙 용언의 어간 'ㅂ, ㅅ, ㅎ'이 일반적인 'ㅂ, ㅅ, ㅎ'과 달랐다고 가정하고, 이를 중세국어에서 확인할 수 있다.

5 방언 연구

현재 방언에 나타나는 단어 및 문법 형태의 분포는 국어의 역사적 변천이 공간에 투영된 것이다. 국어사가 온전해지기 위해서는 모든 방언의 역사를 포함해야 하며, 방언학은 국어사의 시야를 확대해 준다.

(1) 필요성
① 언어지리학적으로 단절이 심한 지역일수록 우리말의 고형을 간직하고 있는 경우가 많다.
② 방언들 사이에서는 서로 끊임없는 간섭이 일어난다.

(2) 예
① 구개음화는 남부 지방 방언에서 시작되어 북쪽으로 전파되었다. 구개음화가 남부 방언에서 17세기 초반에 나타난 것과 달리 중앙 방언에서 18세기에 이르러 나타난 것은, 언어변화의 속도 차이가 방언의 차이로 이어진 것을 보여준다.

② 선어말 어미 '-이-'도 방언 연구의 한 예로, 15세기에는 상대를 대우하기 위해 사용되었으나, 17세기부터 그 기능이 약해져 18세기에 이르러서는 독립적인 문법 형태소의 기능을 잃어버렸다.

제 3 절 언어변화의 유형과 국어의 변화

1 음운변화 중요 ★★

음운변화에는 조건변화와 무조건변화가 있는데, 조건변화는 부분적으로 일어나지만 무조건변화는 전반적으로 일어난다.

(1) 조건변화

어떤 음의 변화가 그 인접음의 영향으로 설명될 수 있는 음운변화이다.

동화(同化)	어떤 음의 영향을 받아 다른 음이 그 음과 닮는 현상으로 인접한 음이 영향을 주는 것은 인접동화, 서로 떨어져 있는 음이 영향을 주는 것은 원격동화라고 한다. 인접동화는 앞의 음이 뒤에 음에 영향을 주느냐, 뒤의 음이 앞에 영향을 주느냐에 따라 순행동화와 역행동화로 나눌 수 있다. 예 • 순행인접동화 : 원순모음화 예 믈 〉 물, 블 〉 불 • 역행인접동화 : 구개음화 예 둔니[行]- 〉 든니-, 둏다 〉 좋다 • 역행원격동화 : 움라우트(Umlaut) 현상 예 먹이다 〉 멕이다
이화(異化)	어중의 근접한 동일음이나 유사음 중 하나가 유사성이 적은 음으로 바뀌거나 탈락하는 현상으로, 음운도치가 이에 포함된다. 예 • 음소도치 : 하야로비[鷺] 〉 해야로비 〉 해오라비, 붚[鼓] 〉 북 • 음절도치 : 시혹 〉 혹시

(2) 무조건변화

조건 없이 일어나는 음운변화를 의미한다.

> **예**
> **모음추이**
> 'ㅓ'가 중설모음으로 이동하면서 'ㅡ'가 위로 움직이고, 이 압력으로 'ㅜ'가 후설로 이동했으며, 'ㅗ'는 'ㅜ'에 밀려 아래로 움직이게 되었다. 이에 불안정한 'ㆍ'는 아래로 밀리게 되었고, 결국 완전히 소실된다.

무조건변화의 유형
한 음소가 분화하여 두 음소가 되는 경우나 두 음소가 합류하여 한 음소가 되는 경우에 음소들의 대립관계가 달라지는 경우가 있다.

2 문법변화 중요 ★

(1) 문법형태의 변화 – 유추

이미 존재하는 어휘 유형을 본받아 문법형태가 생성되거나 변화하는 것을 뜻한다. 유추는 문법변화를 일으키는 가장 중요한 절차이다.

> **예**
> '오[來]-'는 '오나눌'과 같이 활용하였으나, 다른 동사들이 선어말 어미 '-거-'와 결합하는 것을 따라 '오거늘'의 형태로 변화하였다.

① 불규칙적인 형태들을 규칙적으로 만드는 작용을 한다.
② 한 언어의 문법체계에 변화를 유발하지는 않는다.
③ 음운변화가 문법형태들의 특징을 깨뜨려 문법 체계를 파괴하는 것에 대항하여, 문법체계를 새롭게 건설하는 작용을 한다.

(2) 문법체계의 변화

문법범주가 소실되는 경우	중세국어의 선어말 어미 '-오/우-'에 의한 의도법이 소실되었다. 예 머구니(먹- + -우- + -니)
문법범주가 생성되는 경우	동사의 활용형이나 명사가 특수조사로 변화하는 등 실사가 허사화되는 경우가 있다. 예 ᄀ장[極] 〉 까지
문법범주는 유지되면서 형태가 변화하는 경우	문법형태의 목록이 변화한다. 예 주격조사가 처음에는 '이'만 있었는데 후에 '가'도 나타났다.

3 어휘변화 중요 ★

언어 체계 중 어휘에서 가장 큰 변화가 나타난다.

(1) 의미변화

소멸	예전에 쓰이던 단어가 쓰이지 않게 되었다. 예 ᄀ람, 즈믄
생성	사물이나 개념이 생성됨에 따라 새로운 단어가 생겨난다. 예 자동차, 인터넷
전성	단어의 의미가 변화한다. 예 어엿브다 : 불쌍하다 〉 예쁘다

(2) 차용

외국어에서 어휘를 빌려 쓰는 것으로, 차용하여 쓴 어휘를 '차용어, 외래어'라고 한다. 이는 어휘 변화의 특이한 일면이다.

① 주로 문화선진국의 영향을 받아 이루어진다.
② 국어 차용어의 주된 공급원은 중국어였고, 중세에는 몽고어, 현대에는 영어를 비롯한 유럽 언어와 일본어도 영향을 미쳤다.

제1편 국어사 총론

제 2 장 국어의 계통

단원 개요

제2장에서는 우선 '비교 방법'을 중심으로 언어의 계통적인 분류 방법에 대해 살핀다. 그리고 알타이제어, 일본어와 비교하여 국어가 어떤 계통적 위치를 차지하는가를 알아본다. 동계 언어들의 서로 다른 음운 체계는 공통 조어의 음운 체계로부터 서로 다른 규칙적 변화가 일어난 결과라는 점을 바탕으로, 음운, 문법, 어휘의 차원에서 비교 방법을 적용한다.

출제 경향 및 수험 대책

이 단원에서는 우선 언어의 계통을 분류하는 '비교 방법'에 대해 이해해야 한다. 특히 알타이제어의 공통 특질에 대해 묻거나, 알타이제어와 국어의 음운, 문법 등을 비교하는 문제는 출제 확률이 높으므로, 개념을 잘 파악하고 구체적인 내용을 숙지하자. 그리고 국어의 일본어 동계설, 알타이어족설 등의 가설을 잘 정리해 두어야 한다.

제 1 절 언어의 계통적 분류 중요★

1 계통적 분류

세계의 언어들을 어족(語族)으로 묶어 분류하는 것으로, 한 조상 언어에서 갈려 나온 언어들을 하나의 어족으로 분류한다.

(1) 비교 방법

친족관계에 있는 언어들은 오랫동안 독자적인 변화를 겪으면서 큰 차이가 발생하지만 그 음운, 문법, 어휘에는 공통 요소가 남아 있다. 이러한 공통 요소들을 토대로 분리되기 이전의 상태인 공통 조어를 재구한다. [재구형에는 별표(*)를 붙여 표시한다.]

(2) 예

우랄어족	• 핀란드어, 에스토니아어, 라프어, 헝가리어 등 • 북부유럽 및 우랄산맥 부근의 여러 지역에서 사용되는 언어군으로 핀·우구르제어와 사모예드어를 포함한다.
알타이어족	한국어, 일본어, 퉁구스어, 몽골어, 터키어 등
고(古)아시아제어	• 추크치어, 골랴크어, 캄차달어, 유카길어, 길랴크어 등 • 시베리아 동부에 분포한다.
인도·유럽어족	현재 유럽 대부분의 말과 인도어, 이란어 등

제2장 국어의 계통 **9**

인도·지나어족	티베트어, 중국어, 안남어, 타일랜드어, 버마어 등
햄·셈어족	• 이집트어, 아라비아어, 앗시리아어, 히브리어 등 • 초기에 어족 수립에 성공하여 잘 확립되어 있는 어족이다.
말레이·폴리네시아어족	인도네시아의 토착어군, 폴리네시아의 토착어군, 멜라네시아어군
남아어족	• 베트남어, 몽크메르제어, 문다제어 등 • 친족 관계가 확실하지 않다.

> **더 알아두기**
>
> 계통 분류에서 고립된 언어
> • 일본 북부의 아이누어 : 현재 거의 소멸되었으며 계통상 고립되어 있다.
> • 인도 남부 드라비다제어 : 인도·유럽 계통의 언어가 들어오기 이전의 원주민의 언어로 추정된다.

2 국어의 계통에 대한 가설

19세기와 20세기 교체기에 여러 설이 제시되었다.

(1) 우랄·알타이 계통설

알타이어족이 우랄어족과 구조상 유사하여 19세기에 우랄·알타이어족 가설이 세워졌으나, 20세기에 분리되었다.

(2) 일본어와 동계설

문법적으로 유사성이 있고 고유어 중 일본어와 음가가 비슷한 것이 있다는 것 등을 근거로 하고 있으나, 친족어 등의 기초 어휘 간 유사성이 적게 나타나고 형태론적 차이가 커서 현재는 이에 대한 비판적 시각이 강하다.

① 일본어 계통론에서는 북방계설과 남방계설이 대립되어 왔는데, 일본어와 국어의 동계설은 북방계설을 대표하는 것이다.
② 알타이제어와 국어의 공통 특징들이 일본어에도 대체로 그대로 나타나지만, 모음조화가 나타났는지는 확실치 않다.
③ 국어와 일본어는 구조상 현저하게 일치함에도 어휘 및 문법적 요소는 거의 일치하지 않는다. 단어는 200여 개, 접미사는 15개 정도가 유의미한 유사성을 보일 뿐이다.
④ 일본어는 일반 구조상 한편으로는 국어와, 다른 한편으로는 퉁구스어군과 일치를 보인다.
⑤ 일본어의 특이한 구조인 개음절성(開音節性)은 알타이계 언어가 일본으로 유입되기 이전에 사용되던 언어의 특성에서 비롯된 것으로 추정된다.

> **더 알아두기**
>
> **국어와 일본어의 어휘상 유사점**
> - 동명사 또는 동사파생명사의 접미사 '-*i(중세국어 '-이', 고대 일본어 '-i')'와 '-*m(중세국어 '-ㅁ/옴/음', 고대 일본어 '-mi')'이 일치하는데, 이는 알타이제어의 특징이다.
> - 고대 일본어에서 1인칭 또는 2인칭 대명사로 'na'가 쓰였는데, 이는 국어의 '나', '너'와 유사하다.
> - 중세국어의 '셤[島]'과 '바다ㅎ'가 고대 일본어의 'sima', 'wata'와 유사하다.
> - 고대 일본어의 'köföri[郡], kimi[君], nata[鉈], fata[田]'는 'ᄀ볼[郡], (님)금[王], 낟[鎌], 밭[田]'을 차용한 것이다.

제 2 절 알타이어족 중요 ★★

1 공통 특질

(1) 우랄·알타이어족 가설은 이들 언어 사이에 공통적으로 존재하는 '모음조화'와 '문법적 교착성'이라는 구조적 특징에 따라 제기된 것이다.

(2) 국어도 이러한 특징을 보인다는 점에서 알타이어족에 속하는 것으로 분류되었다.

(3) 구조의 유사성은 친족관계를 증명하는 결정적 증거는 아니지만 친족관계에 대한 강한 암시로 볼 수 있다.

음운론적 특징	① '모음조화', 특히 전설모음과 후설모음이 대립하는 '구개적 조화'가 나타난다. 여기에 원순과 비원순, 양계열의 대립에 기초를 둔 순적(脣的)조화가 추가되기도 한다. ② 어두에 자음군과 유음이 오는 것을 피하는 현상, 즉 '두음법칙'이 나타난다. ③ 모음교체나 자음교체가 일어나지 않는다. 이는 파생과 굴절이 접미사에 따라 이루어지기 때문인 것으로 보인다.

문법적 특징	① '교착성'이 있다. 모든 단어의 파생과 굴절은 접미사에 의해 이루어진다.
	   ㉠ 어간과 접미사의 연결은 기계적이며 규칙적이다.
	   ㉡ 모든 접미사는 단일한 기능을 갖는다.
	② 관계대명사와 접속사가 없다. 접속사 대신 '부동사'를 사용하여 연결의 기능을 수행한다. 인도·유럽어족에서는 일반적으로 두 동사를 연결할 때 접속사를 사용하지만, 국어와 알타이제어에서는 선행동사가 부동사형을 취한다.

2 알타이제어

알타이어족으로 분류되는 여러 언어들을 알타이제어라 부르며, 크게 터키어군, 몽골어군, 퉁구스어군 등 세 어군으로 나뉜다.

터키어군	① 터키공화국 및 소아시아에서 구소련의 영토 안의 볼가강 유역, 중앙아시아, 시베리아, 중국의 서역에 걸친 넓은 지역에 분포한다. ② 동쪽 경계는 시베리아의 야쿠트어이고, 서쪽 경계는 추바시어이다. ③ 고대 터키어 자료에는 8세기에 돌궐족이 남긴 비문(碑文)과 그 후에 위구르족이 남긴 문서들이 있다.
몽골어군	① 외몽골과 내몽골을 중심으로, 동쪽으로는 만주로부터 서쪽으로는 볼가강 하류까지 넓은 지역에 퍼져있다. ② 외몽골어와 내몽골어를 가리키는데, 이 중에서도 외몽골의 칼카 방언이 가장 중요하다. 이 밖에 중국의 간쑤성과 칭하이성의 몽구오르어와 만주의 헤이룽장성의 다구르어는 고형을 유지하고 있어 좋은 자료가 된다. ③ 가장 오래된 자료는 1225년경에 위구르 문자로 쓴 칭기즈칸 비문이다. ④ 중세 몽골어 자료 중에는 칭기즈칸의 이야기를 쓴 『원조비사(元朝秘史)』가 가장 중요한데, 몽골어를 한자로 기록한 책이다.
퉁구스어군	① 만주·퉁구스어군이라고도 하며, 시베리아와 만주 일대에 분포되어 있다. ② 북방어군에 속하는 에벤키어, 라무트어, 솔론어 등과 남방군에 속하는 만주어, 나나이어, 올차어, 오로키어, 우데헤어 등이 있다. 그런데 에벤키어와 만주어를 비교해보면 음운, 어휘, 문법에 상당한 차이가 있다. ③ 옛 문헌은 금(金)나라의 여진어와 청(淸)나라의 만주어화된 것만 남아있다. 여진어는 여진 문자로 표기되었고, 만주어는 17세기에 몽골의 위구르 문자를 고쳐서 만든 만주 문자로 표기되었다.

제 3 절 국어와 알타이제어의 비교

> **더 알아두기**
>
> **어족의 비교 방법**
> 언어의 친족관계는 자재적(資材的) 세부가 일치하는 것을 근거로 증명할 수 있다. 비교 방법은 유효한 일치만을 추구하기 위하여 발달된 것인데, 어휘나 문법 형태를 비교함으로써 '음운 대응 규칙'을 수립할 수 있다. 동계 언어들의 서로 다른 음운 체계는 공통조어의 음운 체계로부터 서로 다른 규칙적 변화가 일어난 결과이다. 언어 비교는 이 대응 규칙에 따라 행해질 때 신뢰할 수 있다.

1 음운 비교 중요 ★

국어와 알타이제어 사이에서 모음의 대응 규칙은 아직 제대로 성립되지 않았으나, 자음의 대응 규칙은 어느 정도 수립되어 있다.

(1) 어두 자음에서 국어의 'ㅂ'과 알타이조어의 '*p-'의 대응

알타이제어의 'p ~ f ~ h ~ ø'와 국어의 'ㅂ'이 대응하는데, 어두 자음에서 잘 이루어진다.

만주어	몽구오르어	터키어	중세국어
fusu- (물을 뿌리다)	fuzuru- (붓다)	üskür- (입으로 뿜다)	븟[注]-

만주어	에벤키어	몽골어	중세국어
firu-	hiruge-	irüge-	빌[祈]-

만주어	중세 몽골어		중세국어
fulgiye-	hüli'e-		불[吹]-

나나이어			국어
palgan			발[足]

(2) 유음의 대응

① 알타이제어에서 'r'은 어두에는 나타나지 않으며, 'l'도 극히 드물게 나타난다.
② 국어에는 유음이 'ㄹ' 한 음소밖에 없는데, 다른 알타이어들은 'l'과 'r'을 가지고 있으며, 특히 터키제어는 'l'과 'r'뿐 아니라 'š, z'도 나타난다.

에벤키어	몽골어	터키어	추바시어	중세국어
zolo	tilaɣun	tas	cul	돌ㅎ[石]
에벤키어	몽골어	고대 터키어	중세 터키어	중세국어
alas[脚]	ala(사타구니)	al[下面]	altïn[下]	아래[下]
만주어	몽골어	터키어	추바시어	중세국어
irun	iriaɣa	ïzan	yran	이랑[휴; 畦]
만주어	몽골어	터키어	추바시어	중세국어
erde	erte	ïr	ir	일[早], 이르[早]-

2 문법 비교 중요 ★★

(1) 동명사형 기원설

① 활용형 중 상당수가 동명사형에서 비롯된 흔적이 뚜렷하다. 동사형 서술형에도 동명사형이 사용되므로 알타이조어의 문장에는 명사문이 많다.

> **예**
> - 에벤키어 təgənni(네가 앉는다 〈 *təgən–si) : təgə–(어간) + –n(동명사 어미) + –si(인칭 어미)
> - 솔론어 wār(죽이다) : wā–(어간) + –r(어미)
>   - wār xonin(죽일 양) : wār가 수식어로 쓰였다.
>   - xoninmo wār(양을 죽일 것이다) : wār가 서술어로 쓰였다.

② 알타이제어의 부동사형들은 동명사의 사격형이 화석화된 것이다.

> **예**
> - 몽골어의 부동사형 –ra/–re : –r을 가진 동명사에 처격조사 –e가 붙은 것이다. → 중세국어의 '–라/–러'와 대응한다.
> - 중세국어의 서술어 'ᄒ리라, ᄒᄂ니라' : 'ᄒᆯ, ᄒᄂᆫ'과 같은 동명사에 '이라'가 붙은 것이다.
> - 중세국어의 의문형 'ᄒᆯ다, ᄒᆫ다' : 'ᄒᆯ, ᄒᆫ' 등의 동명사에 '다'가 붙은 것이다.

(2) 동명사의 어미와 국어의 반사형 비교 : 개별적 일치와 함께 구조적 일치도 보인다.

–*r의 반사형	중세국어 동명사 어미 '–(ᄋ/으)ㄹ'
–*m의 반사형	중세국어 파생 어미 '–(ᄋ/으)ㅁ', 중세국어 동명사 어미 '–(오/우)ㅁ'
–*n의 반사형	중세국어 동명사 어미 '–ㄴ(–ᄋᆫ/은)'

더 알아두기

알타이제어의 재구형 '–*r, –*m, –*n'과 국어의 반사형

재구형	알타이제어	중세국어
–*r	• 고대 토이기어의 현재형 어미 예 olur–ur(앉아 있는) • 몽골제어의 동사파생명사 접미사 예 amu–(쉬다), amu–r(안식)	미래형 어미 '–(ᄋ/으)ㄹ'
–*m	• 고대 토이기어의 동사파생명사 접미사 예 öl(죽다), öl–üm(죽음) • 몽골어의 동사파생명사 접미사 예 naɣad(놀다), naɣad–um(놀음) yubu–m(간다 : 현재형)	• 동사파생명사의 접미사 예 여름[夏], 거름[步] • 동명사 예 여름[實], 거름[步] • 제주도 방언의 현재형 어미
–*n	• 고대 토이기어의 동사파생명사 예 aq(흐르다), aqïn(수류) • 몽골어의 동사파생명사 예 sigge(녹다), singgen(액체)	과거형 어미 '–ㄴ(–ᄋᆫ/은)'

3 어휘 비교 중요 ★

음운 대응 규칙이 확정되지 않아 다소 유동적이다.

(1) 국어와 퉁구스어

일치하는 어휘가 가장 많다.

중세국어	골디어	에벤키어
발[足]	palgan	halgan

중세국어	만주어	솔롱어
히[太陽]	šun	šigun

중세국어	만주어	골디어
나랗[國, '-랗'은 접미사] ※ 고구려어, 신라어, 고대 일본어에서도 발견된다.	na	na[地]

(2) 국어와 몽골제어

중세국어	날[日]	눈[眼]	나 (1인칭 대명사)	오[來]-	가[去]-
몽골어	naran[太陽]	nidün < *nün-dün	사격형 *na (처격 nadur, 대격 namayi)	oru[入]-	ɾar[出]-

(3) 국어와 토이기어

일치하는 어휘가 매우 적다.

중세국어	토이기어
온[百]	on[十]

(4) 수사

국어와 알타이제어 사이에 수사는 거의 일치하지 않는다.

① 인도·유럽제어 사이에서는 수사의 일치가 매우 현저하지만, 알타이제어는 그렇지 않다.
② 알타이제어는 분열 이후 수사의 변화가 매우 컸다.

제 4 절 국어의 계통적 위치 중요 ★

1 비교 방법을 국어 연구에 적용하기 불리한 점

(1) 각 어군의 고대 자료들이 적다.

(2) 각 어군에 속하는 언어들 사이의 차이가 적다.

(3) 많은 언어가 아무런 자취도 남기지 않고 소멸했다.

2 람스테트의 가설

알타이조어가 사용된 지역, 즉 알타이어족의 옛 땅은 몽골고원과 중국 동북 평원의 경계를 이루는 신안링(興安嶺) 산맥 근처였으리라고 추측하였다. 그리고 그 시기에 퉁구스족과 한족의 조상은 동방(현재의 만주 방면), 몽골족과 터키족의 조상은 서방, 몽골족과 퉁구스족의 조상은 북방, 터키족과 한족의 조상은 남방에 위치했다고 보았다.

(1) 터키어는 한편으로는 몽골어, 다른 한편으로는 한국어와 친근하다.

(2) 한국어는 한편으로는 터키어, 다른 한편으로는 퉁구스어와 친근하다.

(3) 몽골어는 한편으로는 퉁구스어, 다른 한편으로는 터키어와 친근하다.

3 포페의 가설

알타이제어와 한국어의 관계가 확실하지 않다고 하더라도, 한국어에 알타이조어의 저층(低層)이 존재하는 것이 확실하며 한국어에는 알타이조어 기층(基層)밖에 없다고 보았다.

(1) 한국어에도 알타이어의 요소가 존재한다.

(2) 한국어의 언어재(言語材)는 퉁구스제어와 가장 가까운데, 퉁구스제어는 음운론의 범주에서 터키제어보다 몽골제어에 가깝다.

(3) 한국어가 알타이조어에서 제일 먼저 분리되어 나갔으며, 한국어가 분리된 후에도 터키·몽골·퉁구스 제어 단일시대는 오래 지속되었을 것이다.

(4) 터키제어의 조상이 분리된 뒤에도 몽골·퉁구스제어 단일시대는 어느 정도 존속했을 것이며, 최후에 원시 몽골어와 원시 퉁구스어가 분리되었을 것이다.

더 알아두기

이기문의 가설

기원 전후까지는 북방계 언어와 남방계 언어가 서로 달랐다가, 7세기 신라가 통일한 이후 10세기 고려가 건국되면서 언어적 통일이 이루어졌다. (『국어사개설』, 1999.)

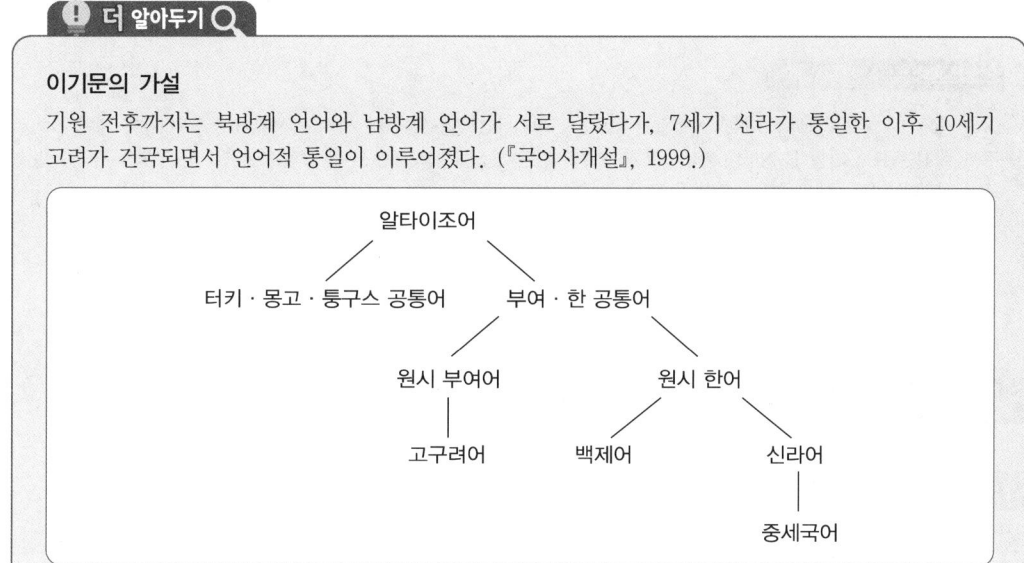

제1편 국어사 총론

제 3 장 문자 체계

단원개요
제3장에서는 국어의 여러 문자 체계의 특징과 원리에 대해 알아본다. 한문을 비롯하여, 한자를 빌려 사용하던 표기 방식, 한글에 이르기까지 국어 표기 체계의 발달상을 구체적으로 살핀다.

출제 경향 및 수험 대책
이 단원에서는 특히 한자 차자표기 체제에 주목해야 한다. 고유명사를 표기하는 방식에서 시작된 차자 체계가 이두, 구결, 향찰 등으로 다양해지면서, 각각의 표기 체계가 어떤 특징을 나타내는지 잘 살펴보자. 표기 체계의 특징과 더불어 표기 원리에 대해 묻는 문제가 출제될 경우 정답을 찾기 어려울 수 있으므로 철저한 대비가 필요하다.

제 1 절 한문의 정착 중요★

1 한자의 기원

(1) 고대의 창힐(蒼頡, BC 4,666년~BC 4,596년)이 날짐승과 길짐승의 발자국을 보고 문자를 만들었다는 전설이 전한다.

(2) 오늘날 알려진 한자의 가장 오래된 모습은 거북 등껍데기나 쇠뼈에 새겨진 갑골문자인데, 이는 대체로 상(商)나라 중엽에서 주(周)나라 초기, 즉 기원전 14세기~12세기에 걸쳐 사용되었다.

2 우리나라의 한문 정착

한자는 우리 선조들이 접한 최초의 문자이다.

(1) **고구려**
건국 초에 『유기(留記)』 100권이 있었는데, 이것을 고쳐 서기 600년에 『신집(新集)』 5권을 만들었다.

(2) **백제**
375년에 『서기(書記)』를 편찬하였다.

(3) 신라

545년에 『국사(國史)』를 편찬하였다.

(4) 우리나라 문인들은 구어로는 한국어를 사용하고 문어로는 한문을 사용한, 특수한 의미에서 이언어(二言語) 사용자였다.

제 2 절 고유명사의 표기 중요 ★★

1 의의

우리나라 표기 체계인 한문의 일부이면서 자국어 표기의 첫 단계이다.

2 표기의 원리

차자표기법을 사용하였다.

표음(表音)적 기능에 의한 표기	육서(六書) 중 가차(假借)의 원리와 통하는 것으로, 한자를 음독자로 활용하는 방법이다. 예 '古'를 '옛날'이라는 의미와 상관없이 '고'라는 음의 어미를 나타내는 말로 썼다.
표의(表意)적 기능에 의한 표기	한자의 표의적 기능만을 살리되, 이 표의성을 자국어의 단어로 고정시키는 원리이다. 이렇게 사용된 한자는 석독자(釋讀字) 또는 훈독자(訓讀字)라고 한다. 예 '水'자를 고구려에서는 '매'라는 단어를 나타내기 위해 사용하였고, 신라에서는 '믈'이라는 단어를 나타내기 위해 사용하였다.

> **더 알아두기**
>
> **육서(六書)**
> 한자의 구조 및 사용에 관한 여섯 가지의 명칭
> ① 상형(象形) : 구체적인 사물의 모양을 본떠서 만든 글자
> ② 지사(指事) : 추상적 생각이나 뜻을 점·부호 등으로 나타낸 글자
> ③ 회의(會意) : 두 자 이상의 글자를 합하여 하나의 새로운 뜻의 한자를 만든 것
> ④ 형성(形聲) : 뜻을 나타내는 글자와 소리를 나타내는 글자가 합하여 새로 이루어진 글자
> ⑤ 전주(轉注) : 이미 만들어진 한자를 관련 있는 다른 뜻으로 돌려쓰는 글자
> ⑥ 가차(假借) : 원래 뜻과는 상관없이 음만 빌려다 쓴 글

3 표기의 실제

한 인명이나 지명을 두 가지로 표기하는 관습이 있었다. 처음에는 음을 이용하는 원리를 활용하다가, 이것만으로 표기를 만족스럽게 할 수 없어 새김을 이용하였다.

> ✓ 예
> - 買忽 一云 水城 : '水'의 새김이 '매'였음을 알 수 있다.
> - 居柒夫 或云 荒宗 : '荒'의 새김이 '거츨-'이었으므로, '居柒'과 같은 음으로 읽혔음을 알 수 있다.

제3절 이두 ★★★

1 특징

(1) 이두(吏讀)는 한자의 음과 훈을 빌려 우리말을 표기하던 차자표기법으로, 단어의 배열이 국어의 문장구조를 따르며 조사와 어미[吐]까지 표기한 것이다.

(2) 명칭

이토(吏吐), 이도(吏道), 이서(吏書) 등의 이칭이 있는데, 이서는 『제왕운기(帝王韻紀)』(1278년경), 이도는 『대명률직해(大明律直解)』(1395년), 이두는 『훈민정음(訓民正音)』(1446년) 서문에 나타난다.

2 발달

(1) 고구려에서 시작되었지만, 본격적인 발달은 신라에서 이루어졌다.

(2) 『제왕운기』 등에 설총(薛聰, 655년~?)이 지었다고 되어 있지만, 591년에 건립된 경주의 '남산신성비(南山新城碑)'에 이두의 표기가 보이는 점 등을 감안할 때, 설총이 새롭게 만들었다기보다는 집대성했다고 보는 것이 적절하다.

(3) 〈갈항사석탑명(葛項寺石塔銘)〉(758년)은 본격적인 이두를 여실히 보여준다.

(4) 고려시대에 서리(胥吏) 계층이 형성되면서 점차 공문서나 관용문에서 쓰였다.

(5) 조선시대에 서리가 전용하는 특수문어로 19세기 말까지 사용되었다.

3 표기의 실제

신라 이두의 가장 이른 예는 552년 또는 612년에 만든 것으로 추정되는 '임신서기석(壬申誓記石)' 또는 '남산신성비', '갈항사석탑명'에 나타나 있다.

임신서기석	壬申年六月十六日, 二人幷誓記. 天前誓 今自三年以後, 忠道執持, 過失无誓. 若此事失, 天大罪得誓, 若國不安大亂世, 可容行誓之. 又別先辛未年, 七月卄二日. 大誓, 詩尙書禮傳倫得誓三年. 임신년 6월 16일에 두 사람이 함께 맹세해 기록한다. 하늘 앞에 맹세한다. 지금부터 3년 이후에 충도를 집지하고 허물이 없기를 맹세한다. 만일, 이 서약을 어기면 하늘에 큰 죄를 지는 것이라고 맹세한다. 만일, 나라가 편안하지 않고 크게 세상이 어지러워지면 모름지기 충도를 행할 것을 맹세한다. 또한, 따로 앞서 신미년 7월 22일에 크게 맹세하였다. 즉, 시·상서·예기·전[좌전(左傳) 혹은 춘추전(春秋傳)]을 차례로 습득하기를 맹세하되 3년으로써 하였다. → '지금부터'를 '自今'이 아닌 우리말 어순에 따라 '今自'으로 표기하였다. 그리고 '之'가 종결 어미로 사용되었는데 이는 음독하였다.
남산신성비	辛亥年二月卄六日, 南山新城作節, 如法以作, 後三年崩破者, 罪教事爲聞教令誓事之. 신해년 2월 26일에 남산 신성을 만들 때, 법에 따라 만든 지 3년 이내에 무너져 파괴되면 죄로 다스릴 것이라는 사실을 널리 알려 서약하게 하였다. → '節'이 '디위'로 읽히며, '以'가 '으로'로 읽히는 등 석독의 용례가 나타난다.
갈항사석탑명	二塔天寶十七年戊戌中立在之. 娚姊妹三人業以成在之. 娚者零妙寺言寂法師在旀, 姊者照文皇太后君妳在旀, 妹者敬信太王妳在也. 두 탑은 천보 17년 무술에 세운 것이다. 오라비, 누나, 누이동생, 세 사람의 업으로써 이룬 것이다. 오라비는 영묘사 언적법사이며, 누나는 조문황태후마님이고, 누이동생은 경신대왕마님이다. → '在'는 후세 이두에서 '겨'으로 읽히는데, 본래는 그 어간 '겨-'로 읽힌 것으로 보인다. '旀'는 이두에서 '며'로 읽히며, 중세국어의 부동사 어미 '-며'에 대응된다.

더 알아두기

이두의 명칭에 대한 견해

이두 계통의 명칭으로 가장 오래된 것은 『제왕운기』에 있는 '이서'인데, 이는 서리 계층과 관련된 용어이므로 고려 이전에는 이 명칭이 없었을 것이다. 그리고 조선 초기부터는 차자표기 일체를 가리켜 이두라고 하였다. 따라서 신라시대 차자표기 일체를 향찰이라고 하면서 이두는 고려시대 이후에 성립된 것으로 보기도 하고, 20세기 초의 학자들은 향가를 표기한 표기법을 이두라고 하기도 했다. 그러나 『균여전(均如傳)』에서 향가 등에서 사용한 우리말 표기 체제를 향찰이라고 별도로 불렀음을 알 수 있고, 향찰과 이두는 문체, 용도, 표기법에서 차이가 나므로 이를 구별해서 보는 것이 적절하다.

제4절 구결 중요 ★

1 특징

(1) 구결(口訣)은 스승이나 대학자가 깨달은 경전의 내용을 제자에게 전한 것이 계속 이어진다는 '구수비결(口授秘訣)'이라는 말에서 비롯되었다. 흔히 토(吐)라고 하며, 우리말로 '입겿' 또는 '입겾'이라고도 한다.

(2) 한문을 읽을 때 문법적 관계를 표시하기 위하여 삽입하는 요소로, 각 단락을 밝혀 주는 부차적인 표기이다.

(3) 이두와 밀접한 관계가 있지만 한자의 약체, ヽ(是), ㅁ(古), ㄱ(也) 등을 사용하는 데서 차이가 있다.

(4) 이두는 문법적인 요소를 제거해도 한문 원문이 그대로 회복되지 않는 반면, 구결은 문법 요소를 전부 제거하면 한문 원문이 그대로 남는다.

2 발달

(1) 『삼국사기(三國史記)』 권46 「열전(列傳)」 제6 〈설총(薛聰)〉에서 "방언으로 구경을 읽었다(以方言讀九經)."라고 한 것을 볼 때, 신라 때 구결이 있었음을 짐작할 수 있다.

(2) 충청남도 서산의 문수사(文殊寺)에서 고려시대 자료인 『구역인왕경(舊譯仁王經)』이 발견되었는데, 한문 원문의 양옆에 구결의 약자들을 적고 점을 찍은 것이 있어서 한문을 국어로 풀어 읽는 방법을 보여준다.

3 표기의 원리

음독구결	한문 원문을 읽을 때 우리말의 문법형태소[조사, 어미]를 끼워 넣어 읽는 것. 오늘날에도 사용한다. 예 天地之間萬物之衆厓 惟人伊 最貴位尼 所貴乎人者隱 以其有五倫也羅 → 厓가 '애', 伊가 '이', 位尼가 '-하니', 隱이 '-ㄴ, 는', 羅가 '-라'로 읽혀, 조사나 어미 등의 역할을 하는 것을 볼 수 있다.
석독구결	한자의 자형을 단순화한 구결자로 토를 달거나[자토석독구결(字吐釋讀口訣)], 점이나 선 모양의 구결점으로 토를 단 것[점토석독구결(點吐釋讀口訣)]. 예 『구역인왕경』에서 '復ﾂ 丨'을 '쏘흔'으로, '有ㄴﾅ 丨'을 '잇겨며'로 읽는다.

제 5 절 향찰 중요 ★★★

1 특징

(1) 향찰(鄕札)은 한자를 이용하여 신라어를 표기하는 방법이다.

(2) 이미 발달되어 있던 고유명사 표기법과 이두 및 구결을 확대한 것이다.

(3) 국어 문장의 완전하고 정밀한 표기 체계를 지향한 것으로 차자표기법의 완성된 형태라고 할 수 있다. 그러나 향찰의 체계가 지극히 복잡하였고, 국어를 만족스럽게 표기하지도 못했다.

2 발달

(1) 향찰 표기는 진성여왕(眞聖女王, ?~897년)의 명으로 위홍(魏弘, ?~?)과 대구화상(大矩和尙, ?~?)이 편찬한 향가집 『삼대목(三代目)』(888년)에 이르러 완성되었을 것으로 짐작된다.

(2) 오늘날 전하는 향찰 자료는 향가에 국한되어 있는데, 향가 문학의 발전이 향찰 표기법의 성립을 촉진한 것으로 보인다.

(3) 고려의 대사(大士) 균여(均如, 923~973년)가 지은 〈보현십원가(普賢十願歌)〉 이후로 자료가 남아 있지 않아 그 이후 쇠퇴한 것으로 보인다.

3 표기의 원리

실질적인 의미를 가진 부분(어간)은 석독 표기, 문법적 요소(어미, 접미사)는 음독 표기하는 것을 원칙으로 한다.

> ☑ 예
> - 夜音 : 밤
> - 心音 : 모숨
> - 川理 : 나리

> **더 알아두기**
>
> '향찰(鄕札)'의 뜻
> 향찰이라는 이름은 『균여전』에 나온 최행귀(崔行歸, ?~?)의 역시(譯詩) 서문에 처음 보인다. 향찰은 당문(唐文) 즉, 한문에 대립되는 뜻으로 사용되었고, 향가·향언(鄕言)·향명(鄕名)이라는 말에서 우리 고유의 것을 '향(鄕)'이라는 글자로 표현하였으므로 우리말의 문장을 뜻하는 말이라고 할 수 있다.

제 6 절 훈민정음 중요 ★★

1 창제와 그 목적

(1) 『세종실록(世宗實錄)』, 『훈민정음해례본(訓民正音解例本)』에 따르면 훈민정음은 세종 25년(1443년)에 창제하고 세종 28년(1446년) 음력 이월에 반포되었으며, 세종이 친제(親制)한 문자 체계이다.

(2) 『훈민정음해례본』의 〈어제문(御製文)〉에 창제 목적을 밝히고 있다. 우리말이 중국과 달라 백성들이 글을 읽고 쓰는데 어려움이 있으므로 이를 해소하고자 문자를 새로 만들었다고 하였다는 점에서 자주·애민·창조·실용 정신을 엿볼 수 있다. 19세기~20세기 교체기에 한글이 일반화되면서 언문일치의 이상이 비로소 이루어진다.

2 특징

(1) **독창성**

어느 계통에 속하지 않는 독자적인 문자 체계이며, 동양에서 유일하고 완전한 음소문자를 실현했다. 음절을 '초성, 중성, 종성', 즉 음소로 3분하고, 음절 단위로 모아쓰기하여 표의문자와 표음문자의 장점을 모두 살렸다.

(2) **과학성**

음운 이론 기초 위에서 음운을 분석하여 만든 글자이므로 적은 글자로 많은 소리를 표현할 수 있으며, 글자 모양과 음운 체계의 관련성이 뚜렷하게 드러나서 글자를 배우기 쉽다.

3 제자 원리

자음	발음기관의 모양을 본떠 기본자를 만들고, 가획(加劃)과 이체(異體)의 원리를 적용하여 나머지 글자를 만들었다.
모음	천지인의 모양을 본떠 기본자를 만들고, 합이(合而)의 방식으로 초출자(初出字)를 만든 다음, 다시 초출자와 기본자를 조합하여 재출자(再出字)를 만들었다.

제 1 편 실전예상문제

해설 & 정답

01 우리나라는 국가와 민족의 개념이 거의 일치하므로 국어와 민족의 개념이 관계가 없다고 할 수는 없다. 그리고 국어사에서 다루는 문자 체계는 우리말을 표기했던 한글과 한자, 차자표기를 포함하며, 방언도 국어사를 구성하는 중요한 요소이다.

02 국어사는 시간의 흐름에 따른 국어의 변천을 구명하는 것이므로, 일반적으로 통시적인 연구방법을 주로 활용한다.

03 국어사는 한민족이 예로부터 써 내려온 말의 전반에 걸친 역사로, 선사시대부터 오늘에 이르기까지 국어가 겪은 모든 변화를 그 대상으로 한다.

제 1 장 국어사의 연구방법

01 국어와 국어사에 대한 설명으로 바른 것은?

① 우리 국어는 민족의 개념과 관계가 없다.
② 국어사에서 다루는 문자 체계는 한글로 제한된다.
③ 국어사는 표준어를 중심으로 한 국어의 역사를 의미한다.
④ 우리 민족의 국어에는 정신적인 면과 물질적인 면이 모두 반영되어 있다.

02 국어사의 연구에 대한 설명으로 바르지 않은 것은?

① 국어사 연구는 문자보다는 말의 역사를 다룬다.
② 국어사는 보편적으로 공시적인 연구방법을 활용한다.
③ 국어사는 우리 민족 역사 전체에서 볼 때 그 일부가 된다.
④ 국어사 연구는 고전 문학 작품을 이해하는 길잡이 역할을 한다.

03 국어사 연구의 대상과 목적으로 바르지 않은 것은?

① 역사 시대 이후의 국어의 변화를 중심으로 연구한다.
② 국어를 관통하는 흐름을 밝히고 국어가 발전해 나갈 방향을 제시한다.
③ 국어사 연구를 통해 국어가 변해 온 모습을 밝혀 그 체계를 세울 수 있다.
④ 국어의 계통과 형성을 구명하고, 음운·어휘·문법상의 변화 규칙을 밝힌다.

정답 01 ④ 02 ② 03 ①

04 국어사 연구에서 보편적으로 사용하는 연구방법은 무엇인가?
  ① 공시언어학적 방법
  ② 보편언어학적 방법
  ③ 비교언어학적 방법
  ④ 역사언어학적 방법

04 역사언어학은 통시언어학과 같은 말로, 국어 변천의 양상과 원인 등을 역사적으로 밝히는 방법이다.

05 국어사 연구에서 사용되는 연구방법에 해당하지 <u>않는</u> 것은?
  ① 내적 재구
  ② 문헌 연구
  ③ 방언 연구
  ④ 실증 연구

05 실증적 연구 방법은 객관적이고 가치 중립적인 입장에서 과학적 절차와 방법을 통해 경험적인 자료를 분석하는 것으로, 사회·문화 현상에 관한 보편적인 원리를 발견하고자 할 때 주로 활용한다.

06 문헌 연구에 대한 설명으로 적절하지 <u>않은</u> 것은?
  ① 주변국의 문헌에 기록된 자료도 참고할 수 있다.
  ② 문자 표기에 보수성이 있다는 점을 주의해야 한다.
  ③ 서로 시대가 다른 문헌들을 비교 연구하는 방법이다.
  ④ 자료의 제작 시기가 편중되어 있어 연구에 어려움이 있다.

06 문헌의 결핍을 보충하기 위한 '비교 방법'에 대한 설명이다.

정답 04 ④ 05 ④ 06 ③

07 모음추이는 조건 없이 일어나는 음운변화에 속하며, 전반적으로 일어나는 변화이다.

08 ②는 문법범주는 유지되면서 형태가 변화하는, 문법체계의 변화에 대한 설명이다. 유추는 문법형태를 변화시키는 문법변화로, 문법의 체계를 변화시키지는 않는다.

09 고유어 '즈믄'이 사라지고, 한자어 '천(千)'으로 대체된 것은 단어가 소멸한 예라고 할 수 있다.

07 음운의 '조건변화'에 대한 설명으로 옳지 않은 것은?
① 동화와 이화 현상이 있다.
② 모음추이가 이에 해당된다.
③ 부분적으로 일어나는 현상이다.
④ 한 음이 어떤 음의 영향을 받아 그 음과 닮는 현상이 포함된다.

08 문법변화의 절차 중 '유추'에 대한 설명으로 적절하지 않은 것은?
① 불규칙한 형태들을 규칙적으로 만든다.
② 문법형태의 목록이 변화하는 경우가 있다.
③ 한 언어의 문법체계에 변화를 일으키지는 않는다.
④ 음운변화가 문법형태들의 특징을 깨뜨리는 것에 대항한다.

09 어휘 변화에 대한 예가 바르게 연결된 것은?
① 단어 소멸 : 즈믄
② 어의 전성 : 자동차
③ 단어 생성 : ᄀ장 > 까지
④ 차용 : 생각하다 > 사랑하다

정답 07 ② 08 ② 09 ①

10 국어의 차용어에 대한 설명으로 적절한 것은?
① 문화선진국의 영향을 받아 이루어진다.
② 국어 차용어의 주된 공급원은 일본어이다.
③ 차용어로 인해 음운 체계가 변화하기도 한다.
④ 고대에는 몽고어로부터도 많은 어휘를 차용했다.

10 선진문물과 함께 어휘가 유입되는 경우가 많다.

정답 10 ①

| checkpoint | 해설 & 정답 |

제 2 장 국어의 계통

01 계통적 분류법은 언어의 친족관계에 기초를 둔 분류법이다.

01 다음 중 한 조상 언어에서 갈려 나온 언어들을 하나의 어족으로 분류하는 방법은?

① 계통적 분류
② 유형적 분류
③ 조직적 분류
④ 직선적 분류

02 우랄·알타이어족에는 관계대명사와 접속사가 없으며, 대신에 부동사를 사용하여 연결의 기능을 한다. 우랄·알타이어족의 공통적 특징은 모음조화, 규칙적인 어간과 접미사의 연결, 접미사의 단일한 기능 등이 있다.

02 다음 중 우랄·알타이어족의 공통적 특징이 아닌 것은?

① 모음조화
② 관계대명사의 사용
③ 접미사의 단일한 기능
④ 어간과 접미사의 규칙적 연결

03 알타이어족(Altanic family)으로 분류되는 여러 언어들을 알타이제어라 부르며, 크게 터키어군, 몽골어군, 퉁구스어군 등 세 어군으로 나뉜다.

03 다음 중 알타이제어에 속하지 않는 것은?

① 터키어군
② 몽골어군
③ 힌두어군
④ 퉁구스어군

정답 01 ① 02 ② 03 ③

04 다음 중 알타이제어와 관계가 없는 것은?

① 위구르족의 문서
② 『원조비사(元朝秘史)』
③ 8세기 돌궐족의 비문
④ 고구려 광개토대왕비문

05 다음 중 동명사의 어미와 국어의 반사형 비교가 잘못 짝지어진 것은?

① -*l의 반사형 : 중세국어 파생 어미 '-(으/으)ㅁ'
② -*r의 반사형 : 중세국어 동명사 어미 '-(으/으)ㄹ'
③ -*m의 반사형 : 중세국어 동명사 어미 '-(오/우)ㅁ'
④ -*n의 반사형 : 중세국어 동명사 어미 '-ㄴ'(-은/은)

06 국어와 알타이제어가 비교 방법을 적용하기에 불리한 점에 대한 설명으로 옳은 것은?

① 각 어군의 고대 자료들이 많다.
② 각 어군에 속하는 언어들 사이의 차이가 많다.
③ 많은 언어가 아무런 자취도 남기지 않고 소멸했다.
④ 알타이제어와 고대국어의 음운적 유사성이 일치한다.

해설 & 정답

04 알타이어족(Altanic family)으로 분류되는 여러 언어들을 알타이제어라 부르며, 크게 터키어군, 몽골어군, 퉁구스어군 등 세 어군으로 나뉜다. 고대 터키어 자료에는 8세기의 돌궐족이 남긴 비문(碑文)과 이보다 조금 후에 위구르족이 남긴 문서들이 있다. 그리고 중세 몽골어 자료 중에는 칭기즈칸의 이야기를 쓴 『원조비사(元朝秘史)』가 가장 중요한데, 몽골어를 한자로 기록한 책이다.

05 동명사의 어미와 국어의 반사형 비교 : 개별적 일치와 함께 구조적 일치도 보인다.
 • -*r의 반사형 : 중세국어 동명사 어미 '-(으/으)ㄹ'
 • -*m의 반사형 : 중세국어 동명사 어미 '-(오/우)ㅁ'
 • -*n의 반사형 : 중세국어 동명사 어미 '-ㄴ'(-은/은)

06 국어와 알타이제어가 비교 방법을 적용하기에 불리한 점은 이 외에 각 어군의 고대 자료들이 적다는 점, 각 어군에 속하는 언어들 사이의 차이가 적다는 점이 있다.

정답 04 ④ 05 ① 06 ③

checkpoint 해설 & 정답

07 알타이제어는 파생과 굴절이 접미사에 따라 이루어지기 때문에, 모음교체나 자음교체가 일어나지 않는다.

08 원시 한어는 백제어, 신라어, 중세국어이다. 고구려어는 원시 부여어이다.

09 ② 눈[眼] : nidün < *nün-dün
③ 오[來] : - ora[入]-
④ 날[日] : naran[太陽]

07 다음 중 알타이어족의 공통 특질에 해당되지 않는 것은?

① 두음법칙이 나타난다.
② 모음교체나 자음교체가 일어난다.
③ 선행동사가 부동사형을 취해 연결의 기능을 한다.
④ 모든 단어의 파생과 굴절은 접미사에 의하여 이루어진다.

08 다음 중 원시 한어에 해당되지 않는 것은?

① 백제어
② 신라어
③ 고구려어
④ 중세국어

09 다음 중 국어와 몽골제어의 어휘가 올바르게 짝지어진 것은?

① 가[去] : rar[出]-
② 눈[眼] : naran[太陽]
③ 오[來] : 사격형 *na
④ 날[日] : nidün < *nün-dün

정답 07② 08③ 09①

10 국어와 알타이제어를 비교한 내용으로 적절하지 <u>않은</u> 것은?
   ① 터키제어의 유음은 'l'과 'r'뿐만 아니라 'š, z'도 나타난다.
   ② 알타이제어에서 'r'은 어두에는 나타나지 않으며, 'l'도 극히 드물게 나타난다.
   ③ 국어에는 유음이 'ㄹ' 한 음소밖에 없는데, 다른 알타이어들은 'l'과 'r'을 가지고 있다.
   ④ 알타이제어의 'p ~ f ~ h ~ ø'와 국어의 'ㅂ'이 대응하는데, 어말 자음에서 잘 이루어진다.

10 알타이제어의 'p ~ f ~ h ~ ø'와 국어의 'ㅂ'이 대응하는데, 어두 자음에서 잘 이루어진다.

11 다음 중 어족의 비교 방법이 <u>아닌</u> 것은?
   ① 언어의 친족관계는 자재적 세부가 일치하는 것을 발견함으로써 증명할 수 있다.
   ② 공통조어의 음운 체계 사이의 엄밀하게 대응되는 규칙을 수립하는 것은 불가능하다.
   ③ 동계 언어들의 서로 다른 음운 체계는 공통조어의 음운 체계로부터 서로 다른 규칙적 변화가 일어난 결과이다.
   ④ 비교 방법은 유효한 일치만을 추구하기 위하여 발달된 것인데, 이는 어휘나 문법 형태를 비교할 때 엄밀한 '음운 대응 규칙'을 수립한다.

11 동계 언어들의 서로 다른 음운 체계는 공통조어의 음운 체계로부터 서로 다른 규칙적 변화가 일어난 결과이므로, 이들 사이의 엄밀하게 대응되는 규칙을 수립하는 것이 가능하다.

정답 10 ④ 11 ②

checkpoint 해설 & 정답

12 동명사 또는 동사파생명사의 접미사 '-*i(중세국어 '-이', 고대 일본어 '-i')'와 '-*m(중세국어 '-ㅁ/음/음', 고대 일본어 '-mi')'가 일치하는데, 이는 알타이제어의 특징이다.

13 라프어는 알타이어족이 아닌 우랄어족에 속하며, 솔론어는 알타이제어 중 퉁구스어군, 야쿠트어는 터키어군에 속한다.

14 추바시어는 터키어군이다.

정답 12 ④ 13 ④ 14 ④

12 다음 중 국어와 고대 일본어의 어휘상 유사점이 <u>아닌</u> 것은?

① 중세국어의 '셤[島]'과 '바다ㅎ'가 고대 일본어의 'sima', 'wata'와 유사하다.
② 고대 일본어 'köfòri[郡], kimi[君], nata[鉈], fata[田]'는 'ㄱ롤[郡], (님)금[王], 낟[鎌], 밭[田]'의 차용어이다.
③ 고대 일본어에서 1인칭 또는 2인칭 대명사로 'na'가 쓰였는데, 이는 국어의 '나' 또는 '너'와 유사하다.
④ 명사형 어미 '-*i(중세국어 '-이', 고대 일본어 '-i')'와 '-*m (중세국어 '-ㅁ/음/음', 고대 일본어 '-mi')'가 일치한다.

13 다음 중 몽골어군에 해당되는 것은?

① 라프어
② 솔론어
③ 야쿠트어
④ 칼카 방언

14 다음 중 퉁구스어군에 해당되지 <u>않는</u> 것은?

① 만주어
② 라무트어
③ 오로키어
④ 추바시어

15 람스테트의 가설에 근거할 때, 옳지 않은 것은?

① 터키어는 한편으로는 몽골어, 다른 한편으로는 한국어와 친근하다.
② 한국어는 한편으로는 터키어, 다른 한편으로는 퉁구스어와 친근하다.
③ 몽골어는 한편으로는 퉁구스어, 다른 한편으로는 터키어와 친근하다.
④ 퉁구스어는 한편으로는 몽골어, 다른 한편으로는 일본어와 친근하다.

> 15 람스테트의 가설에 따르면 한국어는 한편으로는 터키어, 다른 한편으로는 퉁구스어와 친근하며, 몽골어는 한편으로는 퉁구스어, 다른 한편으로는 터키어와 친근하다. 따라서 퉁구스어는 한국어, 몽골어와 친근하다고 할 수 있다.

16 포페의 가설에 근거할 때, 옳지 않은 것은?

① 한국어에도 알타이어의 요소가 존재한다.
② 한국어의 언어재는 퉁구스제어와 가장 가까우며, 퉁구스제어는 음운론적으로는 터키제어보다 몽골제어에 가깝다.
③ 몽골어가 알타이조어에서 맨 먼저 분리되어 나갔으며, 몽골어가 분리된 후에도 터키·몽골·퉁구스제어 단일시대는 오래 지속되었을 것이다.
④ 터키제어의 조상이 분리된 뒤에도 몽골·퉁구스제어 단일시대가 어느 정도 존속했을 것이며, 최후로 원시 몽골어와 원시 퉁구스어가 분리되었을 것이다.

> 16 포페의 가설에 따르면 한국어가 알타이조어에서 맨 먼저 분리되어 나갔으며, 한국어가 분리된 후에도 터키·몽골·퉁구스제어 단일시대는 오래 지속되었을 것이다.

17 다음 중 언어의 친족관계를 증명하기 위해 가장 중요한 것은 무엇인가?

① 차용어
② 보편적 유사성
③ 우연적 유사성
④ 규칙적인 음운 대응

> 17 언어의 친족관계를 증명하기 위해서는 어휘나 문법형태의 엄밀한 음운 대응의 규칙을 수립해야 한다.

정답 15 ④ 16 ③ 17 ④

checkpoint 해설 & 정답

18 국어의 계통에 대한 가설은 우랄·알타이 계통설과 일본어와 동계설이 있다.

19 두음법칙은 알타이제어의 음운론적 특징이다.

20 알타이제어에서는 모음조화, 특히 전설모음과 후설모음이 대립하는 '구개적 조화'가 나타난다.

정답 18 ② 19 ① 20 ④

---

18 국어는 계통적으로 어느 어족에 속한다고 볼 수 있는가?

① 남아어족
② 알타이어족
③ 고아시아제어
④ 인도·유럽어족

19 다음 중 알타이제어의 문법적 특징으로 옳지 않은 것은?

① 두음법칙이 나타난다.
② 관계대명사와 접속사가 없다.
③ 모든 접미사는 단일한 기능을 갖는다.
④ 두 동사를 연결할 때, 선행동사가 부동사형을 취한다.

20 다음 중 알타이제어의 음운론적 특징으로 옳은 것은?

① 된소리가 존재한다.
② 자음교체가 일어난다.
③ 'r'이 어두에 나타난다.
④ 전설모음과 후설모음이 대립하는 '구개적 조화'가 나타난다.

제 3 장 문자 체계

01 우리나라 문자생활에 대한 설명으로 적절하지 <u>않은</u> 것은?

① 한자는 고대 동아시아의 유일한 문자였다.
② 한자는 우리 조상들이 접한 최초의 문자였다.
③ 우리나라는 고대부터 문자기록이 이루어졌다.
④ 우리나라에서는 한자를 그대로 수용하여 사용하였다.

01 우리나라에서는 한자를 문자로 수용하여 활용하되, 중국어와 구조가 다른 우리말을 표현하기 위하여 음과 훈을 빌려 차자표기를 하였다.

02 고대 문헌과 국가의 연결이 바른 것은?

① 백제 - 『서기(書記)』
② 백제 - 『유기(留記)』
③ 신라 - 『신집(新集)』
④ 고구려 - 『국사(國史)』

02 『삼국사기』 백제본기 백제에서 근초고왕 30년(375)에 박사 고흥(高興)이 역사서 『서기』를 편찬했다는 기록이 있다. 『신집』은 고구려에서 『유기』를 고쳐 만든 책이고, 『국사』는 신라의 책이다.

03 <보기>의 표기에 대한 설명으로 옳은 것은?

> **보기**
>
> '水'자를 고구려에서는 '매'라는 단어를 나타내기 위해 사용하였고, 신라에서는 '믈'이라는 단어를 나타내기 위해 사용하였다.

① 한자를 음독자로 활용하는 방법이다.
② 육서(六書) 중 가차(假借)의 원리와 통한다.
③ 의미와 상관없이 소리를 나타내기 위한 방법이다.
④ 한자의 표의성을 자국어의 단어로 고정시키는 원리이다.

03 <보기>의 표기는 한자의 표의적 기능에 의한 표기인 석독 표기이다.

정답 01 ④ 02 ① 03 ④

checkpoint 해설 & 정답

04 고유명사 표기는 우리나라 표기 체계인 한문의 일부이면서 우리말 표기의 첫 단계였다.

05 ㉠은 한자의 음만 빌려 읽는 방식, ㉡은 그 글자의 본뜻을 유지하면서 읽을 때 음이 아닌 훈으로 읽는 방식을 활용했다.

06 이두는 음독과 훈독을 활용하여 조사와 어미까지 표기하였다.

04 한자를 이용한 우리말 표기의 첫 단계에 해당하는 것은?

① 구결
② 이두
③ 향찰
④ 고유명사 표기

05 ㉠과 ㉡에 대한 설명으로 적절하지 <u>않은</u> 것은?

> 보기
> ㉠ 居柒夫 或云 ㉡ 荒宗

① ㉠은 음독자, ㉡은 석독자이다.
② ㉠과 ㉡은 같은 이름을 표기한 것이다.
③ ㉠과 달리 ㉡은 한자의 뜻이 고려되지 않는다.
④ ㉡의 '荒'은 새김이 '거츨'로, ㉠의 '居柒'과 같은 음으로 읽는다.

06 이두에 대한 설명으로 적절하지 <u>않은</u> 것은?

① 공문서나 관용문에서 쓰였다.
② 조사와 어미는 표기하지 않는다.
③ 차자표기 중 가장 생명력이 길었다.
④ 단어의 배열이 국어의 문장구조를 따른다.

정답 04 ④ 05 ③ 06 ②

07 이두의 명칭에 대한 설명으로 적절하지 <u>않은</u> 것은?

① '이도(吏道)'는 『대명률직해』에 등장한다.
② 통일신라 때는 이두도 향찰이라고 불렸다.
③ 조선 초에는 차자표기를 통일하여 이두(吏讀)라고 하였다.
④ '이서(吏書)'라는 이칭은 이두가 서리들이 사용하던 것과 관계된다.

07 향찰과 이두는 문체, 용도, 표기법에서 차이가 나므로 다른 표기 체계이며, 신라시대에 이두를 향찰이라고 불렀던 기록은 없다.

08 다음 중 이두 자료에 해당하지 <u>않는</u> 것은?

① 균여전
② 남산신성비
③ 임신서기석
④ 갈항사석탑명

08 『균여전』에는 향찰 자료인 향가 〈보현십원가(普賢十願歌)〉가 실려 있다.

09 〈보기〉의 밑줄 친 부분에 나타난 이두 표기에 대한 설명으로 옳지 <u>않은</u> 것은?

보기

壬申年六月十六日 二人幷誓記 天前誓 <u>今自</u>三年以後 忠道執持 過失无誓 若此事失 天大罪得誓 若國不安大亂世 可容行誓<u>之</u> 又別先辛未年 七月卄二日 大誓 詩尙書禮傳倫得誓三年

① '之'은 훈독해야 한다.
② '之'가 종결 어미로 사용되었다.
③ '今自'은 '지금부터'의 의미이다.
④ '自今'이 아닌 '今自'로 표기한 것은 우리말 어순에 따른 것이다.

09 '之'는 음독자로 쓰였으므로, 음으로 읽어야 한다.

정답 07② 08① 09①

| checkpoint | 해설 & 정답 |

10 ③은 이두의 특징이다. 구결은 한문 원문은 그대로 두고 문법 요소를 토로 단 것이므로, 그것을 제거하면 한문 원문이 그대로 회복된다.

11 구결은 주로 경전을 읽기 위해 사용한 방식으로, 그 명칭은 스승이나 대학자가 깨달은 경전의 내용을 제자에게 전하여 계속 이어진다는 '구수비결(口授秘訣)'이라는 말에서 비롯되었다.

12 점이나 선 모양의 구결점을 활용하는 것은 석독구결이다. 음독구결에서는 한자를 그대로 활용하되 음으로 읽는다.

10 구결에 대한 설명으로 적절하지 <u>않은</u> 것은?

① 각 단락을 밝혀주기 위한 부차적인 표기이다.
② 한자의 약체를 사용한다는 점에서 이두와 다르다.
③ 문법 요소를 전부 제거해도 한문 원문이 그대로 회복되지 않는다.
④ 한문을 읽을 때 문법적 관계를 표시하기 위해 삽입하는 요소이다.

11 구결의 명칭에 대한 설명으로 옳은 것은?

① 한자어로 '입겿'이라고도 한다.
② '토(吐)'라고 하는 것은 잘못된 표현이다.
③ '구수비결(口授秘訣)'이라는 말에서 비롯되었다.
④ '입겿'과 '입겿'은 서로 다른 종류의 구결을 가리킨다.

12 음독구결과 석독구결에 대한 설명으로 적절하지 <u>않은</u> 것은?

① 음독구결은 오늘날에도 사용한다.
② '位尼'를 '-하니'로 읽는 것은 음독구결이다.
③ 점이나 선 모양의 구결점으로 토를 다는 방식은 음독구결이다.
④ 한자의 자형을 단순화한 구결자를 활용하는 것은 석독구결이다.

정답 10 ③ 11 ③ 12 ③

13 향찰에 대한 설명으로 옳지 않은 것은?

① 향가와 밀접한 관계가 있다.
② 이두, 구결과는 관계가 없는 독자적인 체계이다.
③ 한자를 이용하여 신라어를 표기하는 차자표기 방식이다.
④ 향찰의 체계는 매우 복잡하지만, 국어를 만족스럽게 표기하지는 못했다.

> 13 향찰은 이미 발달되어 있던 이두, 구결 등의 차자표기 방식을 확대하여 정밀한 체계를 구축하였다.

14 〈보기〉에 대한 설명으로 옳지 않은 것은?

> 보기
> 夜音, 心音

① '夜音'은 '밤'을 나타내기 위한 향찰 표기이다.
② '音'은 '-ㅁ'이라는 문법 요소를 나타낸다.
③ '夜'와 '心'은 음독 표기이고, '音'은 석독 표기이다.
④ 우리말의 발음을 충실하게 나타내기 위한 표기이다.

> 14 '夜'와 '心'은 실질적인 의미를 가진 부분이므로 석독하고, '音'은 문법적인 요소를 나타내는 부분이므로 음독한다.

15 훈민정음의 창제 이유 및 목적에 대한 설명으로 적절하지 않은 것은?

① 쉽게 쓸 수 있는 실용적인 글자를 만들었다.
② 이중적인 언어생활의 장점을 살리고자 만들었다.
③ 말과 글의 괴리에서 오는 불편함을 해소하고자 만들었다.
④ 문자를 알지 못하여 백성들이 겪는 불편함에 공감하여 만들었다.

> 15 우리나라는 말과 문자가 다른 이중의 언어생활을 영위했다. 그러나 그것에 불편함이 있어 이를 해소하고자 우리말에 부합하는 글자를 창제한 것이다.

정답 13 ② 14 ③ 15 ②

checkpoint 해설 & 정답

16 훈민정음은 음성별로 모아쓰기하는 방식을 취하는데, 음성별로 쓰는 것은 표음문자의 장점을 취한 것이고, 그것을 모아쓰기하는 것은 표의문자의 장점을 살린 것이다.

16 훈민정음의 특징으로 옳지 <u>않은</u> 것은?
① 적은 글자로 많은 소리를 표현할 수 있다.
② 동양에서 유일하고 완전한 음소문자를 실현했다.
③ 어느 계통에 속하지 않는 독자적인 문자체계이다.
④ 모아쓰기 방식은 표음문자의 장점을 취한 것이다.

17 훈민정음은 자음과 모음 단위의 음을 표기하는 '음소문자'이며, 음절 단위로 모아쓰기한다. 따라서 한 음절은 '초성, 중성, 종성'으로 3분된다.

17 훈민정음의 체계에 대한 설명으로 적절한 것은?
① 음성별로 모아쓰기한다.
② 음절 단위로 글자를 만들었다.
③ 음운을 '초성, 중성, 종성'으로 3분하였다.
④ 글자 모양과 음운 체계의 관련성이 뚜렷하다.

18 모음은 천지인의 모양을 본떠 기본자를 만들고, 합이성의 방식을 활용하여 초출자를 만든다.

18 훈민정음의 제자원리에 대한 설명으로 적절하지 <u>않은</u> 것은?
① 자음은 합이성의 원리를 활용하였다.
② 자음은 가획과 이체의 원리를 활용한다.
③ 자음은 발음기관의 모양을 본떠 기본자를 만들었다.
④ 모음은 초출자와 기본자를 조합하여 재출자를 만들었다.

정답 16 ④ 17 ④ 18 ①

19 가장 늦은 시기까지 사용된 차자표기 방식은?
① 구결
② 이두
③ 향찰
④ 고유명사 표기

19 이두는 한문의 후광을 입고 있었으며, 관공서의 실무를 담당하는 서리들에게 깊이 뿌리박고 있었기 때문에 19세기 말까지 계속 사용되었다.

20 우리말의 차자표기 체계에 대한 설명으로 옳지 <u>않은</u> 것은?
① 향찰은 신라시대에 주로 사용된 문자이다.
② 이두는 문학 작품 창작에 주로 활용되었다.
③ 구결은 문법요소를 나타내는 방식을 새롭게 만들었다.
④ 이두는 한문을 우리말에 맞게 변형하여 활용한 것이다.

20 이두는 공문서를 작성하는 등 관용으로 주로 활용되었고, 향찰이 향가를 창작하는 데 쓰였다.

정답 19 ② 20 ②

여기서 멈출 거예요? 고지가 바로 눈앞에 있어요.
마지막 한 걸음까지 시대에듀가 함께할게요!

제 2 편
시대별 음운, 어휘, 문법, 표기법의 변천

제1장 고대국어
제2장 전기 중세국어
제3장 후기 중세국어
제4장 근대국어
제5장 현대국어
실전예상문제

I wish you the best of luck

국어국문학과 2단계

자격증・공무원・금융/보험・면허증・언어/외국어・검정고시/독학사・기업체/취업
이 시대의 모든 합격! 시대에듀에서 합격하세요!
www.youtube.com → 시대에듀 → 구독

제2편 시대별 음운, 어휘, 문법, 표기법의 변천

제 1 장 고대국어

단원 개요

제1장에서는 고조선부터 삼국시대의 이르기까지의 국어의 흔적에 대해 살핀다. 이 시기의 언어는 관련 자료가 부족하여 실상을 파악하고 재구(再構)하기 어렵다. 그러나 이두, 구결, 향찰 등 한문 차자 표기들이 남아있어 당시 국어의 양상이 어떠했는지 추정해 볼 수 있다. 그리고 고구려·백제·신라의 언어는 다소간 차이가 있었을 것이나, 7세기 후반 신라가 통일한 이후에는 이전의 언어의 흔적이 점차 사라지고 언어적 통일이 이루어졌을 것이다.

출제 경향 및 수험 대책

이 단원에서는 먼저 한자로 표기된 지명, 관명 등을 중심으로, 고조선의 국어부터 부여계 제어, 한계 제어, 고구려어와 백제어에 이르는 국어의 특징을 살펴보아야 한다. 각각의 시대와 관련된 언어 자료들이 어떤 것들이 있으며, 그 언어 자료가 보여주는 언어적 특성이 무엇인지 잘 정리하는 것이 중요하다. 그리고 특히 신라어는 이두, 향찰을 중심으로 표기 체계와 문법 체계, 음운 체계 등을 알 수 있으므로, 이와 관련된 구체적인 내용을 숙지해야 한다.

제 1 절 고조선 중요 ★

1 국어의 형성

우리의 역사는 고조선까지 거슬러 올라가지만 국어와 관련된 정확한 기록이 없어 중국의 사료와 문헌을 통해 추측할 뿐이다.

2 자료

"단군왕검(檀君王儉, 기원전 3세기)이 아사달(阿斯達)에 도읍하고 나라를 열어 조선(朝鮮)이라고 일컬었다."는 『위서(魏書)』의 기록에 등장하는 이름들뿐이다. 그런데 이것이 문자로 기록된 시기도 훨씬 후대의 일이므로 이를 해석하는 일에 어려움이 있다.

> **더 알아두기**
>
> **고조선 언어의 해석**
> - '王儉'의 '儉'은 신라어의 왕을 뜻하는 '금'과 비슷하다.
> - '阿斯達'의 '達'은 고구려어에서 산을 뜻하는 '달'과 비슷하다.
> - '朝鮮'의 '朝'는 중세국어의 '아춤', 그리고 일본어의 'asa'와 비슷하다.
> - '箕子朝鮮'에서 '箕子'는 백제어에서 임금을 '긔ᄌ'라고 한 것과 관련이 있는 것으로 보인다.

제1장 고대국어 47

제 2 절 부여계 제어 중요 ★

1 분포

(1) 『삼국지(三國志)』「위지(魏志)」〈동이전(東夷傳)〉(289년경)의 기록에 따르면, 기원 전후에 만주와 한반도에 숙신(肅愼)계, 부여(夫餘)계, 한(漢)계의 3대 어군(語群)이 있었던 것으로 추정된다.

(2) 『삼국지』의 〈동이전〉과 『후한서(後漢書)』의 〈동이열전(東夷列傳)〉의 기록을 보면, 부여계 제어에는 부여어, 고구려어, 옥저어(沃沮語), 예어(濊語) 등이 있었는데, 이들은 매우 비슷했던 것으로 보인다.

(3) 퉁구스의 조상인 고대 숙신의 언어와 명백하게 대립되었던 것으로 보인다. 숙신(肅愼)은 읍루(挹婁)로 이어진 뒤, 물길(勿吉), 말갈(靺鞨)로 계승된다.

(4) 부여계 제어는 고구려어로 대표되며, 부여어, 옥저어, 예어 등은 고구려어로 흡수된 것으로 보인다.

2 자료

관명 '마가(馬加), 우가(牛加), 저가(豬加), 구가(狗加)' 등에서 보이는 '가(加)'가 유일하다. 이는 고구려에서 왕을 뜻하는 '皆', 신라 관명의 '干', '柑' 등과 같다.

제 3 절 한계 제어 중요 ★

1 삼한의 위치

진한, 마한, 변한의 위치에 대해서는 학자들 사이에 견해가 다른 점이 있으나, 이들이 반도의 남쪽에 치우쳐 있으면서 다시 여러 소국으로 나뉘어 있었음은 공통적으로 인정하는 바이다. 일반적으로 마한 지역에서 백제, 진한 지역에서 신라, 변한 지역에서 가야가 일어났다고 본다.

2 자료

『후한서』〈동이열전〉에 따르면 마한이 54국, 진한이 12국, 변한도 12국으로 나뉘어 있었는데, 이 중 50여 국의 이름이 기록되어 있다. 이 중 적지 않은 이름에 '卑離'가 나타나는데, 이는 백제 지명에 보이는 '夫里'

또는 신라 지명에 보이는 '伐' 또는 '블[火]'과 같은 것으로, 사람들이 모여 사는 곳을 뜻하는 말이었던 것으로 추정된다.

제 4 절 고구려어 중요 ★★

1 자료

적으나마 현전 자료를 가진 유일한 부여계 언어이다.

(1) 오늘날 남아 있는 고구려어 자료는 국내외 사적에 나오는 고유명사들이다.

(2) 『삼국사기(三國史記)』 「지리지」 권37에 하나의 지명에 대한 음독명과 석독명이 병기되어 있으며, 권35도 보조 자료로 활용할 수 있다.

> **예**
> 買忽 一云 水城
> 水谷城縣 一云 買旦忽
> → 고구려어에서 '水'의 새김이 '매(買)'이고, '城'의 새김이 '홀(忽)'이었음을 알 수 있다.

2 고구려 명사의 예

고구려 명사	중세국어 및 신라어	퉁구스어	몽골어	고대 일본어
매 買(水, 井)	믈[水]	에벤키어 mū 만주어 muke	mören[江]	midu
단 旦, 돈 頓, 탄 呑 [谷]				tani[谷]
달 達(高, 山)				
나 那, 내 內, 노 奴 [壤]	나라ㅎ[國]	만주어, 나나이어 na[地]		
바의 巴衣, 파혜 波兮 [峴, 巖]	바회[巖]			
어을 於乙 [泉]	신라어 어을 乙[井]			
내미 內米 [池]		에벤키어 lamu 만주어 namu[海]		nami[波]

근을 斤乙 [文]	글			
개 볾 [王]	신라어 간(干) 한(翰)		qun	
별 別 [重]	볼			fä

제 5 절 백제어 중요 ★★

1 성립

부여계의 한 갈래가 한강 유역에 나라를 세운 후 마한을 결합하여 나라의 기초를 확립한 나라이다. 지배족은 부여계 언어를, 피지배족은 마한계 언어를 사용하였는데, 초기에는 차이가 컸으나 차차 융화되었다.

2 백제어의 예

『삼국사기』「지리지」권36의 지명 표기에서 살필 수 있다.

(1) 지명에 '夫里'라는 말이 많이 나타난다.

> ☑ 예
> • 扶餘郡 本百濟 所夫里郡
> • 陵城郡 本百濟 尒陵夫里郡

(2) 백제의 어휘는 신라어 및 중세국어와 흡사했던 것으로 추측된다.

> ☑ 예
> • 石山縣 本百濟 珍惡山縣
>   → '珍'의 새김이 '돌'이므로 '珍惡'은 '돌악'이라고 읽는데, 이것은 중세국어의 '돌ㅎ[石]'과 현대 전라도방언의 '독'에 대응되는 것이다.
> • 新平縣 本百濟 沙平縣
>   → '沙'는 중세국어의 '새[新]'과 대응된다.
> • 淸渠縣 本百濟 勿居縣
>   → '믈거(勿居)'는 중세국어의 '묽-[淸]'에 대응된다.
> • 高敞縣 本百濟 毛良夫里縣
>   → '모량(毛良)'은 중세국어의 'ᄆᆞᄅᆞ[棟]'에 대응된다.

(3) 백제의 어휘에는 독자적인 것들이 있는데, 고대 일본어에서 이를 차용하기도 하였다.

> **예**
> 悅城縣 本百濟 悅己縣
> → 백제어에서 '城'을 의미하는 단어가 '긔(己)'였다. 일본어 'kï[城, 柵]'는 이를 차용한 것이다.

(4) 임금을 뜻하는 특이한 단어, '긔ᄌ(*기ᄌ)'가 있었다.

제 6 절 신라어

1 자료 중요 ★

(1) 사서(史書)에 있는 고유명사 표기
  ① 『삼국사기』와 『삼국유사』에 인명, 지명, 관명 등이 한자로 차용표기 되어 있어 자료로 활용할 수 있다. 특히 고유명사의 음독 표기와 석독 표기가 함께 되어 있는 경우, 어원 해석이 가능하다.
  ② 중국, 일본의 책들도 참고가 된다. 중국의 역사책 『양서(梁書)』「신라전」에 신라어의 단어가 몇 개 나와 있다.

> **예**
> 그곳 말로 성은 '건모라(健牟羅)'라고 하고, 읍의 안쪽은 '탁평(啄評)', 바깥쪽은 '읍륵(邑勒)'이라고 하는데 역시 중국말로 군현이다. …… 관은 '유자례(遺子禮)', 속옷[襦]은 '위해(尉解)', 바지[袴]는 '가반(柯半)', 신[靴]은 '세(洗)'라 한다(其俗呼城曰健牟羅 其邑在內曰啄評 在外曰邑勒 亦中國之言郡縣也…… 其冠曰遺子禮 襦曰尉解 袴曰柯半 靴曰洗).
>
> • 尉解 : 16세기 '우틔[裳]'
> • 柯半 : 15세기 'ᄀ외 〈 *가ᄫᅵ', 『계림유사』에 "袴曰珂背"라고 되어 있다.
> • 洗 : 15세기 '신', 『계림유사』에 "鞋曰盛"이라고 되어 있다.

(2) 이두 자료
  신라시대의 이두 자료가 매우 드물지만, 향찰 표기에 나타나는 요소를 활용해 연구가 가능하다.

(3) **향찰 자료** : 향가집인 『삼대목(三代目)』이 있었다고 하나 전하지 않고, 현전하는 것은 『삼국유사(三國遺事)』와 『균여전(均如傳)』에 실린 25수뿐이다.
  ① **삼대목** : 신라 진성왕(眞聖王) 2년(888년)에 왕명에 따라 위홍과 대구화상이 향가를 수집하여 엮는 우리나라 최초의 향가집이다. 『삼국사기』 권11 「신라본기(新羅本紀)」 제11 〈진성왕〉에 기록으로만 남아있다.

② 『**삼국유사**』: 고려 충렬왕 7년(1281년)에 일연(一然, 1206~1289년)이 단군·기자·대방·부여 등 고대의 사적(史跡)과 신라·고구려·백제의 역사를 기록한 책이다. 「혜성가」를 비롯한 14수의 향가가 실려있다.

③ 『**균여전**』: 고려 문종 29년(1075년)에 혁련정(赫連挺, ?~?)이 편찬한 책으로 원명은 『대화엄귀법사주원통수좌균여전(大華嚴首座圓通兩重大師均如傳)』이며, 고려 초기 승려 균여(均如, 923~973년)의 전기이다. 제7장에 실린 ≪보현십원가(普賢十願歌)≫는 균여가 지은 10구체 향가이며, 제8장에 최행귀가 한역한 것이 수록되어 있다. 〈예경제불가(禮敬諸佛歌)〉, 〈칭찬여래가(稱讚如來歌)〉, 광수공양가(廣修供養歌)〉, 〈참회업장가(懺悔業障歌)〉, 〈수희공덕가(隨喜功德歌)〉, 〈청전법륜가(請轉法輪歌)〉, 〈청불주세가(請佛住世歌)〉, 〈상수불학가(常隨佛學歌)〉, 〈항순중생가(恒順衆生歌)〉, 〈보개회향가(普皆廻向歌)〉, 〈총결무진가(總結無盡歌)〉의 11수로 구성되어 있다. 균여는 나말여초의 인물이므로 향찰을 잘 구사했을 것으로 보이나, ≪보현십원가≫에 나타난 표기법은 『삼국유사』의 향가와는 다소 차이를 보인다.

(4) 고대 일본어의 단어들 중에는 신라어를 차용한 것이 있다. 예를 들어 'kimi[君]'는 '이사금'의 '금', 'tsasi[城]'는 '잣', 'köföri(郡)'는 'ᄀᆞᄫᆞᆯ'을 차용한 것이다.

(5) 우리나라의 전통적인 한자음이 신라어의 음운 체계에 반영되었다.

2 표기법 중요 ★★★

[연구의 어려움]
- 현존 자료로는 그 전모를 파악하기 어렵다.
- 음독자나 석독자를 가리기 어렵다.
- 음독자나 석독자에서 그 음이나 석을 정확히 재구하기 어렵다.

(1) 음독 표기
① 신라 시대 음독자들의 용법은 체계적이었으며, 고유명사 표기에서 향찰에 이르기까지 대체로 일관적이다.

> **예**
> '가, 거'의 경우 고유명사 표기할 때는 '加, 居', 향찰에서는 '可, 去'가 일반적이었다.

② 신라어 표기에 사용된 음독자들이 고구려어와 백제어 표기에 사용된 것들과 대체로 일치할 뿐 아니라, 고대 일본어 표기에 사용된 음독자들과도 광범위한 일치를 보여준다.

③ 음독 표기 일람

> **예**
> 아 : 阿 / 이 : 伊 / 나 : 乃, 奈, 那 / 라 : 羅 / 다 : 多 / 알 : 關 / 간 : 干 / 한 : 翰 /
> 발 : 發 / 밀 : 密 / 라 및 아, 어 : 良 / 며 : 旀 / 고 : 遣 / -ㄹ : 尸 / -ㅅ : 叱 /
> 기 : 只 / 리 : 利, 里, 理

> **더 알아두기**
>
> **신라 음독 표기의 특이성**
> - '良'은 '라'와 '아 / 어' 등 넓은 음역을 표기하였다. '라'는 고대 일본어에서도 동일한 음독을 찾을 수 있으나, '아 / 어'에 대하여는 의문이 남아있다.
> - '旀'는 '彌'의 약자로 부동사의 어미 '-며'를 표기하는 데 사용되었다. 이 발음은 중국 중고음 'myje'를 반영한 것이다.
> - '遣'은 부동사 어미 '-고'를 표기하는 데 사용되었다. 이는 이두 표기에서도 일치한다.
> - '尸'는 향가의 '日尸(날)', '道尸(길)'의 예에서와 같이 받침 'ㄹ'을 나타낸 것이다.
> - '叱'은 주로 음절말의 'ㅅ' 표기에 사용되었다.
> - '只'는 이두와 마찬가지로 신라어 표기에서 '기'를 나타낸 것이다.

(2) 석독 표기

① 석독 표기에 사용된 한자는 그 음으로 읽지 않고, 새김으로 읽는다.
② 한자의 새김은 매우 보수적이어서 고대의 전통이 오늘날까지 이어져 온 예가 많으므로, 중세 자료를 검토하여 그 토대 위에서 고대의 새김을 재구하는 방법을 취한다.

> **예**
> - '夜, 日, 金'의 새김을 '밤, 날, 쇠'로 재구한다. - 夜音 : 밤 / 日尸 : 날
> - 인명을 새김으로 읽었다. - 素那 或云 金川 『삼국사기』 권47 「열전(列傳)」 제7

③ 한자의 새김에도 여러 가지 요인이 작용하여 개신이 일어나므로 중세의 새김을 토대로 한 재구에는 한계가 있다.

> **예**
> - '谷'의 새김은 중세 자료에는 '골'로 나타나나, 옛 새김은 '실'이었던 것으로 보인다.
> - '厭'의 새김은 중세 자료에는 '아쳗-', '슳-' '슬믜-' 등으로 나타나나, 옛 새김은 '잊-'이었다.
> - '珍'의 새김은 백제 지명에서는 '돌'이었고, 신라 관명에서는 '바돌, 바들(海)'의 제2음절이었다.

(3) 혼합 표기

① 문장 표기는 음독 표기와 석독 표기를 혼합하여 쓰는 것이 원칙으로, 향찰표기에는 혼합 표기의 전형적 모습이 나타난다.

② 특징
　㉠ 체언이나 용언의 어간은 석독자로 표기하고, 조사나 어미는 음독자로 표기한다.

> **예**
> - 入伊 : 드리(들-이) / 見昆 : 보곤(보-곤) 〈처용가〉
> - 有阿米 : 이샤미(이시-아미) / 出古 : 나고(나-고) 〈제망매가〉

　㉡ 체언이나 용언의 어간을 표기할 때, 석독자 밑에 그 제2음절이나 끝 자음을 나타내는 음독자를 덧붙인다.

> **예**
> - 秋察 : ᄀᆞᄋᆞᆯ 〈제망매가〉
> - 川里 : 나리 〈찬기파랑가〉
> - 道尸 : 길 〈혜성가〉, 〈모죽지랑가〉
> - 慕理尸 : 그릴 〈모죽지랑가〉
> - 折叱可 : 것거 〈헌화가〉
> - 直等隱 : 고든 〈도솔가〉

더 알아두기

향찰의 표기체계

향찰의 음독과 석독을 혼란 없이 정밀하게 이해할 수 있도록 박재민(『고려 향가 변증』, 2013)은 정용자와 차용자의 체제로 향찰 표기 체계를 설명하였다.

	한자 본연의 의미로 사용된 글자	
	음독자(音讀字)	훈독자(訓讀字)
정용자 (正用字)	한자의 음으로 읽고 본연의 의미 그대로 이해되는 글자	한자의 훈으로 읽고, 본연의 의미 그대로 이해되는 글자
	예) 彌陀刹 : 미타찰 〈제망매가〉	예) 慕理尸 : 그리-ㄹ 〈모죽지랑가〉
	한자의 훈 혹은 음만 빌려 사용한 글자	
	음차자(音借字)	훈차자(訓借字)
차용자 (借用字)	글자의 의미는 버리고, 음만 취하여 소릿값으로 사용되는 글자	글자의 의미는 버리고 훈만 취하여 소릿값으로 사용되는 글자
	예) • 阿孩 : 아히 〈안민가〉 • 置古 : 두고 〈서동요〉	예) • 善花公主主隱 : 선화공주님은 〈서동요〉 • 慕人有如 : 그리는 이 있다 〈원왕생가〉

> **더 알아두기**
>
> **향찰에서 '如'의 활용**
> - '如'는 석독자이지만 주로 어미에 사용되었다.
> - 종결어미의 뜻을 나타내며, 음독자 '多'와 용법이 같다.
> - 박재민의 견해에 따르면 '훈차자'로 볼 수 있다.

3 음운 중요 ★★

(1) 자음 체계

① 중국 중고음의 전탁자(全濁字)가 한국 한자음에 평음(平音)으로 반영된 것을 볼 때, 이 시기의 국어에는 된소리 계열이 없었을 것이다.

② 중국 중고음의 차청자(次淸字)가 일부는 유기음(有氣音)으로, 대부분은 평음으로 반영된 것을 볼 때 신라어에 유기음이 있었다고 하더라도 매우 미약했을 것이다.

③ 중세국어에 존재했던 유성마찰음 'ㅸ, ㅿ'이 고대국어의 어떤 음에 소급하는지는 알기 어렵다.

④ 음절말 자음의 내파화(內破化)가 고대에는 일어나지 않았다. 그래서 'ㅅ, ㅈ'을 비롯한 모든 자음이 음절말에서도 제대로 음가를 가지고 있었다.

　㉠ '叱'이 후대에 사이시옷으로 쓰였다.

> **예**
> - 城叱 : 잣 〈혜성가〉
> - 枝次 : 갖 〈찬기파랑가〉
> - 蓬次 : 다봊 〈모죽지랑가〉

　㉡ '叱'이 음절말의 'ㅅ'을 나타내고, '次'는 'ㅈ'과 'ㅊ'을 표기하는데, 이것은 음절 말에 평음과 유기음의 대립이 없었음을 나타내는 것이 아니라 표기법이 체계적이지 못했음을 드러낸다.

⑤ 고대국어의 유음에 '*r, *l'이 있었을 가능성이 크다.

　㉠ 'ㄹ'가 'ㄹ'을 나타냈는데, '*r'이었을 것으로 추정된다.

> **예**
> - 道尸 : 길 – 만주어 girin[線, 條]
> - 日尸 : 날 – 몽골어 naran[太陽]

　㉡ 동명사의 어미 '*r'이 모두 'ㄹ'로 표기되어 있다.

> **예**
> 慕理尸 心未 行乎尸 道尸 : 그릴 ᄆᆞᅀᆞ매 녀올 길 〈모죽지랑가〉

ⓒ 고대국어에서는 내파화가 일어나지 않았으며, 이후 내파화가 일어나면서 음절말 위치의 '*r'이 [l]로 발음되기 시작하였다.

(2) 모음 체계와 모음조화

① 전기 중세국어의 모음 체계를 소급하여 고대국어의 모음 체계를 재구하고, 한편으로는 고대의 표기 체계와 한자음을 검토하여 합치점을 찾는 것이 적절한 방법이나 아직 만족할 만한 성과를 거두지 못하였다.

② 고대국어도 전기 중세국어와 마찬가지로 7모음 체계였던 것으로 추정되나 각 모음의 음가가 일치하지는 않았을 것이다.

> **더 알아두기**
>
> **고대국어 모음 체계**
>
>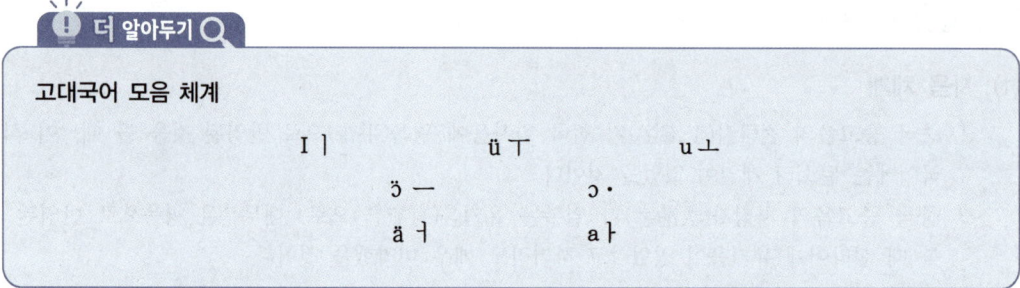

③ 현존하는 고대국어 자료에서 모음조화의 확실한 근거를 찾을 수는 없으나, 고대국어에 모음조화가 없었다고 단언할 수는 없다.

후설모음(양성)	ㅏ(a), ㆍ(ɔ), ㅜ(u)
전설모음(음성)	ㅓ(ä), ㅡ(ɔ), ㅜ(ü)
중성모음	ㅣ(i)

㉠ 중세국어에서 이른 시기로 올라갈수록 모음조화가 잘 지켜졌던 것으로 보아 고대국어에서는 매우 엄격한 모음조화가 존재했다는 추론이 가능하다.
㉡ 후설모음과 전설모음 양 계열로 된, 구개적 조화였던 것으로 추정된다.
ⓒ 고대국어에서도 '이'는 중성모음이었을 것이다.
㉣ 터키어, 몽골어 등의 알타이제어에서 나타나는 모음조화와 일치한다.

(3) 모음 사이의 'ㄷ'과 'ㄹ'의 변화

① 모음 사이의 'ㄷ'이 이후에 'ㄹ'로 변하였다.

> **예**
> - 바돌(海) > 바롤
> - ᄒᆞ돌(一日) > ᄒᆞ롤
> - 가돌(脚) > 가롤

② 모음 사이의 'ㄹ'이 이후에 탈락하였다. 이 예들은 15·16세기 문헌에 모두 상성(上聲)으로 나타난다.

> **예**
> - 누리 〉 뉘
> - 나리(川) 〉 내
> - 모리(山) 〉 뫼
> - 니림(主) 〉 님

(4) 한자음
① 한국 한자음[東音]은 신라시대에 전반적으로 확립되어 있었던 것으로 보인다.
② 중국의 상고음(上古音) 또는 중고음(中古音)의 입성(入聲) 운미(韻尾) 중 '-t'를 'ㄹ'로 발음한다.

4 문법 중요 ★★★

(1) 격조사 : 체언 밑에 붙어서 격을 표시하는 조사

주격	이 • 향찰 – 伊, 是 • 이두 – 亦 • 구결 – ㅣ
속격	무정체언과 존칭 유정체언 –의 • 향찰 – 矣, 衣 • 이두 – 之, 矣 • 구결 – ㆍ 평칭 유정체언 –ㅅ • 향찰, 이두 – 叱 • 구결 – ㄴ
처격	아 / 긔 / 아긔 • 향가 – 良(아), 良中(아긔) • 이두 – 中(긔), 良中, 亦中(여긔) • 구결 – 氵+(의긔), +(긔), 尸+(ㅅ긔)
대격	을 • 향찰 – 乙(을), 肸(흘) • 이두 – 乙 • 구결 – ㄴ → 이형태 변이는 표기에 반영되지 않았다.
구격	(♀/으)로 : 중세국어와 마찬가지로 출발점 또는 기준점을 나타내는 말로도 쓰였으며, 원인과 이유를 나타내는 '로'는 형식명사 'ㄷ'와 결합하여 원인절을 형성하기도 한다. • 향찰 – 留(루) • 이두 – 以 • 구결 – ᠁

감탄 조사	-(이)여 : 무정체언이나 명사절에도 결합될 수 있으며, 문맥에 따라 호격의 기능을 한다고 볼 수 있는 경우도 있다. • 향찰 – 也 • 구결 – 亽, 亠

(2) 용언의 활용 : 국어의 복잡한 활용 체계는 이미 고대에 확립되어 있었다.

동명사 어미	-ㄹ : 尸 / -ㄴ : 隱
부동사 어미	-라 : 良 / -매 : 米 / -며 : 旀 / -다가 : -如可 / -고 : 遣
정동사 어미	-다 : 如 / -라 : 羅 / -고 : 古 / -져 : 齊

(3) 경어법 : 향가에서 존경법과 겸양법이 분명히 확인된다.
① 존경법 : '賜(-시-)'로 표시했다.
② 겸양법 : '白(-숩-)'로 표시했다.
③ 공손법 : 향가에서는 확인되지 않는다.

5 어휘 중요★

현존하는 신라어 자료는 대부분 어휘 자료인데, 중세국어의 어휘와 전반적으로 일치한다.

(1) 수사 : 자료가 많지는 않으나 중세국어와 일치하는 모습을 보인다.

1	ㅎ둔 : 一等隱, 一等 →『계림유사』의 "一日河屯"과 일치한다.
2	두블, 두볼 : 二肹, 二尸 →『계림유사』의 "二日途孛"과 일치한다.
3	서리 →『삼국사기』권34에서 "三陟郡 本悉直郡"이라고 한 것을 참고할 수 있다.
4	너리
1000	즈믄

(2) 왕호와 관명
① 신라 22대 지증마립간(智證麻立干, 437년~?)까지 왕에 대해 '차차웅(次次雄)', '이사금(尼師今)', '마립간(麻立干)' 등의 칭호가 사용되었다.
② 순수한 신라어로 된 관직명이 사용되었다.

(3) 한자어

① 본래 신라어로 된 임금의 칭호가 사용되다가 6세기 초인 지증마립간 때에 와서 '王'이 사용되기 시작하였다.
② 8세기 중엽인 경덕왕(景德王, ?~765년) 때에 이르러 지명을 중국식으로 한자 2글자로 표기하였다.
③ 왕호와 지명을 한자어로 개신한 것은 국어 어휘를 인위적으로 변혁한 최초의 시도였으며, 이로 인해 오늘날 인명, 지명, 관명 등이 한자어가 되었다.
④ 언문이 불일치하는 언어 체계에서 문어의 요소가 구어에 영향을 끼쳐, 국어 어휘에 막대한 한자어를 침투시켰다. 그리고 국어 어휘 중의 한자어는 일반적 차용어와 그 성격이 다르다.
⑤ 중국어와의 직접적인 접촉에서 비롯된 차용어도 있다. '筆(붇)'과 '墨(먹)', '尺(잫)', '俗(숗)' 등은 한자가 유입되면서 차용되었을 것으로 추정된다.

6 향가의 해독 중요 ★★

신라어의 음운, 문법, 어휘에 대한 체계적인 이해를 바탕으로 이루어져야 한다. ≪보현십원가≫의 경우 한 작가의 작품이므로 변개의 우려가 비교적 적어 연구의 기초를 세우는 자료로 활용할 수 있다.

> **더 알아두기**
>
> **〈처용가〉의 해독**
> 〈처용가〉는 고려가요로 계승되어 『악학궤범(樂學軌範)』에 우리말로 실려 있으므로, 이와 대조하여 향가 해독의 실마리를 찾을 수 있었다.
>
> 東京明期月良夜入伊遊行如可
> 入良沙寢矣見昆脚烏伊四是良羅
> 二肹隱吾下於叱古二肹隱誰支下焉古
> 本矣吾下是如馬於隱奪叱良乙何如爲理古
>
> 『삼국유사』 권2 〈처용랑망해사조(處容郎望海寺條)〉
>
> 東京 볼ᄀ 도래 새도록 노니다가
> 드러 내 자리를 보니 가ᄅ리 네히로새라
> 아으 둘흔 내해어니와 둘흔 뉘해어뇨
>
> 『악학궤범』 권5 「시용향악정재도설(時用鄕樂呈才圖說)」
〈학연화대처용무합설(鶴蓮花代處容舞合設)〉
>
> 시ᄫᆞᆯ 불기 도래 / 밤드리 노니다가
> 드러사 자리 보곤 / 가ᄅ리 네히어라
> 둘흔 내해엇고 / 둘흔 뉘해언고
> 본ᄃᆡ 내해다마ᄅᆞᆫ / 아ᅀᅡ늘 엇디ᄒᆞ릿고
>
> 양주동 해독

東京 볼기 드라라 / 밤 드리 노니다가
드러사 자리 보곤 / 가로리 네히러라
두브른 내해엇고 / 두브른 누기핸고
본딕 내해다마른는 / 아사놀 엇디ᄒ릿고

김완진 해독

- 東京 : '경주'라고 확증할 수 없으며, 고려시대에 변개된 것으로 보인다.
- 如可(-다가)·良羅(-러라)·乙(-ᄋ늘) : 향가 중 〈처용가〉에서 유일하게 나타나는 표현으로, 13세기부터 이두·구결 자료에 나타나기 시작하여 14세기를 거치며 활발하게 사용된 것을 미루어보아 고려시대에 변개된 흔적으로 볼 수 있다.
- 沙(사) : 중세국어의 강세 첨사 '사'의 전신이다.
- 脚烏伊(가드리) : 중세국어의 '가를'의 전신이 '가들'이었던 것으로 추정된다.
- 支 : 향찰의 특이한 음독자 중 하나로, '히' 또는 'ㅎ' 음을 나타낸 것으로 보인다. 고려 석독구결에서 이는 대부분 부사 파생 접미사 '히'를 나타내는 말로 쓰인다.
- 何如 : '如'는 '다'로 읽으며, 모음 대립상의 교체형 '더'로 읽는 것이 가능하므로 '엇더'로 읽는 것이 적절하다. 이는 부사로 사용된 것이다.

제2편 시대별 음운, 어휘, 문법, 표기법의 변천

제 2 장 전기 중세국어

단원 개요

중세국어는 15세기를 기준으로 전기와 후기로 나뉘며, 전기 중세국어는 시기적으로 대체로 고려왕조에 해당된다. 이 구분은 14세기에 일어났을 것으로 추정되는 국어 음운 체계의 큰 변화에 근거한 것이며, 전기와 후기 사이에는 훈민정음 창제라는 국어사의 결정적인 사건이 일어났다. 중세국어는 개경 중앙어를 중심으로 성립되었으며, 『계림유사』와 『향약구급방』 등의 자료를 통해 그 특성을 파악할 수 있다.

출제 경향 및 수험 대책

이 단원에서는 우선 중세국어가 어떠한 토대 위에서 성립되었는지 파악해야 한다. 그리고 이 시기 국어의 특성을 알 수 있는 자료를 이해하고, 이에서 알 수 있는 표기법과 음운체계 및 어휘를 살펴보자. 특히 예를 제시하고 그것을 통해 파악할 수 있는 전기 중세국어의 특징을 묻는 문제에 대비하여 주요 예들을 잘 정리해 두는 것이 중요하다.

제 1 절 중세국어의 성립 중요 ★

1 중세국어의 토대

(1) 10세기 초에 고려 왕조가 성립되고, 개경이 정치·문화의 중심지가 됨에 따라 개성지역의 방언이 두각을 나타내게 되었다.

(2) 개성지역은 신라의 서북 변방이었으므로, 고려 왕조 성립 시기에 그 지역에서 사용되던 언어는 신라어의 한 방언이었다.

(3) 개경은 고구려의 옛 땅이었으므로 신라어의 개성지역 방언에는 고구려어의 저층이 있었을 것이다.

> **예**
> - 13세기에 간행된 『향약구급방(鄕藥救急方)』에 '那勿(나물)[鉛]'이라는 단어가 수록되어 있는데, 이는 『삼국사기』 권37에 나온 고구려 지명과 일치한다.
> - 『삼국사기』에 나온 고구려 '呑, 旦, 頓(谷)'이 15세기에 편찬된 『조선관역어(朝鮮館譯語)』에 '村, 呑'으로 나타난다.

(4) 새로운 고려 중앙어 성립 이후에도 옛 신라 중앙어가 큰 영향을 미쳤고, 고구려어의 요소는 신라어로 대체되어 점차 소멸된다.

> **예**
> 『조선관역어(朝鮮館譯語)』에 남아 있던 고구려어가 15세기 이후 소멸된다. 15세기 정음(正音) 문헌을 보면 '鉛'과 '村'을 가리키는 단어가 '납(鑞)', 'ᄆᆞᅀᆞᆯ'로 대체된 것을 알 수 있는데, 이는 신라어 계통의 어휘이다.

제 2 절 자료 연구 중요 ★

1 『계림유사』

(1) 송나라 손목(孫穆, ?~?)이 편찬한 책이다. 손목은 고려 숙종 8년(1103년)에 사신 유규(劉逵)와 오식(吳拭)을 수행하여 신서장관(信書壯官)으로 고려에 다녀간 뒤, 자신이 익힌 고려의 토속과 언어를 정리하여 한한대어휘집(漢韓對語彙集)을 집필하였다. 본래 고려의 조제(朝制)·토풍(土風)·구선(口宣)·각석(刻石) 등을 다룬 3권으로 된 책이었으나, 오늘날 그 원본은 전하지 않고, 『설부(說郛)』(14세기 중엽), 『고금도서집성(古今圖書集成)』(1725년) 등에 그 초록만 전한다.

(2) 당시의 국어 단어 또는 어구 350항이 한자로 기록되어 있다.

(3) 손목이 고려에서 직접 기록한 것이므로, 이 책의 표기를 정확하게 읽으려면 당시의 송나라의 한자음에 대한 지식이 필요하다.

2 『한약구급방』

(1) 우리나라의 전통 의약서로 1236년에 대장도감(大藏都監)에서 간행되었다. 초간본은 전하지 않고 태종 17년(1417년)에 간행된 중간본만 전한다.

(2) 우리나라에서 약재로 사용된 180여 종의 식물·동물·광물 등에 대한 정보가 있어 이와 관련된 어휘들을 알 수 있으며, 특히 한자를 차용하여 향명(鄕名)을 기록했다는 점에서 국어사적으로 가치 있는 자료이다.

(3) 이 책의 차자표기는 1400년대 초엽의 것이지만, 표기 경향은 그 이전의 형태를 그대로 따르고 있다. 따라서 이 자료에 대해 면밀하게 검토하면 전기 중세국어의 음운 체계를 밝히는 데 도움이 된다.

3 차용어 자료

(1) 고려와 원의 접촉에서 비롯된 몽골어 차용어는 말과 매, 군사와 관련된 용어들에만 흔적이 남아있다.

(2) 16세기에 편찬된 『번역박통사(飜譯朴通事)』와 『훈몽자회(訓蒙字會)』에 훈민정음으로 표기된 것이 가장 정확하며, 이조년(1269~1343)이 편찬했다고 알려진 『응골방(鷹鶻方)』도 참고할 만하나 현재는 안평대군이 간행한 『고본응골방(古本鷹鶻方)』(1444년)만 전한다.

(3) 차용어는 수가 적지만 차용이 이루어진 당시의 두 언어의 음운 체계에 대해 알 수 있는 단서가 된다.

4 기타 자료

(1) 『**이중력(二中曆)**』: 『회중력(懷中曆)』, 『장중력(掌中曆)』 등에서 발췌한 것으로, 12세기 초의 국어의 수사(數詞)를 알 수 있는 일본 자료이다.

1	katana → 『계림유사』의 '河屯'과 일치한다.	
2	tufuri → 『계림유사』의 '途孛'과 일치한다.	
3	towi	
4	sawi	→ 3과 4, 5와 6이 서로 바뀐 것으로 보인다.
5	esusu	
6	hasusu	
7	tarikuni	
8	tirikuni	→ 8을 7, 9를 8로 고쳐야 대응된다.
9	etari	
10	etu	

(2) 『악학궤범(樂學軌範)』과 『악장가사(樂章歌詞)』에 실린 고려가요가 있다.

(3) 『**선화봉사고려고경(宣和奉使高麗圖經)**』: 송나라 서긍(徐兢, ?~?)이 1124년에 지은 이 책에도 국어 어휘가 실려있다.

(4) 『**고려사(高麗史)**』: 한문 자료이지만 이 시기 인명, 지명, 관명에 대한 광범위한 자료가 수록되어 있으며, 몽골어 차용어도 기재되어 있다.

제 3 절　표기법 중요 ★★

1　『계림유사』의 표기법

(1) **한자의 용법** : 한자의 새김[釋]은 이용하지 않고, 음만을 이용하였다. 그리고 우리나라의 음독자들은 거의 사용되지 않았다.

(2) **표의성** : 「방언」편에 사용된 한자들은 순수하게 표음적 용법으로 사용된 것이 아니라 표의성을 띠고 있는데, 이는 국어 단어를 중국어로 설명하고자 한 저자의 의도와 관련이 있다.

> ✓ 예
> - 太曰家豨[가히]
> - 刀子曰割[갈]
> - 傘曰聚笠[슈룹]
> - 水曰沒[믈]

(3) **입성자의 용법** : 송(宋)대 북방음(北方音)을 반영한 것으로 보인다.

후내입성자(喉內入聲字)	低曰榛則[나죡], 尺曰作[쟉] → 운미에 'ㄱ'과 'ㆆ'이 나타났지만, 射曰活素[활소]에서는 소실되었다.
설내입성자(舌內入聲字)	火曰孛[블], 馬曰末[말] → 운미가 'ㄹ'로 나타나지만, 花曰骨[곳], 笠曰蓋音渴[갇], 梳曰苾音必[빗]과 같이 예외가 있다.
순내입성자(脣內入聲字)	七曰一急[닐굽], 口曰邑[입] → 운미가 보존되었다.

2　『향약구급방』의 표기법

(1) 고대 한자 차용 표기법의 전통을 그대로 이은 것으로 석독표기와 음독표기, 그리고 혼합표기가 사용되었다.

(2) 일반적으로 음독자와 석독자가 구분되었다.

음독자		加(가), 居(거), 古(고), 斤(근), 那(나), 你(니), 多(다), 刀/道(도), 豆(두), 羅(라), 老(로), 立/里(리), 毛(모), 勿(믈/믈), 朴(박), 夫(부), 非(비), 沙(사), 參(삼), 所(소), 耳(싀), 阿(아), 也(야), 於(어), 余(여), 五(오), 尤(우), 隱(은), 伊(이)
석독자	단어의 본래 의미와 직접 관계되는 것	冬[겨슬], 太[가히], 産[뫼], 水[믈]
	의미상 관련 없이 쓰인 것	置[두], 等[돌/들], 休[말], 火[블]

제 4 절 음운 중요 ★★★

1 자음 체계

(1) 된소리
① 된소리 계열이 등장한 것이 전기 중세국어 자음 체계의 가장 큰 특징이다.
② 된소리는 단어 또는 형태소가 연결될 때 나타나는 현상에서 비롯된 것으로 추측된다.
③ 고대어에서도 속격의 'ㅼ(ㅅ)'이나 동명사어미 'ㄽ(ㄹ)' 뒤에 오는 단어의 첫소리 'ㄱ, ㄷ, ㅂ, ㅅ, ㅈ'은 된소리로 발음되었을 것으로 보인다.
④ 된소리가 어떻게 어두에 나타나게 되었는지 아직 밝혀지지 않았으나, 어두에 나타남으로써 음운 체계에 확고하게 자리 잡게 된다.

(2) 어두자음군
① 『계림유사』에 따르면 어두자음군이 아직 형성되지 않았다고 할 수 있다.
② "白米曰漢菩薩", "粟曰田菩薩"에 나타난 '菩薩'은 15세기의 '뿔[米]'과 대응되지만, 아직 어두의 'ㅄ'은 없었고, 두 자음 사이에 모음이 있는 2음절어였다고 할 수 있다. 즉 모음이 탈락하여 '뿔'과 같은 형태가 된 것이다.

(3) 파찰음
① 현대 서울말의 'ㅈ'은 [ʧ], [ʤ]로 발음되는데 13세기에는 [ts], [dz]였던 것으로 추정된다.
② 몽골어 차용어에 있는 ӡa[ʤa], ӡe[ʤe]가 국어에서 '쟈', '져'로 나타나는데, 이는 국어의 'ㅈ'이 [dz]였기 때문에 [y]를 첨가하여 몽골어 발음 [ʤ]에 가깝게 하려고 했던 것이다.

> ☑ 예
> • jegerda[赤] : 절다 『박통사언해 초간본』 상42
> • čuračï[吹螺赤] : 츄라지 『용비어천가』 1 : 47

(4) 유성마찰음
① ㅿ : 훈민정음 체계에서는 불청불탁의 반치음으로 규정되었다.
   ㉠ ㅿ이 나타나는 가장 오래된 자료는 『계림유사』로, "四十日麻刃"은 '마순', "第日了兒"은 '아ᅀᆞ'와 대응하여, '刃', '兒'이 ㅿ(z)음을 나타냈음을 보여준다.
   ㉡ 『향약구급방』에 '蕡蒚[냉이]'의 향명(鄕名)이 '豆音矣薺'와 '豆音乃耳'라고 되어 있으며, '漆 姑[칠고초]'의 향명은 '漆矣母'와 '漆矣於耳'라고 되어 있다. 이 명칭들에서 음독으로 표기된 '乃耳'와 '於耳'는 15세기의 '나ᅀᅵ', '어ᅀᅵ'와 일치한다.

ⓒ 14세기 무렵에 's>z'의 변화가 일어났는데, 이 변화는 이중모음의 부음 y, 'ㄹ', 'ㄴ'과 모음 사이라는 특수한 환경에서만 일어났다.

> ☑ 예
> *새삼 > 새삼, *둘서 > *둘ᅀᅥ > 두ᅀᅥ, *한숨[歎心] > 한숨

ⓔ ㅿ는 음절말에도 있었던 것으로 추정된다.

> ☑ 예
> • 『계림유사』에 나온 "剪刀曰割子蓋"이 15세기 'ᄌᆞ애'(『두시언해(杜詩諺解)』 초간본 10 : 33)와 대응하는 것을 볼 때, '割子蓋'는 '*ᄌᆞ개'를 나타낸 것이라고 할 수 있다. 이는 15세기 문헌인 『월인석보(月印釋譜)』에서 확인되는 'ᄌᆞ[剪]-'이라는 동사 어간에 접미사 '-개'가 붙어서 만들어진 말이다.
> • 『향약구급방』에 나온 "居兒乎 蚯蚓[지렁이]"는 15세기 단어 '것위', 16세기 단어 '거위'에 대응된다.

② ㅸ : 전기 중세국어 자료의 표기에서는 'ㅸ'이 분명하게 나타나지 않는다.
  ⊙ 한자로 하는 표기가 불완전하여 나타나지 않았을 가능성이 있다. 한자음에는 순경음(脣輕音)과 순중음(脣重音)의 구별이 없어서, ㅸ과 ㅂ을 구별하여 표기할 방법이 없었기 때문이다.

> ☑ 예
> • 酒曰酥孛[수을, 술], 秤曰雌孛[저울]과 火曰孛[블], 袴曰珂背[ᄀᆞ외]와 布曰背[뵈]를 비교하면, ㅸ과 ㅂ이 구별되지 않은 것을 알 수 있다.
> • 『향약구급방』에 "尉斗 多里甫里[다리우리]"라고 된다.

(5) 음절말 자음
① 『계림유사』의 "皮曰渴翅[갗]", "面曰渴翅[갗]"에서 음절말의 'ㅊ'을 확인할 수 있다.
② 『향약구급방』에서는 더욱 분명하게 음절말 자음들이 구별되어 있다.
③ 13세기 중엽에는 'ㅈ'과 'ㅊ'은 중화되었지만, 'ㅅ'과 'ㅈ' 사이의 중화는 아직 일어나지 않았으며, 'ㅎ'도 발음되었다고 추정된다.
④ 평음과 유기음은 이미 중화되었다고 보면, 13세기 중엽의 음절말 자음 대립은 'ㄱ, ㄴ, ㄷ, ㄹ, ㅁ, ㅂ, ㅅ, ㅿ, ㅇ, ㅈ, ㅎ'이 있었다고 할 수 있다.

(6) 합성어의 'ㄹ' 탈락
① 전기 중세국어의 합성어에서는 치음 'ㄴ, ㄷ, ㅿ, ㅅ, ㅈ, ㅊ' 앞의 'ㄹ'이 유지되었다.
② 'ㄹ' 탈락은 15세기 후반에도 일부 지속된 흔적이 있으므로, 이보다 조금 앞선 시기에 일어난 것으로 보인다.

2 모음 체계

① 몽골 차용어는 주로 13세기 후반에 들어왔고, 15·16세기 문헌에 훈민정음으로 표기된 것을 미루어 볼 때, 중세몽골어의 모음들은 다음과 같다.

중세 몽골어	a	o	u	e	ö	ü	i
차용어	ㅏ	ㅗ	ㅗ	ㅓ	ㅓ	ㅜ	ㅣ

㉠ 13세기 국어에 후설 원순 고모음은 'ㅗ, ㅜ'의 구별 없이 'ㅗ' 하나였다.
㉡ 'ㅓ'는 [e]에 가까운 전설모음이었다.
㉢ 국어에는 중세몽골어의 [ö]에 가까운 단모음이 없었다.
㉣ 13세기에는 'ㅜ'가 [ü]였다는 추정이 가능하다.

② 몽골어 차용어와 『계림유사』에 나타나는 특징을 볼 때, 중세국어의 모음 체계는 고대국어의 모음 체계와 큰 차이가 없는, 7모음 체계일 것으로 추정된다.

> **더 알아두기**
>
> **13세기 중엽의 국어 모음 체계**
>
> | ㅣ | ü ㅜ | u ㅗ |
> | e ㅓ | ə ㅡ | ɔ · |
> | | a ㅏ | |
>
> → ə가 ɐ로, ä가 e로 이동했다.

③ 전기 중세국어의 모음 체계는 후기 중세국어 모음 체계와는 큰 차이를 보인다. 그 원인은 14세기에 모음추이가 일어났기 때문인 것으로 보인다.

> **더 알아두기**
>
> **모음추이**
>
> 국어의 모음추이의 방향은 '미는 사슬(push-chain)'로 보는 해석이 우세하다. 이에 따르면 전설모음으로 발음되던 'ㅓ[e]'가 'ㅓ[ə]'로 중설화되면서 모음추이가 시작되었다. 이렇게 중설화된 'ㅓ'에 의해 기존의 'ㅡ'가 고모음 쪽으로 밀리고, 'ㅡ'는 가까운 위치의 'ㅜ'를 후설로 밀어냈다. 이로 인해 기존의 'ㅗ[u]'가 중모음 쪽인 'ㅗ[o]'로 밀려났으며, 결국 '·[ɔ~o]'가 '·[ʌ]'로 밀렸다가 소멸한다. 이러한 '·'의 불안정성 때문에 '당기는 사슬'이 아닌 '미는 사슬'에 의한 변화일 가능성이 높다는 것이다.

제 5 절 어휘 중요 ★

1 『계림유사』와 『향약구급방』의 어휘

(1) 『계림유사』 : 12세기 어휘 자료

> ☑ 예
> 龍曰稱[미르], 尼曰阿尼[바구니], 兄曰長官[형], 女子曰漢吟[계집], 婦曰了村[며느리]

(2) 『향약구급방』 : 13세기의 어휘 자료

> ☑ 예
> 枳穀 只沙里皮[팅즈나못 거플], 蠐螬 夫背也只[굼벵이], 芋 毛立[토란], 鉛 俗云 那勿[나물]

2 몽골어 차용어

원간섭기(1259~1356년)를 거치면서 몽골어의 어휘가 유입되는데, 『고려사』의 기록을 보면 고려의 일부 관직명은 원나라의 것을 그대로 사용하기도 하였다.

분류	몽골어	한국어
말 관련 어휘	• 가라물 : 검은 말 • 간쟈물 : 이마와 뺨이 흰 말 • 고라물 : 등의 거뭇한 누런 말 • 절다물 : 붉은 말	• qura mori • qaljan mori • qula mori • jegerde mori
매 관련 어휘	• 권진[白角鷹] • 나친[鴉鶻] • 도롱태[弄鬪兒] • 보라매[秋鷹]	• kögsin • način • turimtai • boro
군사 관련 어휘	• 기ᄅ마 : 안장 • 오ᄂᆡ : 오늬 • 츄라치 : 소라 부는 병사 • 뎔릭 : 무관이 입던 공복(公服)	• gölme • oni > onu • čuračI • terlig
음식 관련 어휘	• 타락(駝酪) • 슈라(水剌)	• taraɣ • šüle(n)
관직명	• 必書赤 : 서기 • 站赤 : 역(驛)을 담당하던 관직	• bičlyeči • jamči

3 여진어 차용어

(1) 여진족은 함경도에 12세기 이전부터 15세기 이후까지 걸쳐 살았으므로, 지명이나 인명에 그 언어의 흔적이 남아있다.

(2) 『용비어천가(龍飛御天歌)』에 따르면 '두만강(豆滿江)'은 여진어의 土滿(tümen)에서 온 말이다.

(3) 함경도나 평안도 지역의 옛 지명 '雙介[쌍개]' '斡合[워허]', '回叱家[횟갸]' 등은 여진어로 되어 있다.

4 한자어

(1) 중세 국어 시기에 한자어가 급증하였다.

(2) 고려 광종 9년(958)부터 과거 제도를 실시하였는데, 이로 인해 한자어로 된 학술적·문화적 용어를 사용하게 되었고 한자어가 우위를 점하였다.

(3) 한자 어휘는 상류 계급의 것이었으나 평민들이 모방의 대상으로 삼으면서, 고유어가 한자어에 밀려나게 되었다.

제2편 시대별 음운, 어휘, 문법, 표기법의 변천

제 3 장 후기 중세국어

단원 개요

후기 중세국어는 시기적으로 15~16세기를 이른다. 15세기에는 비로소 우리말을 표기할 수 있는 문자, 훈민정음이 창제되고, 이 문자로 언해집을 비롯한 많은 문헌이 간행되었다. 따라서 이 시기는 국어사에서 매우 중요한 의미와 위상을 지닌다. 이 단원에서는 훈민정음의 체계에 대해 파악하고, 이 시기 간행된 문헌자료를 통해 당시 국어의 음운, 문법, 어휘에 대한 전반적인 내용을 살핀다.

출제 경향 및 수험 대책

이 단원은 국어사에서 가장 핵심적인 내용을 다루고 있으며, 따라서 문제가 출제되는 비중도 가장 높다. 먼저 훈민정음의 제자원리와 표기법을 숙지한다. 특히 자모 체계에 주목하여, 음운과의 관련성을 잘 살펴야 한다. 또한 문법적 특성을 잘 정리하되, 근대국어와 비교할 수 있도록 체계적으로 학습해야 한다. 그리고 문법 지식을 여러 문헌자료에 나온 예에 적용할 수 있는지 묻는 문제가 출제될 확률이 높으므로, 깊이 있게 공부하자. 더불어 낯선 문법 용어들이 등장하므로 그에 대한 이해가 선행되어야 원활한 학습이 이루어질 수 있다.

제 1 절 자료 연구 중요★

1 문헌자료의 특징

(1) **훈민정음 창제 이전** : 명나라에서 편찬된 『조선관역어(朝鮮館譯語)』는 한문으로 된 자료이지만, 『계림유사』와 마찬가지로 국어의 어휘를 재구할 수 있는 자료이다.

(2) **중앙의 간행물** : 15~16세기의 정음 문헌은 대부분 관(官)에서 간행한 것들이다.
　① 전반적으로 당시 서울의 언어, 상층의 언어를 반영한 것으로 보인다.
　② 대부분 언해 자료이므로 한문의 번역문이 지니는 독특한 문체의 특징이 나타난다.

(3) **주목할 만한 자료** : 『석보상절(釋譜詳節)』은 언해이지만 자유로운 문체를 보여주며, 『번역박통사(飜譯朴通事)』는 일상 회화를 다루고 있어서 구어의 특징이 나타난다.

2 15세기 간행자료

『조선관역어 (朝鮮館譯語)』	• 『화이역어(華夷譯語)』에 속하는 책이다. 이는 명나라 초엽 이래 편찬된 중국어와 외국어의 대역 어휘집을 총칭하는 것으로, 네 계통으로 나눌 수 있는데 『조선관역어』는 회동관(會同館)에서 편찬된 13관역어 중 하나이다. • 대체로 15세기 초엽에 편찬되었고 이후 약간 수정이 된 것으로 보이는데, 여말선초에 해당하는 훈민정음 창제 직전의 우리말 연구 자료이다. • 상단은 중국어 표기, 중단은 한자음으로 된 국어 표기, 하단은 중국어음에 대한 당시 국어음 표기의 3단 표기로 구성되어 있고, 총 590여 항으로 되어 있다. • 15세기 중국어음을 반영하고 있다.
『훈민정음』 (세종 28년, 1446년)	• 훈민정음을 반포하면서 간행한 책이다. • 어제서, 본문, 해례[제자해(制字解), 초성해(初聲解), 중성해(中聲解), 종성해(終聲解), 합자해(合字解), 용자례(用字例)], 정인지(鄭麟趾, 1396~1478년)가 쓴 서문으로 이루어져 있다. • 어제서와 본문의 언해가 『월인석보(月印釋譜)』 서두에 실려 있는데, 『석보상절(釋譜詳節)』 서두에도 실려 있었을 가능성이 있다.
『용비어천가 (龍飛御天歌)』 (세종 29년, 1447년)	• 한글로 된 최초의 문헌이다. • 새 왕조의 건국과 태조의 4대조인 목조로부터 태종에 이르는 사적을 읊은 125장의 노래이다. • 권제(權踶, 1387~1445년), 정인지, 안지(安止, 1377~1464년) 등이 세종 27년(1445년)에 편찬하고 1447년에 간행되었는데, 세종이 최항(崔恒, 1409~1474년), 박팽년(朴彭年, 1417~1456년), 강희안(姜希顔, 1418~1465년) 등에게 주해(注解)를 달게 했다. • 원간본은 권1, 2, 7, 8만 전하며, 그 후쇄본과 더불어 광해군 4년(1612년), 효종 10년(1659년), 영조 41년(1765년)에 간행된 중간본이 있다.
『석보상절』 (세종 29년, 1447년)	• 순한글로 되어 있어 여타의 언해와 형식이 다르며, 매우 자연스러운 국어 문장을 보여준다. • 세종의 명을 받아 수양대군이 저술한 석가모니의 일대기로, 24권으로 추정된다. 현재 전하는 원간본은 권6, 9, 13, 19, 20, 21, 23, 24뿐이고, 중간본은 권3, 11이 전한다.
『동국정운(東國正韻)』 (세종 30년, 1448년)	• 조선 한자음의 표준화를 위해 세종이 신숙주(申叔舟, 1417~1475년), 최항, 성삼문(成三問, 1418~1456년) 등에게 편찬하게 한 운서로, 완질 총 6권이 남아있다. • 초기에는 이 책의 한자음이 언해에 사용되었으나, 당시 실제 한자음과 다른 점이 많아 15세기 말부터 사용되지 않았다.
『홍무정운역훈 (洪武正韻譯訓)』 (단종 3년, 1455년)	• 명나라의 운서 『홍무정운(洪武正韻)』(1375년)에 한글로 발음을 표시한 책이며, 16권 8책으로 되어 있다. • 세종이 신숙주(申叔舟, 1417~1475년) 등에게 명하여 편찬하였다. • 중국어 연구 및 훈민정음의 음가를 연구하는 자료로 쓰인다.
『월인석보(月印釋譜)』 (세조 5년, 1459년)	• 『월인천강지곡(月印千江之曲)』과 『석보상절』을 합편(合編)한 책으로, 모두 25권이었을 것으로 보인다. • 『월인천강지곡』의 각 절을 본문으로 삼고, 그에 해당하는 『석보상절』을 주석(註釋)하는 식으로 편찬하였다.
『능엄경언해(楞嚴經諺解)』 (세조 7년, 1461년)	• 『대불정여래밀인수증요의제보살만행수능엄경(大佛頂如來密因修證了義諸菩薩萬行首楞嚴經)』을 언해한 책으로, 먼저 활자본으로 간행한 후 오류를 바로잡아 이듬해에 간경도감(刊經都監)에서 목판본으로 간행하였으며, 총 10권으로 구성되었다. • 세조가 직접 구결을 달고 한계희(韓繼禧, 1423~1482년), 김수온(金守溫, 1410~1481년) 등이 혜각존자(慧覺尊者) 신미(信眉, ?~?)의 도움을 받아 번역하였다.

『법화경언해(法華經諺解)』 (세조 9년, 1463년)	• 『묘법연화경(妙法蓮華經)』에 세조가 구결을 달고 간경도감에서 번역하여 간행하였다. 목판으로 된 원간본 7권이 전한다. • 동일한 내용이 『석보상절』과 『월인석보』에도 실려 있어 비교연구가 가능하다.
『선종영가집언해(禪宗永嘉集諺解)』 (세조 10년, 1464년)	• 당나라 현각(玄覺, 665~713년)의 『선종영가집(禪宗永嘉集)』에 세조가 직접 구결을 달고 신미 등이 번역하여 간경도감에서 간행하였다. • 한글표기법이 훈민정음과 가깝다.
『아미타경언해(阿彌陀經諺解)』 (세조 10년, 1464년)	• 세조가 번역하여 간경도감에서 간행하였는데, 1460년경에 활자본을 간행한 후 목판본이 간행된 것으로 보인다. • 구결표기의 한글에도 방점이 있는데, 『몽산법어언해(蒙山法語諺解)』와 『훈민정음언해』와 공통되며, 활자본 『능엄경언해』나 간경도감의 일반 언해본과는 구별된다.
『금강경언해(金剛經諺解)』 (세조 10년, 1464년)	• 『금강반야바라밀경(金剛般若波羅密經)』의 언해로, 세조가 직접 구결을 달고 한계희(韓繼禧, 1423~1482년) 등이 번역하여 간경도감에서 간행하였다. • 각자병서 표기가 마지막으로 나타난 간경도감의 언해서이다.
『상원사(上院寺御帖)·중창권선문(重創勸善文)』 (세조 10년, 1464년)	• 신미 등이 상원사를 중수할 때, 세조가 물자를 보내면서 쓴 어첩과 이를 받고 신미 등이 쓴 권선문이다. • 오늘날 전하는 가장 오래된 한글 필사본이다.
『원각경언해(圓覺經諺解)』 (세조 11년, 1465년)	• 『원각경』에 세조가 구결을 달고 신미, 효령대군(孝寧大君, 1396~1486년), 한계희 등이 번역하여 간경도감에서 간행하였다. • ㆆ과 각자병서가 폐기되었다.
『구급방언해(救急方諺解)』 (세조 12년, 1466년)	• 급한 병을 치료하는 방문(方文)을 번역한 것으로, 원간본은 전하지 않고 16세기 중반에 만든 복각본만 남아 있다. • 의약서 언해 중 가장 이른 시기에 만들어진 책이다. • 동국정운식 표기 방법으로 쓰여 있는데, 복각본이라 일부 부정확한 것도 있다.
『목우자수심결언해(牧牛子修心訣諺解)』 (세조 13년, 1467년)	• 고려 보조국사(普照國師) 지눌(知訥, 1158~1210년)이 쓴 『수심결(修心訣)』을 언해하여 간경도감에서 간행한 책이다. • 'ㆍ'와 'ㅿ'이 혼란 없이 일정한 쓰임을 보이고 있으며, 'ㆁ'이 초성과 종성에 모두 쓰였다. • 각자병서는 'ㅆ'만 남아있고, 불규칙하게 쓰였다.
『몽산법어언해(蒙山法語諺解)』 (세조 13년, 1467년)	• 원나라 고승 몽산화상(蒙山和尙) 덕이(德異, 1231~1308년)의 법어(法語)를 고려 보제존자(普濟尊者) 혜근(惠勤, 1320~1376년)이 초록하여 만든 책이 『몽산화상법어약록(蒙山和尙法語略錄)』인데, 이를 언해하여 간경도감에서 간행한 책이다. • 'ㅸ'이 'ㅂ'으로 표기되었으며, 'ㄷ' 구개음화가 나타나는데 과도 교정 현상이 나타난다.
『내훈(內訓)』 (성종 6년, 1475년)	• 인수대비(仁粹大妃, 1437~1504년)가 부녀자의 훈육을 위하여 『소학(小學)』, 『열녀(烈女)』, 『여교(女敎)』, 『명감(明鑑)』 네 책에서 부녀자의 훈육에 요긴한 대목을 발췌하여 언해한 책이다. • 원간본은 전하지 않고 중간본(1573년, 1611년)만 전하는데, 1611년판이 원간본의 모습에 가깝다.
『두시언해(杜詩諺解)』 (성종 12년, 1481년)	• 본명은 『분류두공부시언해(分類杜工部詩諺解)』이며, 당나라 두보(杜甫, 712~770년)의 시를 유윤겸(柳允謙, 1420년~?), 의침(義砧, ?~?) 등이 번역한 책으로 25권으로 구성되어 있으나, 원간본 25권 중 '1, 2, 4'는 전하지 않는다. • 1632년에 교정하여 간행한 중간본이 있어 국어의 변화를 확인할 수 있다. • 방점 및 ㅿ이 사용되었으며, 자음동화 현상이 표기에 뚜렷이 반영되지 않고, 구개음화 현상이 전혀 나타나지 않았다.
『삼강행실도언해(三綱行實圖諺解)』 (성종 12년, 1481년)	• 세종의 명을 받아 설순(偰循, ?~1435년) 등이 편찬한 『삼강행실도』를 언해한 책이다. • 'ㅸ, ㆆ' 등이 나타난다.

『금강경삼가해 (金剛經三家解)』 (성종 13년, 1482년)	• 득통(得通, 1376~1433년) 『금경오가해(金剛般五家解)』의 일부를 언해한 책으로, 자성대왕대비(慈聖大王大妃, 1418~1483년)의 명으로 내수사(內需司)에서 간행되었다. 초고는 이미 세종 때에 왕세자와 수양대군에게 명하여 번역하게 한 것이었다. • 각자병서가 쓰이지 않는 등 『남명집언해(南明集諺解)』, 『두시언해』와 비슷한 성격을 보여주며, 독특한 어휘가 사용되었다.
『남명집언해(南明集諺解)』 (성종 13년, 1482년)	• 세종이 일부 번역한 『영가대사증도가남명천선사계송(永嘉大師證道歌南明泉禪師繼頌)』을, 자성대왕대비의 명으로 학조(學祖, ?~?)가 마저 번역하여 간행한 책이다. • 각자병서는 한자음 표기 외에는 찾아볼 수 없다. • 'ㅸ'이 나타나지 않는다. 사잇소리 표기가 'ㅅ'으로 통일되었으며, 종성표기에 'ㅈ, ㅊ, ㅌ, ㅍ'은 사라졌으나 'ㅿ'은 사용되었다.
『구급간이방언해 (救急簡易方諺解)』 (성종 20년, 1489년)	• 윤호(尹壕, 1424~1496년) 등이 질병을 127종으로 나누어 약방문(藥方文)을 모아 언해한 책이다. 8권으로 되어 있는데, 원간본은 전하지 않고 중간본 '1, 2, 3, 6, 7'만 전한다. • 'ㅿ' 표기의 혼란이 나타나며, 어두의 경음화를 보인다. • 약초와 관련된 독특한 어휘가 쓰였다.
『이로파(伊路波)』 (성종 23년, 1492년)	• 사역원(司譯院)에서 일본어 학습을 위하여 간행한 왜학서이다. • 일본 문자 발음을 한글로 표기한 것이 있어, 15세기 한글과 일본문자의 음가 연구에 유용한 자료이다.
『악학궤범(樂學軌範)』 (성종 24년, 1493년)	• 성종의 명으로, 성현(成俔, 1439~1504년), 유자광(柳子光, ?~1512년) 등이 편찬한 음악서로, 아악(雅樂)은 물론 당악(唐樂), 향악(鄕樂)에 관한 이론 및 제도, 법식 등을 그림과 함께 설명하고 있다. • 고려속요의 가사가 한글로 실려 있다.
『육조법보단경언해 (六祖法寶壇經諺解)』 (연산군 2년, 1496년)	• 육조대사(六曹大師) 혜능(慧能, 638~713년)의 어록을 언해한 책으로 3권 중 2권만 전한다. • 동국정운식 한자음 대신 현실적 한자음을 사용하며, 15세기 말의 국어의 모습을 보여준다.
『시식권공언해 (施食勸供諺解)』 (연산군 2년, 1496년)	• 법사(法事)의 절차와 게송(偈頌) 등을 설명한 책인 『진언권공(眞言勸供)』과 『삼단시식문(三壇施食文)』을 번역하여 합본으로 간행한 책이다. • 현실적 한자음이 사용되었다. • 합용병서는 쓰이나 각자병서는 'ㅍ'만 나타난다.

3 16세기 간행자료

『속삼강행실도 (續三綱行實圖)』 (중종 9년, 1514년)	• 중종의 명을 받아 신용개(申用漑, 1463~1519년) 등이 『삼강행실도(三綱行實圖)』에 없었던 효자, 충신, 열녀의 사적을 편찬하고 언해한 책이다. 체재는 『삼강행실도』와 같다. • 여러 차례 중간되어 비교 자료로 활용할 수 있다.
『번역노걸대(飜譯老乞大)』 (중종 대, 1517년 이전)	• 한학 학습서인 『노걸대(老乞大)』를 최세진(崔世珍, ?~1542년)이 언해한 책으로 2권으로 되어 있다. • 풍부한 구어 자료를 제공해준다. • 원문에는 한글로 각자의 정음(正音)과 속음(俗音)을 표시하였으며, 후대의 『노걸대』류와 비교하여 국어의 변천을 살필 수 있다.

『번역박통사』 (중종 대, 1517년 이전)	• 한학 학습서인 『박통사(朴通事)』를 최세진이 언해한 책으로, 원간본 권상 1책이 전하며, 『사성통해(四聲通解)』보다 조금 앞서 간행된 것으로 추정된다. • 16세기 국어와 중국어 음운 연구에 활용할 수 있으며, 『박통사언해(朴通事諺解)』(숙종 3년, 1677년)와 비교연구가 가능하다.
『노박집람(老朴集覽)』 (중종 12년, 1517년)	• 『노걸대』와 『박통사』에서 어려운 어구를 뽑아 해설한 책으로 최세진의 저작이다. • 설명에 적지만 고유어가 있어 자료적 가치가 있다.
『사성통해(四聲通解)』 (중종 12년, 1517년)	• 지금은 전하지 않는 신숙주의 『사성통고(四聲通攷)』를 최세진이 보완하여 간행한 운서(韻書)로, 현재는 중간본만 전한다. • 각 글자의 중국발음을 한글로 표시하고, 새김을 달기도 했다.
『번역소학(飜譯小學)』 (중종 13년, 1518년)	• 『소학(小學)』을 김전(金詮, 1458~1523년) 등이 언해한 책으로, 10권으로 구성되어 있다. • 자음동화가 반영된 표기가 나타난다. • 대체로 연철 표기를 따르지만, 분철 표기와 중철 표기도 나타난다. • 한자어를 한글로 고쳐 표기하거나 일부는 한자로, 일부는 한글로 표기한 단어가 있고, 새로운 단어들이 많이 등장한다.
『이륜행실도(二倫行實圖)』 (중종 13년, 1518년)	• 김안국(金安國, 1478~1543년)이 경상도 관찰사로 있을 때 사역원정(司譯院正) 조신(曺伸, 1454~1529년)에게 위탁하여, 경상북도 김천에서 간행한 책이다. • 연철 표기와 더불어 중철 표기가 상당수 나타난다.
『여씨향약언해 (呂氏鄕約諺解)』 (중종 13년, 1518년)	• 김안국이 언해하여 경상도에서 간행한 책으로, 향촌에서 서로 지켜야 할 규약을 담고 있다. • 중철 표기가 나타난다.
『정속언해(正俗諺解)』 (중종 13년, 1518년)	• 14세기에 원나라의 일암왕(逸庵王)이 풍습을 교화하기 위해 편찬한 『정속편(正俗篇)』을 김안국이 언해하여 경상도에서 간행한 책이다. • 음절말의 'ㅅ'과 'ㄷ'이 모두 'ㅅ'으로 통일되었으며, 각자 병서 'ㅆ'이 매우 빈번하게 사용되었다. • 자음동화를 표기에 반영된 예가 보인다. • 속격조사 '에'와 명사형 어미 '-기'가 빈번하게 사용되었다.
『시용향악보(時用鄕樂譜)』 (중종대)	• 우리나라의 악보집으로 누가 편찬하였는지는 알 수 없으나, 악장(樂章), 사(詞), 단가(短歌), 가사(歌詞), 민요(民謠), 무가(巫歌) 등 조선 초기의 가요가 다양하게 나타나 있다. • 26곡의 노래가 실려 있으며, 우리나라 음악, 문학, 언어 연구의 소중한 자료이다.
『훈몽자회』 (중종 22년, 1527년)	• 최세진이 편찬한 한자 학습서로, 3권 1책으로 구성되어 있다. • 모두 3,360자를 천문, 지리 등 32부문으로 분류하고, 글자마다 우리나라 한자음과 새김, 그리고 설명을 붙였다. • 첫머리의 '諺文字母 俗所謂反切二十七字'는 초성 16자, 중성 11자의 당시 훈민정음의 체계를 보여주는 것이며, '기역', '니은' 등의 한글자모의 명칭이 처음 나타난다.
『분문온역이해방 (分門瘟疫易解方)』 (중종 37년, 1542년)	• 중종의 명을 받아 김안국 등이 열병을 치료하는 약방문을 모아 언해한 책으로 중간본만 전한다. • 방점과 'ㅿ' 등이 나타나는 것을 볼 때, 초간본에 가깝다고 할 수 있다.
『선가귀감언해 (禪家龜鑑諺解)』 (선조 2년, 1569년)	• 서산대사(西山大師) 휴정(休靜, 1520~1604년)이 지은 『선가귀감(禪家龜鑑)』을 언해한 책이다. • 방점, 'ㅿ', 'ㆁ'이 쓰이고 있으나 혼란이 심하다. • 'ㅿ'이 'ㅅ'으로 나타나거나, 이전에 'ㅸ'이 포함되었던 용언들이 'ㅂ' 규칙 용언으로 실현되는 것 등을 볼 때 서남 방언이 반영된 것으로 추정된다.

『천자문(千字文)』 (선조 8년, 1575년)	• 양(梁)나라 주흥사(周興嗣, 470~521년)가 지은 『천자문』에 한글로 새김과 음을 단 책으로 전라도 광주에서 간행되었다. • 특이한 새김이 다수 나타난다.
『신증유합(新增類合)』 (선조 9년, 1576년)	• 오래전부터 전해 내려온 한자 학습서인 『유합(類合)』을 유희춘(柳希春, 1513~1577년)이 증보하여 간행한 책이다. • 3,000자에 새김과 음을 한글로 표기하였다. • 한자의 한글 독음에서 방점과 초성 'ㅇ'을 쓰지 않았다. • 'ㅿ'이 음가를 잃고 의고적 표기로 나타난다.
『초발심자경문언해 (初發心自警文諺解)』 (선조 10년, 1577년)	• 지눌(知訥, 1158~1210년)이 지은 『계초심학인문(誡初心學人文)』과 원효(元曉, 617~686년)가 지은 『발심수행장(發心修行章)』, 각우(覺玗, ?~?)가 지은 『야운자경(野雲自警)』을 언해한 책이다. • 방점이 형식적으로 표기되어 있으며, 'ㅿ'의 사용이 혼란을 보인다. • 구개음화가 완전히 이루어졌다.
『석봉천자문(石峰千字文)』 (선조 16년, 1583년)	• 한호(韓濩, 1543~1605년)가 글씨를 쓴 천자문이다. • 한글로 새김과 음을 달았다.
『소학언해(小學諺解)』 (선조 19년, 1586년)	• 선조의 명을 받아 교정청에서 간행한 책으로 6권으로 구성되어 있다. • 『번역소학』에 의역이 많은 것을 비판하면서 직역을 택하였다. • 'ㅿ'가 소실되었음을 보여준다. • 방점 표기에서 심한 혼란이 나타난다.
『대학언해(大學諺解)』, 『중용언해(中庸諺解)』, 『논어언해(論語諺解)』, 『맹자언해(孟子諺解)』 (선조 23년, 1590년)	• 선조의 명을 받아 교정청(校正廳)에서 간행한 책이며, 사서삼경의 언해는 훈민정음 창제 직후부터 논의되었는데, 선조대에 이르러서야 처음으로 번역이 이루어졌다. • 'ㅿ'이 대부분 'ㅇ'으로 변화하였으며, 'ㄷ, ㅅ'이 어말 자음에서 구분되어 표기되었다. • 자음동화현상이 표기에 나타난다.
한글 편지	시기적으로 가장 빠른 것은 16세기 중엽 충북 청원군에 살던 순천 김씨가 가족과 주고받았던 편지로 189장이 묘에서 출토되었다. 정철(鄭澈, 1536~1593년)의 어머니가 아들에게 보낸 것, 1586에 안동의 이응태(李應泰)의 아내가 쓴 것, 1592년 김성일(金誠一, 1538~1593년)이 아내에게 보낸 것 등이 전한다.

제 2 절 훈민정음 체계

1 훈민정음의 체계 중요★

한 음절을 초성, 중성, 종성으로 삼분하되, 종성에 대해서는 "종성부용초성(終聲復用初聲)"이라 하여 따로 문자를 만들지 않았다. 그리고 초성 17자, 중성 11자, 총 28자의 체계를 갖추었다.

2 초성 체계 중요★★★

(1) **제자 원리** : 초성의 기본자는 각 음소를 조음하는 데 관여하는 발음기관의 모양을 본떠 만들고, 가획과 이체의 원리로 확장하여 나머지 글자를 만들었다.

  ① **상형** : 소리를 내는 발음 기관의 모양을 본떠 만든다.
  ② **가획** : 기본자에 획을 더하여 새로운 글자를 만든다. 제자해에서는 가획의 원리를 나무의 성장 과정에 빗대어 말했는데, "'ㄱ'은 나무의 바탕이 생긴 것이고, 'ㅋ'은 나무가 성하게 자란 것이며, 'ㄲ'은 나무의 늙고 단단한 것이니, 그러므로 이들에 이르러서는 다 어금니에서 모양을 본뜬 것이다."라고 하였다.
  ③ **이체** : 기본자인 'ㄴ, ㅅ, ㅇ'의 모양을 달리하여 만든다. 예외적 원리로 만들어진 글자이며, 어떤 원리를 적용했는지는 아직 밝혀지지 않았다.

기본자	가획자	이체자
ㄱ	ㅋ	ㆁ
ㄴ	ㄷ, ㅌ	ㄹ
ㅁ	ㅂ, ㅍ	
ㅅ	ㅈ, ㅊ	ㅿ
ㅇ	ㆆ, ㅎ	

(2) **초성 체계**

	아음	설음	순음	치음	후음	반설음	반치음
전청 (全淸)	ㄱ 君	ㄷ 斗	ㅂ 彆	ㅈ 卽	ㅅ 戌	ㆆ 挹		
차청 (次淸)	ㅋ 快	ㅌ 呑	ㅍ 漂	ㅊ 侵		ㅎ 虛		
전탁 (全濁)	ㄲ 虯	ㄸ 覃	ㅃ 步	ㅉ 慈	ㅆ 邪	ㆅ 洪		
불청불탁 (不淸不濁)	ㆁ 業	ㄴ 那	ㅁ 彌			ㅇ 欲	ㄹ 閭	ㅿ 穰

① 아음(牙音)은 'ㄱ, ㅋ, ㆁ'으로 전청자인 'ㄱ'을 기본자로 한다. 'ㄱ' 소리는 뒤혓바닥을 여린입천장에 올려 거기를 막아 내는 소리이다. 불청불탁인 'ㆁ'을 기본자로 택하지 않은 것은 그 소리가 후음 'ㅇ'과 비슷하기 때문이다.

> **더 알아두기**
>
> **'ㆁ'이 기본자로 채택되지 않은 이유**
> 제자해에서 "아음의 'ㆁ'은 비록 혀뿌리가 목구멍을 닫아 소리의 기운이 코로 나오지만 그 소리가 'ㅇ'과 비슷하여 운서(韻書)에서도 '의(疑)'자 첫소리와 '유(喻)'자 첫소리를 서로 섞어 씀이 많으므로 목구멍의 모양을 본뜨되 아음의 글자를 만드는 시초로는 삼지 아니 하였다."라고 하였다.

② 설음(舌音)은 'ㄴ, ㄷ, ㅌ'으로 불청불탁인 'ㄴ'을 기본자로 한다. 'ㄴ' 소리는 혀끝을 윗잇몸에 붙여서 낸다.
③ 순음(脣音)은 'ㅁ, ㅂ, ㅍ'으로 이들 중 'ㅁ'을 기본자로 한다. 'ㅁ' 소리를 낼 때는 입술과 입술이 다물어져야 하는데, 이때의 입의 모양을 본떠 'ㅁ' 글자를 만들었다.
④ 치음(齒音)은 'ㅅ, ㅈ, ㅊ'으로 'ㅅ'이 기본자이다. 'ㅅ' 소리는 혀끝을 윗니 뒤쪽에 가까이 대어 거기에서 마찰음을 내는 것이므로, 이의 모양을 본떠 만들었다.
⑤ 후음(喉音)은 'ㅇ, ㆆ, ㅎ'으로 'ㅇ'이 기본자이다. 'ㅇ'은 소리가 거의 없다고 볼 수 있지만, 제자해에서는 이것도 'ㆆ, ㅎ'과 마찬가지로 음가가 있으며 목구멍에서 나는 소리로 보아, 목구멍의 모양을 본떠 만들었다고 하였다. 'ㆆ', 'ㅎ'은 소리의 세기를 판별하기 어려우나 제자해에서는 'ㆆ'보다 'ㅎ'의 소리가 더 센 것으로 보았다.

(3) 특성 및 쓰임

① 제자해에 따르면, 불청불탁을 기본자로 삼은 이유는 그 소리가 가장 약하기 때문이다.
② 『훈민정음』 해례의 용자례를 보면, 후음 'ㆆ'이 빠져있고, 그 대신 순경음(脣輕音)인 'ㅸ'이 들어있다. 'ㆆ'은 초기 한글 문헌에 사이시옷 대신 쓰이거나 동명사 어미를 표기하기 위한 'ㅭ'으로 사용된 것이 보인다.
③ 'ㆁ'은 15세기 중엽의 문헌들에서는 초성에 자주 쓰이다가 16세기에 접어들면서 소멸되었다. 그래서 종성에만 쓰이게 되었다.

(4) 병서와 연서

① **병서** : 둘 또는 세 자음자를 좌우로 결합하는 방법이다.

병서	각자 병서	같은 글자를 가로로 나란히 쓰는 방법	ㄲ, ㄴㄴ, ㄸ, ㅃ, ㅆ, ㆀ, ㅉ, ㆅ
	합용 병서	다른 글자들을 가로로 나란히 쓰는 방법	ㅺ, ㅼ, ㅅ, ㅨ, ㅾ, ㅥ, ㄺ, ㄻ, ㅀ, ㅯ, ㅭ, ㅰ, ㅱ, ㄼ, ㅭ, ㄾ, ㄿ, ㅀ, ㆆ, ㄸ, ㄸ, ㅄ, ㅂㄷ, ㅄ, ㅄ, ㅃ, ㅲ, ㅳ, ㅴ, ㅵ, ㅶ, ㅷ, ㅸ, ㅺ, ㅻ, ㅼ, ㅽ, ㅾ, ㅿ, ㆀ, ㅊ

제3장 후기 중세국어 77

㉠ 각자병서는 주로 동국정운식 한자음 표기에 사용되었다.
㉡ 순수한 국어 단어의 어두음 표기에 사용된 것은 'ㅆ'과 'ㆅ' 뿐이다.
㉢ '괴ㆀ', '다ᄔ 니라'와 같이 어중음 표기에 'ㅥ'과 'ㅇㅇ'이 드물게 나타난다.
㉣ 15세기 문헌에서는 'ㅺ, ㅼ, ㅽ, ㅳ, ㅄ, ㅶ, ㅷ, ㅸ, ㅵ'가 자주 나타나며, '사ᄒᆡ 소리'에서 'ㅼ', '닌ᄸᅴ'에서 'ㅵ'을 볼 수 있다.

② **연서** : 두 자음자를 상하로 결합하는 방법이다.

연서	ㅸ, ㆄ, ㅃ, ㅱ

㉠ 『훈민정음』에 따르면, 입술가벼운 소리는 ㅇ을 입술소리 아래에 이어 쓰며, 그 이유는 가벼운 소리가 입술이 잠깐 합하지만 목구멍 소리가 많기 때문이라고 하였다.
㉡ 'ㅸ'만 순수한 국어 단어 표기에 사용되었고, 그 밖의 것은 『홍무정운역훈』 등에서 중국음 표기에 사용되었다.

3 중성 체계 중요 ★★★

(1) 제자 원리 : 독자적으로 제작된 글자이다.

① **상형** : 천(天)·지(地)·인(人) 삼재의 모양을 본떠서 기본자를 만들었다.

기본자	혀모양[舌]	소리의 깊이[聲]	모양[象形]
·	축(縮)	심(深)	천(川)
ㅡ	소축(小縮)	불심불천(不深不淺)	지(地)
ㅣ	불축(不縮)	천(淺)	인(人)

② **합성** : 기본자 '·'와 'ㅡ', 'ㅣ'를 어울려서 초출자를 만들고, 초출자에 '·'를 더하여 만든다.

초출자		재출자	
· + ㅡ	ㅗ	ㅗ + ·	ㅛ
· + ㅣ	ㅓ	ㅓ + ·	ㅕ
ㅡ + ·	ㅜ	ㅜ + ·	ㅠ
ㅣ + ·	ㅏ	ㅏ + ·	ㅑ

③ **합용** : 상형이나 합성으로 만들어진 글자를 더하여 만든다.
㉠ 2자 합용자

ㅗ + ㅏ	ㅘ
ㅜ + ㅓ	ㅝ
ㅛ + ㅑ	ㆇ
ㅠ + ㅕ	ㆊ

ⓒ ㅣ 상합자

ㆍ + ㅣ	ㆎ
ㅡ + ㅣ	ㅢ
ㅗ + ㅣ	ㅚ
ㅓ + ㅣ	ㅔ
ㅜ + ㅣ	ㅟ
ㅏ + ㅣ	ㅐ
ㅛ + ㅣ	ㆈ
ㅕ + ㅣ	ㅖ
ㅠ + ㅣ	ㆌ
ㅑ + ㅣ	ㅒ
ㅘ + ㅣ	ㅙ
ㅝ + ㅣ	ㅞ
ㆇ + ㅣ	ㆈ
ㆊ + ㅣ	ㆋ

4 합자와 방점 ★★

① **합자** : 초성, 종성, 종성이 음절을 표기하는 결합체를 형성하였다.
② **방점** : 중세국어의 성조를 표시하였다. 15세기 국어에는 저조[평성]와 고조[거성], 그리고 이들이 병치된 것[상성]이 있었는데, 이것은 무점, 1점, 2점으로 표기하였다. 입성은 따로 표기하지 않았다.

제 3 절 표기법

1 맞춤법의 원리 ★★★

(1) 15세기 맞춤법의 1차 원리는 '음소적'이며, 모든 형태음소론적 교체가 표기상에 반영되었다.

(2) 『훈민정음』 해례에서 규정한 대로 'ㄱ, ㆁ, ㄷ, ㄴ, ㅂ, ㅁ, ㅅ, ㄹ' 8종성만을 사용한다.

(3) 15세기 맞춤법의 2차 원리는 '음절적'이다. 완전한 음절을 갖추기 위해 '자음 + 모음 + 자음'의 형식을 갖추어 쓰되, '모음 + 자음'으로 구성되는 음절에도 표기상으로는 반드시 초성을 쓰게 하였다.

> **더 알아두기**
>
> **동국정운식 한자음 표기**
> 자음이 없는 초성 자리에 'ㅇ'을 붙이고, 자음이 없는 종성 자리에도 반드시 'ㅇ'이나 'ㅱ'을 붙이도록 하였는데, 'ㅱ'은 'ㅗ, ㅛ, ㅜ, ㅠ'에 해당하는 한자음 아래에 국한하여 쓰였다.

(4) 음절 경계의 문제 때문에 맞춤법의 혼동이 나타나기도 하였다.
① 종성의 'ㅅ'은 다음 음절의 첫 음이 'ㄱ, ㄷ, ㅂ, ㅅ'일 때에 한해서 내려 쓰기도 한다.

> **예**
> 닷가/다까(修), 어엿브-/어여쁘-

② 'ㅇ'을 '바올'과 같이 초성으로 쓰는 것은 훈민정음 창제 당시에는 원칙이었으나, 곧 '방올'과 같이 'ㅇ'은 종성에만 표기하게 되었다.

2 속격조사의 표기 중요 ★★

(1) 현대에는 '사이시옷'만 사용되지만, 15세기에는 'ㅅ' 외의 글자도 사용되었다.

(2) 앞 단어의 말음이 불청불탁자인 경우에 그것과 같은 계열의 전청자를 사용하였다.

분류	말음	조사
아음	ㆁ	ㄱ
설음	ㄴ	ㄷ
순음	ㅁ	ㅂ
후음	ㅇ	ㆆ

3 한자음 표기 중요 ★

(1) 동국정운식 표기법
① 91운(韻), 23자모의 체계이다.
② 우리나라의 실제 한자음이 아니라 중국 운서 체계와 절충한 것이다. 자모에서 전탁(全濁)[ㄲ, ㄸ, ㅃ, ㅆ, ㅉ, ㆅ]과 영모(影母)[ㆆ], 의모(擬母)[ㅇ]를 재구했다.
③ 비현실적인 표기여서 성종 대에 일부 불경 언해를 제외하고 폐지되었다.

(2) 현실 한자음을 기초로 한 표기법
① 연산군 때 언해 문헌에 전반적으로 채택되었다.
② 16세기 모든 문헌의 한자음 표기는 실질적 한자음을 따르고 있으며, 『훈몽자회』는 이에 대한 편람이다.

제 4 절 자음

1 된소리 중요 ★★★

(1) 신숙주는 『동국정운』 서문에서 국어에 한자음과 달리 '탁성(濁聲)'이 있다고 하였는데, 이를 된소리로 볼 수 있다.

(2) 『동국정운』에서는 탁성이 'ㄲ, ㄸ, ㅃ, ㅆ, ㅉ, ㆅ'가 있다고 하였지만, 15세기 문헌에는 'ㅆ, ㆅ'만 나타난다.

(3) 합용병서 'ㅺ, ㅼ, ㅽ'에서 'ㅅ'은 15세기 중엽에 이미 '된시옷'이었던 것으로 보인다.
① 'ㅅ'은 음가에 구애되지 않고 '사이시옷'으로 사용되었는데, 이는 된소리와 깊은 관련이 있다.
② 15세기 중엽에는 '그스-'[牽]이었던 어간이 『법화경언해』(1463년), 『두시언해』(1481년)에서는 'ㅺ스-'로 나타나며, 이전의 문헌에서 '딯-'[搗]이었던 어간이 『구급간이방』(1489년)에서는 'ㅼㅎ-'으로 되어 있다.

(4) 어두의 된소리는 15세기 후반 이전에 나타났다.
> ✓ 예
> • 『훈몽자회』의 'ㅽㅣ-', 'ㅽㅣㅂ-'
> • 『본문온역이해방』의 'ㅽㅢㅎ-', 'ㅆㅏ호-'

(5) 'ㆅ'은 본래 '혀-'[引]라는 동사 어간에만 존재했던 것으로, '쌔혀-'[拔], '니르혀-'[起], '도로혀-'[廻], '두르혀-'[廻] 등에도 나타났다. 그러나 16세기에 'ㅆ' 표기가 부활한 것과 달리 'ㆅ'는 소멸하였는데, 이는 된소리 'ㆅ'의 기능 부담량이 매우 적었기 때문이다.

(6) 'ㅈ'의 된소리는 어두에 존재한 증거가 보이지 않는다.

(7) 'ㆀ'은 어두에는 보이지 않으며, 일부 피동 및 사동 어간에 국한되어 나타났다. '괴ㆀ여', '미ㆀ여ᄂ니라' 등을 볼 때, 어중의 yy 또는 yi에 나타나는 긴장된 협착을 드러내는 기능을 한 것으로 보인다.

2 유성마찰음 중요 ★★★

15세기 중엽에는 유성적 환경에만 나타나는 'ㅸ', 'ㅿ', 'ㅇ'이 있었으나 제한된 분포로 인해 소실되었다.

(1) ㅸ

① '순경음'이라고 불리며, 『훈민정음』 제자해에서 "입술을 가벼이 다물어 후성이 많이 섞인 소리"라고 한 것을 볼 때, 폐쇄음으로 발음되는 'ㅂ'과 달리 양순마찰음 [β]로 실현되었던 것으로 추정된다.
② 모음과 모음 사이 또는 'ㄹ', 'ㅿ'과 모음 사이에 분포하였다.

> **✓ 예**
> 사ᄫㅣ, 글발, 웃브리

③ 『조선관역어』에서는 이 음소가 살아있었으나, 정음 문헌에서 『조선관역어』에 있던 어휘에 'ㅸ'이 쓰인 것은 '사ᄫㅣ'[蝦], '더본'[熱] 뿐이다. 『아미타경언해』(1464년), 『목우자수심결언해』(1467년)에도 보이지만, 세조대 문헌에 극히 산발적으로 나타나는 것을 볼 때, 1450년대까지 존속한 것으로 추정된다.
④ 'ㅸ'은 일반적으로 w로 변하나 'ᄫㅣ'는 wi 또는 i로 변하였다.

(2) ㅿ

① 『훈민정음』 해례에서 불청불탁의 반치음(半齒音)으로 규정한 것을 볼 때, [z]로 실현되었다고 추정할 수 있다.
② 모음 사이, 'ㄴ' 또는 'ㅁ'과 모음 사이, 모음과 'ㅸ' 또는 'ㅇ' 사이에 국한되어 분포된다. 간혹 어두에 쓰이기도 하였는데, 의성어 및 중국어 차용어에 나타난다.

> **✓ 예**
> • ᄆᆞᅀᆞᆯ[村], 한ᅀᅮᆷ[歎], 웃ᅀᅳ리[哂], ᅀᅥ애[剪]
> • 설설[水流貌], 섬섬[陽燄貌], 욯[褥]

③ 『계림유사』 이전부터 내려오는 것과 13세기 이후에 s > z의 변화로 인해 나타난 것이 있는데, s > z의 변화는 y, 'ㄹ', 'ㄴ', 'ㅁ'과 모음 사이라는 특수한 환경에서만 일어났다.

> **✓ 예**
> '두ᅀᅥ, 한삼, 한ᅀᅮᆷ, 프ᅀᅥ리' 등은 15~16세기에 '두서, 한삼, 한숨, 프서리'와 공존하였다. 그런데 방언형인 '두서'를 제외하고 'ㅿ'이 'ㅅ'으로 대체되었다.

④ 15세기 후반에서 16세기 전반에 소실되었다.
　㉠ 『두시언해』(1481년)와 『구급간이방』(1489년)에서 'ㅅㅿ'[間]와 'ㅅ이'가 함께 쓰인 것을 볼 때, i 앞에서 먼저 소실되었다.
　㉡ 이후 1510년대 문헌에서 '어버ㅿㅣ'를 '어버이'로, '녀름지ㅿㅣ'[農]를 '녀름지이'로 쓴 것이 보인다.
　㉢ 『육조단경언해』(1496년)에서 시작하여 한자음에서도 i와 y 앞에서 소실된다. 다만 'ㅿ'[兒]는 16세기 전반에는 혼기(混記)가 나타나지 않는다.

(3) ㆁ

① **종류**

소극적 기능을 하는 것	어두음이 모음임을 표시하거나 어중에서 두 모음 사이에 사용되어 음절이 구별됨을 나타낸다. '孔子ㅣ'에서 'ㅣ'에 초성 'ㆁ'이 붙지 않은 것은 독립음절이 아님을 의미한다. 예 아옥[葵], 어엿비[憫]
적극적 기능을 하는 것	하나의 자음 음소로 볼 수 있다. 『훈민정음』 해례에서 불청불탁의 후음으로 규정된 것을 볼 때, 유성 후두마찰음[ɦ]으로 추정할 수 있다. • 15세기 사동형과 피동형 '-오/우'는 i나 y 뒤에서도 '-요/유'로 달라지지 않는다. • '알어늘, 알오'는 '알거늘, 알고'에서 변화되었는데, 15세기 맞춤법 규칙으로 보아 'ㄹ'이 종성 위치에 머물게 된 것은 'ㆁ'이 독립자음이기 때문이다.

② y, 'ㄹ', 'ㅿ'과 모음 사이에서만 나타난다. 국어사적으로 볼 때 'ㆁ'은 y, 'ㄹ', 'ㅿ'과 모음 사이에서 'ㄱ'이 약화된 결과이다.

> 예
> • 빅애[梨浦], 몰애오개[沙峴] 멀위[葡], ᄀᆞㅿ애[剪], 것위[蚯蚓]
> • 몰개 〉 몰애, 멀귀 〉 멀위

③ 'ㆁ'은 'ㅿㆁ'에서 먼저 소실되었으며, 명사의 'ㄹㆁ'은 16세기 말까지 변화가 없었다.

> 예
> • ᄀᆞㅿ애 〉 ᄀᆞᅀᅢ, 것위 〉 거쉬
> • 몰애[砂], 놀애[歌]
> • 『소학언해』(1586년)에 올아 〉 올라[登], 달옴 〉 달름[異] 등의 변화가 반영되어 있다.

3 중세 전기 자음 체계 중요 ★

구분	양순음 순음	설단음 설음	치경음 치음		연구개음 아음	성문음 후음
평음	ㅂ	ㄷ	ㅅ	ㅈ	ㄱ	
유기음	ㅍ	ㅌ		ㅊ	ㅋ	ㅎ
경음	ㅃ	ㅼ	ㅆ	ㅉ	ㄲ	ㆅ
유성마찰음	ㅸ		ㅿ			ㅇ
비음	ㅁ	ㄴ			ㆁ	
유음		ㄹ				

4 어두자음군 중요 ★★★

어두자음군은 15세기보다 조금 앞선 시기에 형성되었는데, 불안정성으로 인해 이후에 전반적으로 된소리로 발달한다. ㅂ계 합용병서(ㅳ, ㅄ, ㅷ, ㅶ)와 ㅄ계 합용병서(ㅴ, ㅵ)만 진정한 자음군을 나타낸 것으로 보인다.

① ㅂ계는 pt, ps 등을 나타냈다.
  ㉠ 15세기 문헌의 '뿔'에 대응하는 단어가 『계림유사』에 '菩薩'(*ㅂ술)로 표기되었다.
  ㉡ '좁쌀, 햅쌀, 볍씨' 같은 현대국어의 일부 복합어나 '휩쓸다, 부릅뜨다' 같은 단어에서 공시적으로 설명하기 어려운 'ㅂ'이 발견되는데, 이는 'ㅄ'에 있던 'ㅂ'이 화석화된 것이다.
② ㅄ계의 'ㅂ'이 발음된 흔적이 있다.
  ㉠ 현대국어의 '입때, 접때'의 'ㅂ'의 중세국어 'ㅴ'의 'ㅂ'이 화석화된 것이다.
  ㉡ 15세기 문헌에서 'ㅎ삑[日時]'로 표기되었던 것이 16세기에는 '홈쎄(함께)'로 나타나는 것은 'ㅴ'에 있던 'ㅂ'의 영향을 받아 'ㄴ'이 'ㅁ'으로 바뀐 것이다.
③ 'ㅴ, ㅵ'의 'ㅅ, ㅼ'은 된소리를 나타낸 것이다. 'ㅎ삑 > 홈쎄'의 예에서 'ㅂ'이 'ㄴ'을 순음화시키고 사라진 뒤 'ㅅ'이 남은 것은, 이것이 'ㄱ'의 된소리라는 근거가 된다.
④ ㅂ계와 ㅄ계의 표기는 16세기 말까지 혼란을 보이지 않는다.

> **더 알아두기**
>
> **ㅅ계 합용병서**
> ㅅ계도 ㅂ계, ㅄ계와 마찬가지로 어두의 위치에서 각각의 초성이 제 음가대로 발음되었다는 주장이 제기되어 왔으나, ㅅ계 합용병서는 일반적으로 된소리를 표기하는 방법이었으며, 17세기 이후에는 된소리 표기가 ㅅ계로 단일화되는 경향을 보인다.

5 음절말 자음 ★★★

15세기 국어에서 음절말 자음의 대립은 매우 제한적이었다.

> - 『훈민정음』 해례 종성해에서는 'ㄱ, ㆁ, ㄷ, ㄴ, ㅂ, ㅁ, ㅅ, ㄹ'의 8종성을 규정했다.
> - 음절말 위치에서 평음과 유기음의 대립이나 'ㅅ, ㅈ, ㅊ'의 대립은 중화되었는데, 이는 음절말 자음의 내파화 때문이었다.
> - 15세기 중엽에는 음절말에 9자음의 대립이 있었으나, 15세기와 16세기 교체기에 모음 사이의 'ㅿ ㆁ'에서 'ㆁ'이 소실되어 음절말의 'ㅿ'이 없어지고, 'ㅅ'과 'ㄷ'이 중화된 결과 7자음 체계로 변화하게 된다.

(1) 'ㄷ'과 'ㅅ'의 대립

15세기 초엽 중국한자음의 말음은 n, ŋ, m에 국한되어 있었는데, m도 대부분 n에 합류되어 있었다. 따라서 국어의 어말 자음을 표기하기 위해 특별한 방법이 필요했다.

어말의 'ㄹ'	"月 得二[들]"과 같이 '二'를 썼다.
어말의 'ㅅ'	"化 果뜬[곳]"과 같이 '뜬'를 썼다.
어말의 'ㄷ'	"陽 別[볃]"과 같이 따로 표기하는 방법을 마련하지 않았다.

→ 'ㅅ'과 'ㄷ'이 음절말에서 대립하였고, 중국인들에게 국어 어말의 'ㅅ'이 [s]의 일종으로 들렸다는 사실을 짐작할 수 있다.

(2) ㅿ

① 『훈민정음』 해례의 종성해에서는 '엿의 갗'에 있는 종성은 'ㅅ'으로 쓸 수 있다고 하였고, 『월인석보』 등에 '엿이'와 같은 표기가 나타나기도 하지만, '엿이'와 같이 쓰는 것이 일반적이었다.
② 해례의 규정에 위반되는 ㅿ의 용법은 'ㆁ', 'ㅸ'에 선행한 위치에 한정되어 있었다. 이 위치에서는 'ㅅ'과 'ㅿ'이 중화되어 [z]로 실현되었다. 따라서 이러한 경우에 한해 'ㅿ'이 음절말에 위치했다고 할 수 있다.

(3) 음절말 자음군

① 음절말에는 한 자음만 쓰는 것이 가능했고, 자음군은 'ㄺ, ㄻ, ㄼ' 등 'ㄹ'이 앞에 있는 경우에 한정되었다.
② 표기상으로는 '낛', '넋' 등에 'ㄳ'이 나타나는데, 이 'ㅅ'은 발음되지 않았을 것으로 보인다.

제 5 절 모음

1 단모음 체계 ★★★

(1) 『훈민정음』 제자해의 중성

① **기본 3모음** : 혀 모양, 소리의 깊이에 따라 제시하였으며, 혀의 전후 위치에 따른 상대적 대립이 나타난다.

·	舌縮 而聲深
ㅡ	舌小縮 而聲不深不淺
ㅣ	舌不縮 而聲淺

㉠ '·'는 후설저모음에 해당하며, 고대국어의 /ɐ/ 모음을 계승한 것이다.

> **더 알아두기**
>
> '·' 모음의 성격
> 최근의 연구에 따르면 'ㅏ'와 'ㅗ'의 중간음, 대체로 [ʌ]에 가깝다고 볼 수 있다.

㉡ 'ㅡ'는 중설저모음에 속하며, 고대국어의 /ə/가 변천한 것으로 i에 가까운 모음이다.
㉢ 'ㅣ'는 전설고모음에 해당하며, 고대국어의 i 모음을 계승한 것이다.

② **나머지 4모음** : 입의 모양으로 설명하였다.

구분	입모양[구(口)]	계열
ㅗ	축(蹙)	·
ㅏ	장(長)	·
ㅜ	축(蹙)	ㅡ
ㅓ	장(長)	ㅡ

㉠ 'ㅗ'의 혀의 위치는 '·'와 같이 하되, '·'보다 입을 더 오므린다. 따라서 후설원순모음인 /o/라고 할 수 있는데, 이는 고대국어의 /u/에서 변화한 것이다.
㉡ 'ㅏ'는 혀의 위치는 '·'와 같이 하되, '·'보다 입을 더 벌린다고 있으므로, 후설비원순모음인 /a/에 해당한다.
㉢ 'ㅜ'는 혀의 위치가 'ㅡ'와 같되, 'ㅡ'보다 입을 더 오므린다고 하였으므로, 혀의 위치가 'ㅗ'보다 중설 쪽에 치우친 원순모음 [u]에 해당한다. 이는 고대국어의 /ü/에서 변화된 것이다.
㉣ 'ㅓ'는 혀의 위치가 'ㅡ'와 같되 입을 'ㅡ'보다 더 벌린다고 하였으므로, 그 음가는 중설비원순모음인 /ə/로 추정되며, 고대국어의 /e/에서 변화한 것이라고 할 수 있다.

> **더 알아두기**
>
> 훈민정음의 단모음 체계
>
> | 구분 | | 전설 | 중설 | 후설 |
> |---|---|---|---|---|
> | 원순 | | | ㅜu | ㅗo |
> | 비원순 | | | ㅓə | ㅏa |
> | | | ㅣi | ㅡɨ | ㆍɐ |

(2) 다른 언어와의 비교

① 『조선관역어』의 표기를 검토해 보면, 'ㅗ'와 'ㅜ'가 중국음의 [o]와 [u]에 의해 구별되었음을 알 수 있다.

② 『사성통해』는 『몽고운략(蒙古韻略)』에서 인용한 내용이 많은데, 이 책은 전하지 않으나 이와 같은 『몽고자운(蒙古字韻)』(1308년)이 전한다. 이 책들은 파스파문자로 중국음을 표사(漂砂)한 것인데, 『사성통해』는 파스파문자를 훈민정음으로 전사(轉寫)하였다.

파스파	a	o	u	e, ė	ö	ü	i
훈민정음	ㅏ	ㅗ	ㅜ	ㅕ	ㆉ	ㆌ	ㅣ

→ 'ㅗ'의 음가는 [o]였고, 'ㅜ'의 음가는 [u]였다. 'ㅓ'의 음가는 [ə]였기 때문에 'ㅕ'로 [e]를 표기했을 것이다. 『이로파』에 나타난 일본어 모음 표기를 검토해 보아도 마찬가지 결론에 도달한다.

> **더 알아두기**
>
> 'ㅡ'모음의 성격
> 『사성통해』에서 중국음 'ï'에 해당된다고 한 것을 볼 때, 중설고모음이었음이 확실하다.

③ 14세기의 모음추이로 말미암아 모음 체계가 불균형하였고, 모음 'ㆍ'가 단계적으로 소실되는 결과를 낳는다.

> **더 알아두기**
>
> 15세기의 모음 체계
>
> ㅣi　ㅡɨ　ㅜu
> 　　ㅓə　ㅗo
> 　　ㅏa　ㆍɐ

2 이중모음 체계 중요 ★★

(1) 상향 이중모음으로 y로 시작되는 'ya, ye, yo, yu'가 있었고, 'ㅑ, ㅕ, ㅛ, ㅠ'로 표기되었다.

(2) 하향 이중모음으로 y로 끝나는 'ʌy, ay, əy, oy, uy, iy'가 있었고, 'ㆎ, ㅐ, ㅔ, ㅚ, ㅟ, ㅢ'로 표기하였다.

(3) w가 앞선 상향 이중모음 중 'wa, wə'는 'ㅘ', 'ㅝ'로 표기되었으나 훈민정음 체계에서 wi는 표기할 방법이 없었다. 그러다가 'ㅟ'가 wi를 나타내게 되었는데, 이것은 주로 '위'(uy)로 표기되었던 것이었다. 15세기 문헌에 나타나는 어미 '-디비'는 이후 문헌에서 '-디위', '-디외,' '-디웨' 등으로 다양하게 표기되었는데, 이는 wi를 표기하기 위한 노력이었다.

(4) iy를 표기할 적절한 방법이 없었다. 동사어간 '디-'[落]에 어미 '-고'가 올 때는 '디고'가 되지만, 이것의 사동어간 ':디-'는 '-고'와 결합할 때 '디오'가 되었다. 어미 '-오'의 형태는 'ㄹ'과 y로 끝난 어간 뒤에서만 나타난 것을 감안할 때, 사동 어간은 '디-'에 파생 접미사 '-i-'가 붙어 'tiy-'와 같이 형성된 것이다.

> **더 알아두기**
>
> **후기 중세국어의 이중모음 체계**
>
> | 상향 이중모음 | (yʌ) | ya | ye | yə | yu | (yi) | |
> |---|---|---|---|---|---|---|---|
> | | | wa | | wə | | | wi |
> | 하향 이중모음 | ʌy | ay | əy | oy | uy | iy | iy |

3 모음조화 중요 ★★★

중세국어의 모음 연결 규칙 중 가장 현저하다.

(1) 한 단어 안에 양모음이나 음모음만 있을 수 있고 공존할 수 없으나, 중성모음은 어느 것과도 어울릴 수 있다.

(2) 모음으로 시작된 조사나 어미는 모음조화의 일반규칙을 따랐지만, 자음으로 시작된 것들은 이를 따르지 않았다.
　① **체언·용언의 어간** : 일반적인 모음조화의 규칙을 적용한다.
　② **조사·어미** : 두음이 모음인 경우는 일반적인 규칙을 따랐지만, 자음인 경우에는 따르지 않았다.

> **예**
> - 부동사 어미 '-고', '-긔'는 어간의 모음이 양모음이든 음모음이든 관계없이 쓰였다.
> - 대격조사 '룰 / 를'은 모음조화를 보였다.
>   → 1차적 대격조사 '-ㄹ'에 2차적 대격조사가 연결모음 'ᆞ / ㅡ'로 연결된 것이기 때문이다.
> - '-ᄫ / 브-'와 같은 일부 접미사에는 모음조화가 적용되었지만, '-돌-'과 같은 접미사에는 적용되지 않았다.

더 알아두기

모음조화의 실현
- 명사와 조사 사이의 모음조화 : 'ᄋ / 으'를 내포한 대격조사, 속격조사와 처격조사 '이 / 의', 향격조가와 구격조사 'ᄋ로 / 으로', 특수조사 'ᄋᆫ / 은 / ᄂᆞᆫ / 는'에서 일어났다.
- 활용할 때의 모음조화 : 'ᄋ / 으'로 시작되는 '-ᄋ니 / 으니', '-ᄋ며 / 으며', '-ᄋ시 / 으시-'와 더불어 '아 / 어'로 시작되는 '-아 / 어(셔)', '-아라 / 어라', '-아도 / 어도', '오 / 우'가 이끄는 명사형 어미 '-옴 / 움' 등으로 다양하게 실현되었다.

③ 15세기 중엽에 명사나 동사 어간에서 비교적 엄격하게 지켜졌으나, 조사, 어미에서는 문란해져 있었다.

> **예**
> - '사름'의 대격형 : 사ᄅᆞᄆᆞᆯ / 사ᄅᆞ믈
> - 'ᄀᆞᄅᆞ치-'의 명사형 : ᄀᆞᄅᆞ춈 / ᄀᆞᄅᆞ츔
> - '뮈-'의 명사형 : 뮈욤 / 뮈윰

더 알아두기

중세후기 모음 체계와 양모음·음모음 체계의 불일치
양모음과 음모음의 양 계열은 후설모음과 비후설모음의 양 계열과 일치하지 않는다. 중세전기까지는 일치했으나, 중세후기로 넘어오면서 모음 체계는 큰 변동을 겪었는데 모음조화 규칙은 존속되어 이러한 불일치가 나타난 것이다.

제 6 절 성조와 조어법

1 성조 중요 ★★

(1) 표기 방법

① 방점으로 표기하였다.

② 평성은 무점, 거성은 1점, 상성은 2점으로 표기하였으나, 입성은 별도의 표기 방법을 마련하지 않았다. 입성을 따로 표시하지 않은 이유는 우리말의 입성(ㄱ, ㄷ, ㅂ 받침을 가진 음절)은 한 자음과 달리 그 가락이 일정하게 정해져 있던 것이 아니기 때문이다.

구분		방점	소리	예
높낮이	평성	없음	낮은 소리	나
	거성	한 개	높은 소리	·미
	상성	두 개	처음은 낮고 나중이 높은 소리	:말
빠르기	입성	없거나 하나이거나 둘	빨리 끝을 닫는 소리 (ㄱ, ㄷ, ㅂ, ㅅ으로 끝나는 음절)	·랏

③ 중세국어의 성조는 저조와 고조의 두 평판조(平板調)로 이루어진 단순한 체계였으며, 상성은 고조와 저조가 복합된 것이었다.

> **예**
> '부텨'는 두 음절 모두 평성이었는데, 그 주격형 '부톄'는 '톄'를 상성으로 발음했다. '톄'의 상성은 '텨'의 평성과 주격조사 'ㅣ'의 거성이 병치되어 나타난 것이다.

④ 성조로 분별되는 단어들이 많아 성조의 기능 부담량은 큰 편이었다.

> **예**
> 손[客] / ·손[手], ·솔[松] / : 솔[刷], ·발[足] / : 발[簾], 가지[茄] / 가·지[種] / ·가지[枝]

(2) 16세기 이후 변화 : 표기가 문란해져서 『소학언해』(1586년)에서는 규칙성을 찾아보기 어렵다.

① 명사의 성조는 고정되어 있었지만, 동사는 유동적인 것이 많았다.

> **예**
> '쓰-'는 언제나 고조였지만, '가-', '오-', '보-' 등은 어미에 따라 저조와 고조로 변동되었다.
> • ·쓰·라 / ·쓰·고
> • 가·라 / ·가시·면, 오·라 / ·오나·놀, 보·리·라 / ·보·아

② 'ㅿ'과 'ㅸ'을 가진 어간들은 상성이었는데, 여기에 일정한 어미가 붙으면 평성으로 변동되었다.

> **예**
> : 앗·디 / 아·아, : 돕는 / 도·바, : 알·면 / 아·라

> **더 알아두기**
>
> **중세국어의 성조와 현대국어의 음장**
> 거성과 평성의 음정의 차이가 좁아져서 거성이 평성에 합류하고, 상성은 비변별적 소리 바탕인 길이로 남아 길게 발음되어 평성·거성과 구별되었다.

2 조어법 중요 ★★★

(1) 합성어

① **합성명사** : 체언의 합성은 현대국어와 비슷하다. 다만 '수툵', '안팎' 등에 있던 유기음은 선행 명사들의 말음 'ㅎ'으로, '조쌀'에서 'ㅂ'은 후행 명사의 두음으로 자연스럽게 발음되었던 것인데, 현대어에 와서는 이러한 'ㅎ'이나 'ㅂ'이 '수탉', '안팎', '좁쌀' 등으로 화석화되었다.

② **합성용언**

합성동사	빌먹-, 딕먹-[啄食], 겻곶-[折挿], 듣보-[聞見], 죽살-[死生]
합성형용사	됴쿶-[好凶], 놉ᄂ갑-[高低]

㉠ 비통사적 합성 : 용언 어간에 직접 연결되어 새로운 복합용언을 생성하는 비통사적 합성용언이 중세국어에서 현저하였다. 비통사적 합성법은 16세기 이후 점차 비생산적이 되었으며, 현대어에는 약간의 화석이 남아있을 뿐이다.

> **예**
> - 붗돌 : 동사 어간에 명사가 직접 결합하였다.
> - 노니-, 걷니-, ᄂ니- : '니-'는 진행의 뜻을 가진 접미사에 가까운 성질이 나타난다.
> - 돌보-, 설익-, 오르내리-

㉡ 통사적 합성 : 어미 '-아'를 가진 부동사와 다른 동사 어간의 합성이 이루어졌는데, 이는 매우 생산적인 방식이었다.

'이시/잇-'과의 합성	• 동사의 완료 상태를 표시하였다. • 15세기 중엽에는 단축형 '-앳 / 엣-', 16세기에는 '-앗 / 엇-'이 일반화되었다. [예] ᄒᆞ오사 안자 잇더시니　『월인석보』 1 : 6a 精舍에 안잿더시니　『월인석보』 1 : 2a 므레 줌곗ᄂᆞ니　『번역박통사』 68a
예외	• 동사 어간 '두-'는 직접 '이시 / 잇-', '겨시-'와 결합했다. • '뒷-'은 '둣-'으로도 나타난다. [예] 뒷논 / 뒷더니, 두겨시다 / 두겨샤 둣노니 / 둣거니

(2) 파생어

① 파생명사

명사에서 파생된 것	접미사 '-이'	부헝 / 부헝이, 그력 / 그려기, 프 / 프리, 압 / 아비, 엄 / 어미, 엉 / 어싀
	접미사 '-억', '-옹'	털 / 터럭, 긷 / 기동
	축소사 '-아지'	송아지, 강아지
용언 어간에서 파생된 것	동사 어간 + '-(♀/으)ㅁ'	여름, 사름, 거름, 어름
	동사 어간 + '-이'	우숨우싀, 죽사리, 글지싀
	형용사 어간 + '의 / 의'	킈, 기픠, 노픠, 너븨, 기릐

> **더 알아두기**
>
> **동명사형과 파생명사의 구별**
> 중세국어에서 동명사형은 늘 선어말어미 '-오 / 우-'를 가지므로 파생명사와는 구별된다.
> 예 어간 '열-'[實]에 '-우' + '-음'이 연결된 '여룸'은 동명사이고, '-음'이 연결된 '여름'은 파생명사이다.

② 파생동사

㉠ 명사에서 파생된 것 : '뭇'[束]에서 비롯된 '뭇-', '잫'[尺]에서 비롯된 '자히-' 등이 있다.
㉡ 용언 어간에서 파생된 것

사동어간을 형성하는 접미사	'-히-', '-기-', '-ㅣ-'	어간 말음이 'ㅂ, ㄷ, ㅈ'이면 '-히-', 'ㅁ, ㅅ'이면 '-기-', 'ㅿ, ㄹ'이면 '-이-', 그 밖의 자음이나 모음이면 '-ㅣ-'로 나타났다.
		예 너피-(넙-), 구티-(굳-), 느치-(늦-), 안지-(앉-), 밧기-(숨-), 웅이-(웂-), 죠이-(죠-), 말이-(말-), 머기-(먹-), 내-(나-)
	'-오/우-'	15세기 중엽 이전에는 '-ᄫ / ᄫᅩ-'였으나, 그 이후에는 '-오 / 우-'로 변화했다.
		예 ᄀᆞ립ᄫᅧ며, 모도-
	타동사 '낳-', '흩-'	자동사 '나-'[出], '흩-'[散]에 접미사 '-ㅎ-'이 붙어서 파생된 것으로 보인다.
	'ㄹ' 말음을 가진 몇 어간 ('살-', '돌-', '일-'[成])	'살이-', '일우-'로 활용되며, '사ᄅᆞ-', '이ᄅᆞ-'와 같이 특수한 접미사 '-ᄋᆞ-'에 의한 파생도 나타난다.
피동어간을 형성하는 접미사	• 대개 사동어간과 통용되었다. • '먹-'은 '-히-'가 붙어 '머키-'가 되었고, '미-', '괴-' 등 하향 이중모음을 지닌 어간의 경우 '밍여ᄂᆞ나라', '괴여' 등으로 표기하였다.	

③ 파생형용사

명사에서 파생된 것	일반적으로 접미사 '-ᄃᆞᄫᅵ-'에 의해 형성되었다. • 어간 말음이 'ㄹ' 외의 자음인 경우에 뒤에 오는 어미가 자음으로 시작되면 '-ᄃᆞᄫᅵ(ᄃᆞ외)-', 모음으로 시작되면 '-ᄃᆞᄫᅡ-'로 쓰고, 어간 말음이 모음이나 'ㄹ'인 경우에 뒤에 오는 어미가 자음으로 시작되면 '-ᄅᆞᄫᅵ(ᄅᆞ외)-', 모음으로 시작되면 '-ᄅᆞᄫᅡ-'으로 쓰였다.

용언 어간에서 파생된 것	접미사 '-ᄫᅳ-', '-압-', '-갑-'이 있었다.
	• '-ᄫᅳ-'는 동사 어간에 연결되는데, 그 말음이 모음이면 '-ᄫᅳ-', 'ㅿ'이면 '-ᄫᅳ/브-', 그 밖의 자음이면 '-ㅂ/브-'로 나타났다.
	• 근대 이후에 본래 동사는 다수가 폐어화되고 파생어만 남게 되었다.
	• 중세국어에서는 이 접미사들이 'ᄉᆞ랑ᄒᆞ-', '감동ᄒᆞ-', '노ᄒᆞ-' 등의 어간에 붙어 새로운 어간을 생성하였다.
	  예 ᄉᆞ랑ᄒᆞ도다, 감동ᄒᆞ고, 노ᄒᆞᄫᅳᆯ
	• '-압-'은 동사 어간에 붙어 쓰이는데, 이 경우 어간 말음의 'ㅣ'는 탈락한다.
	  예 앗갑-(앗기-), 즐겁-(즐기-), 붓그럽-(붓그리-)
	• '-갑-'은 형용사 어간에 연결되어 쓰였다.

④ 파생부사

체언에서 파생된 것	명사	몸 > 몸소, 손 > 손소
	대명사	이 > 이리, 그 > 그리, 뎌 > 뎌리, 아ᄆᆞ(아모의 고형) > 아ᄆᆞ리
용언 어간에서 파생된 것	'-이'	노피(높-), 기리(길-), 기피(깊-), 키(크-), 너비(넙-), 해(하-[多]), 니기(닉-), 니르리(니를-)
	'-히'	ᄀᆞ독히(ᄀᆞ독), 이러히
	'-오/우'	도로(돌-), 나소(낫-), 오ᄋᆞ로(오올-), 골오(고ᄅᆞ-), 기우루(기울-)

제 7 절 곡용

1 ㅎ말음 명사 중요★

① 단독형에서는 'ㅎ'이 발음되지 않으므로 표기도 하지 않는데, 이는 자동적 교체에 해당된다.

> 예
> 돌 : 돌히(주격) / 돌해(처격) / 돌흘(대격) / 돌ᄒᆞ로(조격) / 돌콰(공동격)

② 'ㅎ'말음 명사의 일부는 15세기에 동요되고 있었다. 그러나 16세기 말까지는 소실되지 않았다.

> 예
> 'ᄒᆞ놇'로 소급되는 '하ᄂᆞ히 / 하ᄂᆞᆯ콰'와 '하ᄂᆞᆯ'로 소급되는 '하ᄂᆞ리 / 하ᄂᆞᆯ와'가 수적으로 대등하게 나타난다.

2 비자동적 교체 중요 ★★

휴지나 자음 앞에서는 마지막 자음이 탈락하고, 모음 앞에서는 제2음절의 모음이 탈락한다.

나모	나모의 고형은 '나목'이었는데, 휴지(休止)나 자음 앞에서 끝자음이 탈락하여 '나모 〉나모'가 되고, 모음 앞에서 제2음절 모음이 탈락하여 '낡'이 된 것으로 추정된다. 예 구무[穴], 녀느[他], 불무[冶]
노ᄅ	노ᄅ[獐]의 고형은 '노록'이었는데, 휴지나 자음 앞에서 끝자음이 탈락하여 '노ᄅ'가 되고, 모음 앞에서 제2음절 모음이 탈락하여 '놀ㅇ'이 된 것으로 추정된다. 예 ᄂᆞᄅ[津], '시르'[甑], ᄌᆞᄅ[柄], ᄌᆞᄅ[袋]
ᄆᆞᄅ, ᄒᆞᄅ	ᄆᆞᄅ[棟], ᄒᆞᄅ[一日]의 고형은 'ᄆᆞ롤', 'ᄒᆞ롤'이었던 것으로 추정되는데, 'ᄆᆞᄅ'의 곡용형은 '몰리, 몰리, 몰ᄅ'로, 어간이 'ᄆᆞᄅ'와 '몰ᄅ'로 교체되었으며, 'ᄒᆞᄅ'도 동일한 양상을 보였다.
아ᅀᆞ	'아ᅀᆞ'의 곡용형은 '앗이, 앗이, 앗올, 앗ᅀᆞ와'이다. 예 여ᅀᆞ[狐], 무수
ᄆᆞ스 / ᄆᆞ슥	ᄆᆞ스 / ᄆᆞ슥은 모음 앞에서도 2음절 모음을 유지했다.

3 격조사 중요 ★★★

(1) 주격조사 : 명사의 말음이 자음일 때는 'ㅣ', 모음일 때는 그 모음과 하향 이중모음을 형성하였다.

형태	조건	예
이	자음 뒤	: 말ᄊᆞ·미(말ᄉᆞᆷ + 이)
ㅣ	'ㅣ'와 y로 끝나는 말 외의 모음으로 끝나는 말 뒤	부톄(부텨 + ㅣ)
∅	'ㅣ'와 y로 끝나는 말 뒤	불휘(불휘 + ∅)

(2) 속격조사 : '이 / 의'는 유정물의 평칭에, '-ㅅ'은 유정물의 존칭과 무정물에 쓰였다('이 / 의'를 무정물에 붙이면 처격이 된다).

(3) 처격조사 : 모음조화 규칙에 따라 '애'는 양모음 어간 뒤에, '에'는 음모음 어간 뒤에 붙었다. 'i'나 'y' 뒤에서는 '예'로 나타났다.

(4) 대격조사 : '-ㄹ'이 있으며, 자음으로 끝난 체언 뒤에 올 때는 연결모음이 삽입되었다. '롤 / 를'은 모음으로 끝난 체언 뒤에 많이 나타나는데, 이것은 '-ㄹ'에 다시 '올 / 을'이 붙은 이중형이었다.

(5) 향격 : '로'가 있으며, 자음으로 끝난 체언 뒤에 올 때는 연결 모음이 삽입되었다.

(6) **공동격** : 말음이 'ㄹ'이거나 모음이면 '와', 그 밖의 환경에서는 '과'가 붙었다. 말음 'ㄹ' 뒤의 '과' 형은 16세기 초에 나타났고, 후반에 일반화되었다.

(7) **호격** : '하'는 존칭, '아'는 비칭에 쓰였다.

종류			형태	
격조사	주격		이 / ㅣ / ø	
	대격(목적격)		-ㄹ / 를 / 를 / 올 / 을	
	속격(관형격)		이 / 의, -ㅅ	
	처격(부사격)		에 / 애 / 예	
			이 / 의	
	여격(부사격)		속격 + 그에 / 게 / 긔	
			속격 + 거긔 / 손디	
	구격(부사격)		으로 / 로	
	공동격(부사격)		와 / 과	
	호격		하	
			이여 / ㅣ여 / 여	
			아 / 야	
보조사	접사적 성격	주제, 대조		논 / 는 / 온 / 은
		대조(목적격)		으란 / 란
		첨가		도
		강조		사, 곳, 붓, 곰
		의문	판정의문문	가
			설명의문문	고
	용언의 활용형	시작		브터
		존재		셔
		비교		두고
	명사	한정		뿐
		끝		ᄉ장
	'이-'의 활용형		이나 / 이어나 / 이며 / 이여	
접속조사			와 / 과	

4 대명사의 곡용 중요 ★★

- 대명사의 조격형은 특히 단음절인 경우 '-ㄹ로'였다. 그래서 '날로, 널로, 일로, 절로, 눌로'와 같은 형태로 쓰였고, '절로'는 '저절로'의 의미를 나타냈다.
- 대격과 공동격의 결합으로 '-ㄹ와'가 나타나기도 하였으며, 명사에서는 공동격과 대격이 결합한 '와 롤'이 일반적으로 쓰였다.

(1) 인칭대명사

분류	1인칭 단수(나)	2인칭(너)	미지칭(누)
주격	·내	:네	·뉘
속격	내	네	:뉘
대격	날(나롤)	널(너를)	눌, 누를

① '나'는 주격형과 속격형이 모두 '내'였으나 거성, 평성의 성조 차이를 보였다.
② '너'는 주격형과 속격형이 일치했으나, 상성, 평성으로 성조에 차이가 나타났다.
③ 미지칭은 '누'인데, 주격형과 속격형은 '뉘'로 거성과 상성의 대립이 있었고, 대격형은 '눌, 누를' 이었다. '누'에 의문의 첨사 '고, 구'가 연결된 것이 '누고, 누구'였다. 이것은 근대국어로 가면 대명사 어간으로 인식된다.

(2) 지시대명사

① '무엇'에 해당하는 중세국어의 의문대명사는 '므스, 므슥'이었고, '므슴'도 가끔 나타난다.
② 현대국어에서 '어느'는 관형사이지만, 중세국어에서는 대명사였다. 주격은 '어늬', 대격은 '어늘' 이었으며, 부사 '어찌'의 뜻을 나타내는 경우도 있었다.

제 8 절 특수조사와 활용

1 특수조사 중요 ★★

명사와 용언에서 기원한 것으로, 명사에서 기원한 것들은 속격, 용언에서 기원한 것들은 대격, 조격을 지배하였다.

(1) '게, 그에, 거긔, 손딕' 등은 속격 '이'를 지배하였으며, 평칭의 여격을 나타냈다. 이중 '게, 그에, 거긔'는 속격 '-ㅅ'을 지배하여 존칭을 나타냈다.

게	단독으로 '그곳에'란 뜻으로 쓰인 단어로, 이형인 '긔'로도 나타났다.
그에	지시대명사 '그'와 '게'의 결합으로, '이에, 뎌에'와 함께 부사로도 사용되었다.
거긔	대명사 '이, 그'와 연결되면 '어긔'가 되었다. '이어긔, 그어긔'에서 변한 '여긔, 거긔'가 이미 15~16세기 문헌에 나타난다.

(2) 여격을 나타낸 것으로 'ᄃ려'도 있었다. 동사 'ᄃ리-'의 부동사형으로 대격을 지배했는데 주로 '니ㄹ-' 등의 화행동사와 함께 쓰였다. 여기에서 현대어 '더러'가 비롯되었다.

(3) 현대국어의 '은 / 는'에 대응하는 조사의 기본형은 '-ㄴ'이었다. 자음 뒤에서는 연결모음이 삽입되어 'ᄋᆞᆫ / 은'으로 나타났고, 모음 뒤에서는 'ㄴ'에 다시 'ᄋᆞᆫ / 은'이 붙은 'ᄂᆞᆫ / 는'이 사용되었다. 체언과 직접 연결된 경우에는 'ᄂᆞᆫ / 는'이, 격조사나 다른 특수조사 뒤에서는 '-ㄴ'이 주로 나타났다.

(4) 'ᄀᆞ장'은 명사에서 기원하였다. 속격의 '-ㅅ'을 지배하였으며, 현대국어의 '까지'와 '껏'에 해당하는 의미로 사용되었다.

(5) '자히'는 명사에서 기원한 것으로 보이나 확실하지 않다. 이 외에 '차히'도 있었으며, 이들의 축약형 '재', '채'도 쓰였다. 동명사에 붙어 동작 또는 상태의 지속을 의미하였으며, 수사에 붙어 서수(序數)를 나타내기도 하였다.

(6) '두고'는 비교를 나타낸 조사인데, 동사 '두-'의 부동사형이었다. 16세기에는 '두곤'이 일반적인 형태였다. 비교를 나타낸 조사로 '라와'도 있었는데, 기원은 알기 어렵다. 모음과 'ㄹ' 뒤에서는 '라와'로 쓰였고, 자음 뒤에서는 연결 모음 '-ᄋᆞ-'가 붙었다. 『두시언해』에서는 '이라와'로 나타나기도 하는데, 16세기 이후 문헌에서는 찾아볼 수 없다.

(7) '브터'는 동사 '븥-'에서 비롯되었는데, 대격과 조격을 지배하였고 아무 어미가 없는 경우도 있었다. 대격으로 쓰이는 경우에는 원인을 나타내었고, 조격으로 쓰이는 경우에는 출발점을 나타내었다.

(8) '셔'는 '이시-'(有)의 부동사형에서 기원하였다. 명사 및 부사에 직접 연결되기도 하고, 처격형, 향격형, 특수조사 '그에, 거긔'와 '브터, 자히', 부동사 뒤에서도 나타나서 광범위한 분포를 보인다.

(9) '더브러'는 동사 '더블-'의 부동사형이 굳어진 것이다. '더브러'는 대격을 지배하였지만, 직접 명사에 연결되어 쓰이는 경우가 많았다.

(10) '조차, 조초'는 '좇-'에서, '조쳐'는 '조치-'에서 비롯되었다. '조차'는 부동사형이고, '조초'는 '-오'가 붙어 파생된 부사였다. '조차'는 대격조사와 연결된 경우에는 동반을 의미했으나, 명사에 직접 연결된 경우에는 현대국어와 마찬가지로 '까지, 마저'의 의미를 나타내기도 하였다.

(11) '다비'는 고대의 어간 '닿-'에서 파생된 부사가 특수조사로 굳어진 것이다. '다히'로 나타난 경우도 있으며, 15세기 말에는 '다이'로 변하였다. 현대어의 '대로'는 '다이'의 조격형으로 보인다.

2 활용 중요 ★★★

(1) **어간의 교체** : 현대국어에서 볼 수 있는 '듣 / 들-', '묻 / 물-' 같은 것들 외에 다음과 같은 것들이 있다.

'시므-'의 활용형	'시므고, 시므디, 심거, 심굼'으로 활용되었고, 자음 앞에서는 '시므-', 모음 앞에서는 '심'으로 나타났다.
'다루-'의 활용형	'다루거늘, 다루샤, 달아, 달옴'으로 쓰였고, 어간은 '다루-'와 '달ㅇ-'의 교체형이 나타났다. 16세기 후반에 '모루-'의 유형에 합류되어 근대국어로 이어졌다.
	예 '고루-', '기르-', '니루-', '두루-', '무루-'[裁], '오루-'
'모루-'의 활용형	'모루거늘, 모루고, 몰라, 몰롤'로 활용되었고, 어간은 '모루-'와 '몰ㄹ-'로 교체되었다.
	예 'ᄆᆞ루-'[乾], '므르-'[退], '쌔루-'[達], '부루-', '흐르-'
'부ᅀᅳ-'의 활용형	'ㅂᅀᅳ디, ㅂᅀᅳ며, 븟아, 븟온'으로 쓰였고, 'ㅂᅀᅳ-'와 '븟ㅇ-'의 교체형이 나타났다. 이러한 유형의 활용형은 소멸되었다.

더 알아두기

동사 어간의 교체
- '니를-'은 '니르-'로도 나타났다. 어미 '-게'가 붙은 활용형은 '니를에'였지만 간혹 '니르게'로도 쓰였다.
- '녀-'[行]는 선어말어미 '-거-' 앞에서 '니-'로 교체되었다.
- '겨시-'는 어미 '-쇼셔' 앞에서 '겨-'로 쓰였다.
- '앉-'과 '엱-'은 '앗-', '엿-'으로 나타나기도 하였는데 이는 매우 드물게 쓰이다 소멸되었다.
- '이시-'는 선어말 어미 '-ᄂᆞ-'을 제외한 모음 및 유성자음으로 시작된 어미 앞에 나타났으며, 그 밖의 어미 앞에서는 '잇-'으로 교체되었다. 또한 '-아' 부동사와 '이시-'가 결합하면 '이시-'가 '시-'로 바뀌는데, i로 끝난 단어 뒤에서 '시-'로 나타나는 경우도 있었다.

(2) 선어말어미

① **의도법** : 사실의 객관적 진술에는 사용되지 않고, 주관적 의도가 가미된 동작 또는 상태를 진술할 때 사용되었다. 중세국어에만 나타나며, 15세기에 동요되기 시작하여 16세기에 소멸했다.

설명문의 서술어	화자의 의도를 나타낸다.
	예 이 東山올 프로리라 『석보상절』 6 : 24b
의문문의 서술어	청자의 의도를 나타낸다.
	예 主人이 므슴 차바놀 손소 둔녀 밍フ노닛가 『석보상절』 6 : 16a
관형사형	동작 주체의 의도를 나타낸다.
	예 니르고져 홀 배 이셔도 『훈민정음언해』 2a

㉠ 선어말어미 '-오 / 우-'로 표시되었다. 과거 시상의 선어말어미 '-더-'와 결합하면 '-다-', '-거-'와 결합하면 '-과-'또는 '-가-'가 되었고, 경어법의 '-시-'와 결합하면 '-샤-', 계사와 결합하면 '-이로-'가 되었다.
㉡ 동명사의 어미 '-ㅁ'과 부동사 어미 '-디'는 그 앞에 늘 '-오 / 우-'를 수반하였다.
㉢ 어말어미 중에 '-오 / 우-'와 결합할 수 있는 어미 종류는 제한적이었다. 동명사 어미 가운데 '-ㄴ, -ㄹ' 연결형과 종결의 '-니, -늬, -리니, -리라' 등은 이 어미와 결합하여 '-온 / 운, -올 / 울', '-오니, -노니, -오리니 / 우리니, -오리라 / 우리라' 등으로 쓰일 수 있었다.

② **경어법**

겸양법	• 윗사람에 관련된 아랫사람의 동작, 상태를 표시한다. • 말음이 'ㄱ, ㅂ, ㅅ, ㅎ'이면, '-숳-', 모음이나 'ㄴ, ㅁ'이면 '-숳-', 'ㄷ, ㅈ, ㅊ'이면 '-죻-'으로 나타났고, 뒤에 오는 어미가 자음으로 시작되면 'ㅸ'은 'ㅂ'으로 교체되었다. 이들은 이후 'ㅸ'과 'ㅿ'이 소멸하면서 그 음상이 변하였다.
존경법	• 윗사람의 행위, 상태에 대한 존경을 표시한다. • 존경법의 선어말어미는 '-(ᄋ/으)시-'로 현대국어에서도 사용된다.
공손법	• 존귀한 청자에 대한 화자의 공손한 진술을 나타내는 것이었다. • 공손법의 선어말어미는 '-이-, -잇-'이었다. • 'ᄒᆞ쇼셔체'와 'ᄒᆞ야쎠체'의 차이가 있다. 15세기 문헌에 나타나는 'ᄒᆞᄂᆞ니잇가'는 전자에, 'ᄒᆞᄂᆞ닝다'는 후자에 해당된다.

③ **시상법(時相法)**

'-ᄂᆞ-'	현재 계속되고 있는 동작을 나타낸다.
'-거-', '-아 / 어-'	과거에 완료된 동작을 나타낸다.
'-더-'	과거에 완료되지 않은 동작을 회상한다.
'-리-'	미래에 일어날 동작을 추측한다.

㉠ 동사 '오-' 뒤에는 '-거-'도 사용되었지만, 특이한 이형인 '-나-'가 주로 사용되었다.
㉡ '-더-'는 계사 뒤에서 '-러-'가 되었고, '-거-'는 y, 'ㄹ' 및 계사 뒤에서 '-어-'가 되었다.
㉢ '-리-'는 기원적으로 동명사 어미 '-ㄹ'과 계사 '이-'가 결합된 것이어서, 이 '-리-' 뒤에 오는 '-더-', '-거-'는 '-러-', '-어-'가 되었다. '-리러-'는 미래의 미완 동작을, '-리어-'는 미래의 완료 동작을 추측할 때 사용한다.

④ **감동법(感動法)**
  ㉠ 감동법의 선어말 어미에는 '-도다, -도소니, -도소이다'에 쓰이는 '-도-', '-돗-'이 있었으며, '-리-'와 계사 뒤에서는 '-로-', '-롯-'으로 교체되었다.
  ㉡ 중세 문헌에서 자주 보이는 '-것다', '-놋다', '-닷다,' '-샷다' 등에 나타나는 선어말어미 '-ㅅ-'도 감동법으로 사용된 것으로 추정된다.

> **더 알아두기**
>
> **선어말어미의 배열 순서**
> - 겸양법 - 과거 - 존경법 - 현재 - 의도법 - 미래 - 감탄법 - 공손법의 순서로 배열한다.
>   예 ᄒᆞᅀᆞᆸ더시니, ᄒᆞᅀᆞᄫᆞ시니이다, ᄒᆞᅀᆞᄫᆞ리이다, ᄒᆞ리로소이다
> - 과거와 미래의 어미는 배타적이지 않으나, 과거와 현재, 현재와 미래의 어미들은 서로 배타적이다. 그래서 '-리러-', '-리어-'와 같은 예외가 나타났다.
> - '-거시- > -시거-', '-더시- > -시더-'와 같은 변화는 15세기에 일어나기 시작하여 근대에 이르러 고정되었다.

(3) 어말어미

① **동명사 어미** : '-ㄴ', '-ㄹ(ᇙ)', '-ㅁ', '-기' 등이 있었다.
  ㉠ '-ㄴ'과 '-ㄹ'은 15세기에는 주로 체언 앞에서 수식하는 기능을 했으나, 그 본래의 명사적 용법을 완전히 잃지는 않았다.
  ㉡ '-기'의 용례는 매우 드물었다.

> **예**
> - 다ᄋᆞᆯ 업스니   『법화경언해』 2 : 75b
> - 感애 브트샤미 두루 아니홈 아니ᄒᆞ시나   『금강경삼가해』 5 : 10b
> - 虞芮質成ᄒᆞᄂᆞ로 方國이 해 모ᄃᆞ나 … 威化振旅ᄒᆞ시ᄂᆞ로 興望이 다 몯ᄌᆞᄫᆞ나
>   『용비어천가』 11장

② **부동사 어미** : 매우 다양하게 나타난다.

'-과뎌, -과ᄃᆡ여, -긧고'	희구(希求)의 의미를 나타낸다.
'-디옷'	현대국어 '-ㄹ수록'의 뜻을 지녔다.
'-디비'	선행하는 문장의 긍정적 의미를 강조한다. 이는 15세기 후반에 '-디위, -디외, -디웨'로 변하였다.

> **예**
> - 一切衆生이 다 解脫을 得과 뎌 原ᄒᆞ노이다   『월인석보』 21 : 8a
> - 一切衆生이 다 버서나과ᄃᆡ여 原ᄒᆞ노이다   『석보상절』 11 : 3b
> - 三寶애 나ᅀᅡ가 븓긧고 ᄇᆞ라노라   『석보상절』 서6b
> - 道ㅣ 큰 바ᄅᆞ리 곧ᄒᆞ야 더욱 드디옷 더욱 기프리라   『몽산법어언해』 49a
> - 이에 든 사ᄅᆞ몬 죽디비 나디 몯ᄒᆞᄂᆞ니라   『석보상절』 24 : 14b

③ **정동사 어미** : 종결어미는 서법 즉, 화자의 태도를 나타낸 것이다.

평서법 어미 '-다'	선어말어미 '-오-, -과-, -더-, -리-, -니-' 및 계사 뒤에서는 '-라'로 교체되었다. 이 중 '-리-, -니-'는 동명사 어미에 계사가 붙은 것이다.
명령법 어미 '-쇼셔', '-아쎠', '-라'	• 2인칭의 명령형으로 공손법의 등급을 나타내었다. • 넓은 의미에서 명령법의 범주에 드는 어미로 청유의 의미를 나타내는 '-져, -사이다', 청원의 뜻을 나타내는 '-고라, 고이다', 그리고 '-지라, -지이다'가 있었다 (전자는 'ㅎ라체', 후자는 'ㅎ쇼셔체'이다). • 현대국어 '-구려'에 해당하는 '-고려'도 있었다.
의문법 어미	판정 의문문	• 첨사 '-가'를 사용하였다. • ㅎ쇼셔체로 '-잇가', ㅎ야쎠 체로 '-ㅅ가'가 쓰였다. • ㅎ라체에서는 서술어가 용언인 경우, 선어말어미 '-니-'와 '-아 / 오-'가 결합된 '-녀 / 뇨'가 쓰였다.
	설명 의문문	• 첨사 '-고'를 사용하였다. • ㅎ쇼셔체로 '-잇고', ㅎ야쎠 체로 '-ㅅ가'가 쓰였다. → 판정의문문과 동일한 '-ㅅ가' 쓰인 것은 중세 후기 국어에서 두 의문문의 구별이 동요되고 있었음을 시사한다. • ㅎ라체에서는 서술어가 용언인 경우, 선어말어미 '-리-'와 '-아 / 오-'가 결합된 '-려 / 료'가 쓰였다.
감탄법 어미 '-고나'	• 15세기에는 선어말어미 '-도-'와 평서법 어미 '-다'의 연결이 일반적이었다. • 16세기 후반 문헌인 『박통사언해』에서 처음 나타난다. • 이밖에 '-ㄴ뎌', '-ㄹ쎠'가 있었다. 이는 동명사 어미에 형식명사 'ㄷ', 'ㅅ'가 붙고, 계사가 결합된 것으로 보인다.

(4) 계사의 활용

① 표기상으로 주격과 같으나 매우 특수한 자질을 지니고 있었다.
  ㉠ 선어말어미 '-거-'와 어말어미 '-게', '-고' 등의 'ㄱ'을 'ㅇ'으로 교체하였다.
  ㉡ 선어말어미 '-더-', '-도-'와 어말어미 '-다' 등의 'ㄷ'을 'ㄹ'로 교체하였다.
  ㉢ 의도법 선어말어미 '-오-'가 계사 뒤에서 '-로'로 나타난다.
    → 계사가 '이-'로 표기되었으나 음운론적으로 단순한 i가 아니었음을 시사한다. 'ㄱ'이 'ㅇ'으로 교체된 것은 이것이 y로 끝난 하향 이중모음 iy였을 가능성을 보여 주는 것이다.
② 중세국어의 계사는 연결이 자유로워 동사의 선어말어미 및 부동사 어미에도 연결될 수 있었다.

> ☑ 예
> • 아디 몯게라   『목우자수심결』 43a
> • 아디 몯게이다   『원각경언해』 하3-2 : 69b
> • 몰라 보애라   『월인석보』 23 : 86b
> • 붋기고제니   『선종영가집언해』 하31b

3 첨사 중요 ★★★

체언이나 용언에 붙어 강세 등을 나타내는 것으로, 한 음소나 한 음절로 되어 있다.

ㄱ, ㆁ, ㅁ	'ㄱ'은 조격 조사 '-로', 부동사 어미 '-고', '-아', 'ㆁ'은 부동사 어미 '-며', 'ㅁ'은 부동사 어미 '-아'와 '-고'에 자주 결합되었다. [예] • 일록 後에 『월인석보』 2 : 13a • 죽곡 주그며 나곡 나 『능엄경언해』 4 : 30a • 工夫를 ᄒᆞ야 ᄆᆞᅀᆞᆷ 쎠 『몽산법어약록언해』 4a
ᅀᅡ	고대의 '沙'에 소급하는 것으로, 체언과 용언에 결합하여 쓰였다. 이는 '야'로 변했는데, 16세기 후반부터 나타난다. 『소학언해』에는 'ᅀᅡ'와 '야'가 혼재되어 있는데, 이는 당시 'ᅀᅡ'의 발음이 [ㅑ]였음을 보여주는 것이다. [예] • 더으명 더러 『구급방언해』 상70b • 올맘 비겨서 王室을 보고 『두시언해』 23 : 16b • 흔 부체를 다드니 흔 부체 열이곰 홀씨 『월인석보』 7 : 9b
곳	모음과 'ㄹ' 뒤에서는 '옷'으로 나타났고, '봇', '븟'도 이와 같은 것이다. [예] • 이 각시ᅀᅡ 내 얼니논 ᄆᆞᅀᆞ매 맛도다 『석보상절』 6 : 14a • 것ᄆᆞᆯ 죽거시늘 춘 믈 쓰려 오라거ᅀᅡ 씨시니라 『월인석보』 21 : 217a • 고텨지라 ᄒᆞ여ᅀᅡ 計ᄒᆞ더라 『소학언해』 6 : 77b • 모톤 후에ᅀᅡ 敢히 유무를 내ᄂᆞ니 『소학언해』 6 : 131a
곰	모음과 'ㄹ' 뒤에서는 '옴'으로 나타났다. 부사나 부동사에 붙어서 강세를 나타내었고, 명사에 붙어서는 현대국어의 '씩'과 같은 뜻을 나타내었다. '식'은 훈민정음 문헌에 16세기에 이르러서 나타나는데, 『대명률직해(大明律直解)』(1395년)에 쓰인 이두 '式'을 볼 때 15세기에도 존재했으리라고 추정된다.
여	열거를 뜻하는 것으로 16세기에는 '야'로도 나타나며, 간혹 '이여'로도 쓰였다. [예] • 感神곳 아니면 『월인석보』 21 : 25a • 내 말옷 아니 드르시면 『월인석보』 2 : 5b • 이 보비옷 가져 이시면 『월인석보』 8 : 11b • 쭘븟 아니면 『월인석보』 8 : 95a
고, 가, 다	의문의 의미를 나타낸다.

4 문장구조 중요 ★★

대체로 근대국어, 현대국어와 일치한다. 그러나 단문이 거의 없고, 복합문과 합성문이 뒤얽힌 복잡한 구조를 지니고 있었다는 것이 가장 큰 특징이다. 중세에는 사건 또는 사고의 한 단락을 한 문장으로 표현하는 경향이 있었다.

(1) 종속절의 변형

① 종속절의 주어가 속격형으로 변형되는데, 동명사를 가진 종속절에서도 동일한 현상이 일어난다.

> ☑ 예
> - 이 東山은 須達이 산 거시오 　　　　　　『석보상절』 6 : 40a
> - 내이 어미 爲ᄒ야 發혼 廣大誓願을 드르쇼셔 　『월인석보』 21 : 57a
> - 意根이 淸淨호미 이러ᄒᆞᆯ씨 　　　　　　　『석보상절』 19 : 25a
> - 내의 壽命長遠 닐오믈 듣고 　　　　　　　『법화경언해』 5 : 197a

② 인칭대명사의 속격형은 '내이, 네의' 등이었으며, 종속절의 주어가 대격형으로 변형되기도 하였다.

> ☑ 예
> - 사ᄅᆞ미 이롤 다봇 옮ᄃᆞᆺ 호ᄆᆞᆯ 슬노니 　『두시언해』 7 : 16a
> - 오직 쏭을 둘며 쑤믈 맛볼 거시라 　　　『번역소학』 9 : 31b

(2) 집단 곡용 : 알타이제어에서는 일반적으로 한문장에서 동격으로 사용된 명사들에 마지막 것에만 필요한 격조사를 붙인다.

① 공동격조사 '과'가 사용되는 것이 다른 알타이제어와 다른 특이점이다. 중세국어의 경우 마지막 명사도 공동격조사를 취하고, 다시 필요한 격조사를 붙이는 것이 일반적이었다. 그래서 주격형 '왜 / 괘', 대격형 '와롤 / 과롤', 속격형 '왓 / 괏'이 나타났다.

> ☑ 예
> - 齒頭와 正齒에 골히요미 잇ᄂᆞ니 　　　　『훈민정음언해』 14b
> - 六塵과 六根과 六識과롤 모도아 　　　　『석보상절』 13 : 39a
> - 뷰텨와 즁괏 그에 布施ᄒ며 　　　　　　『석보상절』 13 : 22b

② 마지막 명사가 공동격 조사를 취하지 않는 경우도 있었는데, 이는 중세 말기에 일어난 변화이다.

> ☑ 예
> - ᄇᆞᄅᆞᆷ과 구루믄 　　　　　　　　　　　『두시언해』 20 : 53b
> - 椿과 津괘 / 술와 져와롤 　　　　　　　　『번역소학』 9 : 74b ; 9 : 76b
> - 椿과 津이 / 술와 져롤 　　　　　　　　　『소학언해』 6 : 69a ; 6 : 71a

(3) 용언의 특수한 지배

① 'ᄀᆞᆮᄒ-', '쓰-' 등은 주격형을 지배하였는데, 15세기에 이미 공동격형도 지배한 예가 보인다.

> ☑ 예
> - 부톄 百億 世界 化身ᄒ야 敎化ᄒ샤미 ᄃᆞ리 즈믄 ᄀᆞᄅᆞ매 비취요미 ᄀᆞᆮᄒ니라 『월인석보』 1 : 1a
> - 말 내요미 醉 ᄒᆞᆫ 사ᄅᆞ미 ᄀᆞᆮᄒ며 ᄒᆞ저즈로미 俗子ㅣ ᄀᆞᆮᄒ야 　『몽산법어약록언해』 47b
> - 일훔난 됴흔 오시 비디 千萬이 ᄊᆞ며 　『석보상절』 13 : 22b
> - 하ᄂᆞᆯ콰 ᄀᆞ토ᄃᆡ 　　　　　　　　　　　『월인석보』 1 : 14b

② '다ᄅ-'는 '애', '애셔', '이게'와 '두고'를 지배하였다. 근대국어에 이르러서 '과'를 지배하게 되었는데, 이른 시기 기록인 『용비어천가』에도 용례가 나타난다.

> **예**
> - 나랏 말ᄊᆞ미 中國에 달아 　　　　　　　　　『훈민정음언해』 1a
> - 江河ㅣ ᄒᆞ마 쉬구에셔 달오ᄃᆡ　　　　　　　 『월인석보』 18 : 46b
> - 사ᄅᆞ미게 달온 고ᄃᆞᆫ　　　　　　　　　　　『목우자수심결언해』 20b
> - 본딧 소리두고 다ᄅᆞᆫ 뜯 다ᄅᆞᆫ 소리로 쓰면　『훈몽자회』 범례
> - 軍士이 녜와 다ᄅᆞ샤 置陣이 ᄂᆞᆷ과 다ᄅᆞ샤　『용비어천가』 51장

(4) 형식명사 'ᄉᆞ', 'ᄃᆞ': 주격조사 앞에서 모음 'ᆞ'가 탈락한다.

① 'ᄉᆞ'는 순전히 통사적 기능만을 맡고 있는 형식명사로 '-ㄹ' 동명사의 뒤에서 '씨, 쓸, 씌'로 나타나며, 곡용형 '시, 술, 싀'로도 표기된다.

> **예**
> - 얼굴 ᄀᆞ줄 씨 體요　　　　　　　　　　　　　『석보상절』 13 : 41a
> - 부ᄅᆞ매 아니 뮐 씨　　　　　　　　　　　　　『용비어천가』 2장
> - 法을 업시우며 ᄂᆞᆷ 업시울 쏠 닐오ᄃᆡ 增上慢이라　『법화경언해』 1 : 172b
> - 히니 시서 ᄃᆡ외욘 디 아니며 거므니 믈드려 밍ᄀᆞ론 디 아니라　『능엄경언해』 10 : 9a

② 'ᄃᆡ, ᄃᆞᆯ, ᄃᆞ로, ᄃᆡ'는 '-ㄴ', '-ㄹ' 동명사 뒤에 사용된 'ᄃᆞ'의 곡용형이다.

> **예**
> - 현 나리신 ᄃᆞᆯ 알리　　　『용비어천가』 112장
> - 그런 ᄃᆞ로 니ᄅᆞ시니　　　『법화경언해』 1 : 136a
> - 겨신 ᄃᆡ 무러　　　　　　『용비어천가』 62장

(5) 명사문

① 알타이제어에서 기원적으로 모든 문장은 명사문이었다.
② 중세국어의 문장을 분석해 보면 문장의 서술어가 체언이나 동명사에 첨사가 연결된 것이 많다. 이는 특히 의문문에서 현저하게 드러난다.

> **예**
> - 趙州는 이 엇던 面目고　　　『몽산법어약록언해』 53장b
> - 므슴 놀애 브르ᄂᆞᆫ다　　　『월인석보』 8 : 101b

③ 중세국어의 설명문은 대부분 동사문으로 변모되어 있다.

(6) 한문 문장의 영향 : '與, 以, 使, 及'이 '다못, 뻐, 히여(히여곰), 밋'으로 직역되어 국어에서 일반화되었다.

> **예**
> - 너와 다못 두 늘그니 드외야시면(與子成二老)　　　『두시언해』 9 : 16
> - 正音으로 뻐 곧 因ᄒ야 더 翻譯ᄒ야 사기노니(以正音就加譯解)　　『석보상절』 서6
> - 사름마다 히여 수비 니겨(使人人易習)　　　『훈민정음언해』 3
> - 글월과 밋 公服과(文及公服)　　　『소학언해』 6 : 88

제 9 절 어휘와 15, 16세기 어휘 개관

1 어휘의 특성 중요 ★

(1) 고유어

① **음운 대립과 의미 분화**

㉠ 주로 양모음과 음모음 양 계열의 대립이 이용되었다.

> **예**
> 칙칙ᄒ / 칙칙ᄒ-, 프ᄅ / 프르-, 보ᄃ랗 / 부드럻-, 도렫ᄒ / 두렫ᄒ-, 아득ᄒ / 어득ᄒ-

㉡ 현대어에서는 볼 수 없는 대립형이 존재했다.

> **예**
> 학 / 혁 / 흑-[小], 벗 / 밧-, 도ᄅ혀 / 두르혀, 남 / 넘-

㉢ 대립형으로 인해 단어의 완전한 분화가 이루어지기도 하였다.

> **예**
> - '남-'과 '넘-'은 공통적으로 '越'의 의미를 지녔으나, 15세기에 '남-'에는 '餘', '넘-'에는 '過'의 의미가 생겨 의미 분화의 싹이 보였다.
> - '갗'[皮]와 '겇'[表], '할-'[謗]과 '헐-'[破], '붉-'[赤]과 '볽-'[明], '늙-'[老]과 '눍-'[古]의 분화는 15세기에 이미 확립되었다.

㉣ 자음의 경우 평음과 된소리의 대립이 미세한 의미 차이를 나타낸다.

> **예**
> - 두드리 / ᄯ두리-
> - 그스 / ᄭ스- → '그스-'는 소멸하였다.

② 어휘에 의한 경어법

존경법	'이시-'에 대한 '겨시-', '먹-'에 대한 '좌시-'는 있었으나, '자-'에 대한 현대어의 높임 표현인 '주무시-'에 해당하는 것은 없었고, '자시-'를 활용했다.
공손법	'니르-'에 대한 '솗-'과 '엳줍-', '보-'에 대한 '뵈-' 또는 '뵈슙-', '주-'에 대한 '드리-', '받-' 또는 '받줍-'이 있었다.
명사	• 16세기 말에 '밥'에 대한 높임표현인 '진지'와 '뫼'가 나타난다. • '말씀'이 '말'에 대한 겸양표현으로 쓰이지는 않았다.
대명사	3인칭의 'ᄌᆞ갸'가 있었으나 1인칭의 '저'에 해당되는 것은 없어서 윗사람 앞에서도 자기를 '나'라고 하였다.

(2) 한자어
① 이전 시기부터 어휘의 대부분을 차지하고 있었다.
② 고유어를 대체하는 경향이 현저했다.

> ✅ 예
> 『훈몽자회』(1527년)까지는 사용되었던, 온[百], 즈믄[千]이 16세기 말에 자취를 감추었다.

③ 드물게 고유어가 한자어를 대체하는 경우도 있었다.

> ✅ 예
> 『훈민정음』(1446년) 해례에 나타나는 '슈룹'은 『계림유사』(1103년)에 "傘曰聚笠", 『조선관역어』(15세기 말)에 "傘 速路"라고 된 것을 볼 때 오랫동안 쓰였음을 알 수 있다. 그런데 『훈몽자회』(1527년)에서는 '우산'으로 대체되었다.

(3) 중국어 차용어 : 한자어와 달리 직접 중국어에서 유입된 단어이다.
① 15세기 문헌 중 『월인석보』에 '갸사[家事]'라는 단어가 있는데, 이는 완접(椀楪), 기명(器皿)을 의미했으며, 현대국어의 '개숫물'에 그 흔적이 남아있다.

> ✅ 예
> • 퉁[銅]   『석보상절』 6 : 28a
> • 훠[靴]   『능엄경언해』 6 : 96b
> • 노[羅]   『두시언해』 8 : 49b

② 16세기 책인 『번역박통사』, 『번역노걸대』, 『훈몽자회』 등에 많이 기록되었으며, 복식, 포백(布帛), 기용(器用), 식물 등의 분야에 어휘가 집중되어 있다.

> ✅ 예
> 투구[頭盔], 비개[比甲], 딩주[頂子], 후시[護膝], 디미[玳瑁], 야청(雅淸), 야투로[鴨頭羅], 쇄주[刷子], 피리[鷺篥], 사탕[砂糖], 천량[錢糧], 진디[眞的], 비치[白菜]

③ 한자어라는 의식이 없어져 한글로 쓰이거나 의미변화를 겪은 것도 있다.

> ✓ 예
> - 상녜(常例), 차반(茶盤), 위두(爲頭), 양(樣), 힝덕(行德), 귓것[鬼]
> - 간난(艱難) 〉 가난[16세기] : 어려움 → 빈곤, 분별(分別) : 구별 → 걱정, 즁싱 〉 즘싱[15세기 말] : 중생 → 짐승

④ 고대부터 중세까지는 불교의 영향이 커서 불교 용어가 국어 어휘 속에 많이 유입되었다.

2 15세기와 16세기의 어휘 개신 중요 ★★

(1) 15세기와 16세기 사이

① 15세기 문헌에서 빈번하게 하용된 'ᄒᆞ다가'는 16세기 문헌에서는 자취를 감추고 '만일에'가 일반화되었다.
② 15세기의 '반ᄃᆞ기'는 사라지고, '반ᄃᆞ시, 반드시'가 주로 사용되었다.
③ 15세기의 '밍글-'이 16세기에는 '민들-, ᄆᆞᆫ들-'로도 나타난다.

(2) 16세기 초엽과 말엽 사이

① 『번역소학』(1518년)에서는 'ᄒᆞ마', '우틔', '비ᄉᆞᆷ', '과ᄀᆞ른 ᄂᆞᆺ곳'으로 쓰였던 것이 『소학언해』(1587년)에서는 '이믜', '치마', '단장', '급거ᄒᆞᆫ ᄂᆞᆺ빗'으로 쓰였다.
② 『번역소학』까지 사용되었던 '녀러오다'를 『소학언해』에서는 찾아볼 수 없다.
③ 조격형인 '례로'는 '례로 〉 텨로 〉 쳐로'를 거쳐 현대어 '처럼'에 도달한다.

제2편 시대별 음운, 어휘, 문법, 표기법의 변천

제4장 근대국어

단원 개요

근대국어의 시기는 17세기 초에서 19세기 말까지 3세기에 이른다. 이 시기 직전에는 임진왜란이 일어나, 이 전란이 중세국어와 근대국어 사이에 나타나는 언어변화의 단초가 된 것으로 오인되기도 하였다. 그러나 이 시기에 나타나는 대부분의 언어적 변화는 전란 이전부터 감지되던 것들이다. 국어는 음운, 문법, 어휘 등의 분야에서 확대, 축소, 생성, 소멸 등의 변화가 일어나고, 표기의 혼란이 수습되면서 현대국어로 이행하는 모습을 보인다.

출제 경향 및 수험 대책

이 단원에서는 우선 근대국어의 문자체계와 맞춤법에 나타나는 전반적인 특징을 살펴보아야 한다. 그리고 음운론적 특징, 문법적 특징과 관련된 다양한 현상에 대해 구체적인 예를 중심으로 정확하게 이해하고 숙지하는 것이 중요하다. 특히 음운론에서는 된소리, 'ㆍ', 구개음화와 관련된 문제가, 문법론에서는 조어법과 관련된 문제가 출제될 확률이 높다. 어휘는 고유어와 한자어의 관계를 중심으로 용례를 정리해야 한다.

제1절 자료 연구 중요 ★

1 언해서

언해서의 경우 문자 표기에서 보수성이 나타나므로 표기에 나타나는 특성이 이 시기의 일반적인 특성이라고 이해해서는 안 된다.

『언해태산집요 (諺解胎産集要)』, 『언해두창집요 (諺解痘瘡集要)』 (선조 41년, 1608년)	• 명의 허준(許浚, 1539~1615년)이 왕명을 받아 편찬한 책으로 각각 1권, 2권으로 되어 있다. 각각 태산(胎産)과 두창(痘瘡)에 대한 약방문이 실려있다. • 고유어로 쓰이던 한약재 이름이 한자로 대체된 것, 한자어와 고유어가 공존하는 것, 형태가 변하지 않은 것 등이 제시되어 있어 17세기 어휘의 특징을 알 수 있다.
『동국신속삼강행실도 (東國新續三綱行實圖)』 (광해군 9년, 1617년)	•『삼강행실도』를 본떠 임진왜란 중에 목숨을 잃은 효자, 열녀, 충신에 대한 이야기를 모은 책이다. • 합용병서 ㅄ계와 ㅂ계, ㅅ계가 공존하며, 각자병서 ㅃ, ㅆ이 나타난다. • 어간말 자음의 중복 표기가 많이 나타난다. • 어두경음화와 '이' 움라우트 현상이 나타난다.
『가례언해(家禮諺解)』 (인조 10년, 1632년)	• 주자(朱子, 1130~1200년)의 『가례(家禮)』를 신식(申湜, 1551~1623년)이 언해한 책으로, 10권으로 구성되어 있다. • 가족 명칭 등 당시의 어휘 자료를 제공한다.

『경민편언해(警民編諺解)』 (효종 9년, 1658년)	• 김정국(金正國, 1485~1541년)이 백성을 경계하기 위해 편찬한 『경민편(警民編)』을 효종 9년(1658년)에 이후원(李厚源, 1598~1660년)이 언해하여 간행한 책이다. • 『경민편』 원간본은 현재 전하지 않으며, 진주에서 간행된 중간본(1579년)에는 구결만 남아 있다. • 어두의 된소리가 대체로 'ㅅ계 합용병서'로 표기되었다. • 명사를 중심으로 분철 표기가 나타난다. • 명사형 어미 '-기'가 활발하게 사용되었다.
『화포식언해(火砲式諺解)』, 『신전자취염초방언해 (新傳煮取焰硝方諺解)』 (인조 13년, 1635년)	• 총 쏘는 법과 염초(焰硝)를 굽는 방법을 적은 책으로, 이서(李曙, 1580~1637년)가 간행하였다. • 여러 이본들과 비교하여, 표기법 및 음운의 변천을 연구할 수 있다.
『어록해(語錄解)』 (효종 8년, 1657년)	• 중국의 문헌에 나오는 속어(俗語)를 모은 것으로, 본래 이황(李滉, 1501~1570년)의 제자들이 모았던 것을 정양(鄭瀁, 1600~1668년)이 수정·증보한 것이다. • 구개음화와 과도 교정의 예가 나타난다.
『마경초집언해 (馬經抄集諺解)』	• 인조 때 이서(李曙, 1580~1637년)가 지은 수의학서로, 『신편집성마의방(新編集成馬醫方)』과 『마경대전(馬經大全)』을 초집언해(抄集諺解)한 것이다. • 현실적인 한자음을 달아놓았다. • 전반적으로 보수적 표기를 취하고 있지만, 모음조화가 문란해지는 등 근대 표기의 특징이 나타난다.
『어제내훈언해(御製內訓諺解)』 (영조 13년, 1737년)	• 성종 때 인수대비가 편찬한 『내훈』을 새로 언해한 책이다. • 궁중에서 사용하던 어휘와 더불어 경어법, 문체를 알 수 있는 독특한 자료이다.
『여사서언해(女四書諺解)』 (영조 13년, 1737년)	• 영조의 명으로 이덕수(李德壽, 1673~1744년)가 중국의 『여사서(女四書)』를 언해한 책이다. • 어두합용병서(語頭合用竝書)의 표기는 ㅂ계와 ㅅ계가 다 쓰였다. • 어간과 어미의 구별 의식이 비교적 뚜렷하게 나타난다.
『어제상훈언해 (御製常訓諺解)』 (영조 21년, 1745년)	• 영조가 세자와 후대 임금들에게 가르침을 내린 글을 언해한 책이다. • 한문 본문에는 토를 달고 본문이나 언해한 부분의 한자에는 모두 그 음을 달고 있다. • 보수적인 표기방식이 나타나며, 경어법이나 인칭 활용 용법이 15세기 국어와 비슷하다. • 구개음화가 거의 반영되지 않았으나 원순모음화가 나타난다.
『천의소감언해 (闡義昭鑑諺解)』 (영조 32년, 1756년)	• 영조가 김재로(金在魯, 1682~1759년) 등에게 명하여, 반역을 경계하려는 목적으로 지은 책이다. • 필사본은 표기법이 산만하고, 문체가 다양하게 나타난다.
『어제훈서언해 (御製訓書諺解)』 (영조 32년, 1756년)	• 영조가 한무제(漢武帝, 기원전 156~87년) 등을 본떠 후세에 교훈을 남기고자 편찬한 책이다. • 한문으로 된 부분 없이 언해로만 되어 있다. • ㅎ곡용이 일부 소실되었으며, 'ㅿ'은 'ㅇ' 또는 'ㅅ'으로 변화되었다. • 어간과 어미의 분리가 뚜렷하게 나타나며, 원순모음화가 일어났다.
『어제백행원(御製百行源)』 (영조 41년, 1765년)	• 효도가 모든 행위의 근원임을 깨우치기 위하여 영조가 지은 교훈서이다. • 이전 시기의 표기 경향이 함께 나타난다.
『십구사략언해 (十九史略諺解)』 (영조 48년, 1772년)	• 명나라 여진(余進)이 편찬한 『십구사략통고(十九史略通攷)』의 제1권을 원문에 한글로 독음을 달고 토를 붙인 뒤 매 장마다 언해한 책이다. • ㅅ계열과 ㅂ계열 어두자음군이 동시에 사용되었으며, ㅄ과 ㅆ이 혼재되어 있다. • 어간말음의 ㅅ과 ㄷ은 ㅅ으로 통일되어 있다. • 중철 표기가 나타나며, ㄷ구개음화가 보인다.

『명의록언해 (明義錄諺解)』 (정조 2년, 1777년), 『속명의록언해 (續明義錄諺解)』 (정조 3년, 1778년)	• 『명의록』은 정조가 영조 52년(1776년)에 왕세손으로 있을 때 그의 대리청정(代理聽政)을 반대한 홍인한(洪麟漢, 1722~1776년), 정후겸(鄭厚謙, 1749~1776년) 등의 역모 사건을 알려 충도(忠道)를 밝히고자 정조가 김치인(金致仁, 1716~1790년) 등에게 명하여 편찬한 책이다. • 『속명의록(續明義錄)』은 정조 1년(1777년) 7월~2년(1778년) 2월에 일어난 홍상범(洪相範, ?~1777년)의 옥사를 기록한 것이다. • 어두의 된소리는 ㅂ계열보다 ㅅ계열이 우세하게 나타난다. • 어간말 자음군은 어미가 분리되어 표기되었다. • 주격조사 '가'가 나타난다.
『염불보권문(念佛普勸文)』 (영조 52년, 1776년)	• 숙종 30년(1704년)에 예천 용문사(龍門寺)에서 청허(淸虛)의 후예인 명연(明衍)이 불가의 여러 경전의 설을 필요한 부분만 발췌하고, 염불을 권하는 글을 엮은 책으로 이본이 많다. 1776년에는 합천 해인사에서 간행하였다. • 구개음화 현상이 다양하게 나타난다. • 어두경음화 현상이 보인다.
『자휼전칙(字恤典則)』 (정조 7년, 1783년)	• 흉년을 당하여 걸식하거나 버려진 아이들이 많아서 그들의 구호방법을 규정한 법령이다. • 주로 'ㅅ'계 합용병서가 나타나지만, 'ㅂ'계와 혼용하고 있다. • 주격조사 '가'와 비교격조사 '보다가'가 나타난다.
『무예도보통지언해 (武藝圖譜通志諺解)』 (정조 14년, 1790년)	• 이덕무(李德懋, 1741~1793년), 박제가(朴齊家, 1750~1805년) 등이 『무예제보(武藝諸譜)』와 『무예신보(武藝新譜)』를 찬집(纂輯)하고 언해한 무예서이다. • 합용병서는 'ㅅ'계 만 나타난다. • 어간말음의 'ㄷ'은 'ㅅ'으로 대체되었다. • 분철표기가 강하게 나타나고, 원순모음화가 완성단계에 이른 것으로 보인다.
『증수무원록언해 (增修無冤錄諺解)』 (정조 16년, 1792년)	• 중국의 법의학 서적인 『증수무원록』을 정조의 명에 따라 서유린(徐有隣, 1738~1802년) 등이 언해한 책이다. • ㅅ계와 ㅂ계 합용병서, 각자병서가 모두 사용된다. • ㅎ종성체언이 아님에도 ㅎ말음이 표기된 예가 있다.
『경신록언석(敬信錄諺釋)』 (정조 20년, 1796년)	• 도교의 교리와 여러 사적을 모은 한문본 『경신록』을 언해한 책이다. • 어두의 된소리 표기에서 'ㅄ'을 제외하고 ㅅ계 합용병서만을 사용했다. • 어말자음군 중 'ㄹㄱ'가 'ㄹㄱ'만 분철 표기하였다.
『오륜행실도(五倫行實圖)』 (정조 21년, 1797년)	• 이병모(李秉模, 1742~1806년) 등이 왕명에 따라 『삼강행실도(三綱行實圖)』와 『이륜행실도(二倫行實圖)』를 합하고 수정하여 편찬한 책이다. • 'ㅅ' 분철로 어간말 [ㅈ]을 표기하였다. • 각자병서가 사용되지 않았다.
『신간증보삼략직해 (新刊增補三略直解)』 (순조 5년, 1805년)	• 명나라 유인(劉寅, ?~?)이 지은 『삼략직해(三略直解)』를 언해하여 간행한 병서(兵書)이다. • 대격조사는 거의 '룰'로 통일하고 있다. • 분철과 중철 표기가 두드러진다. • ㅂ계와 ㅅ계 합용병서가 모두 나타나나 ㅅ계가 우세하다.
『태상감응편도설언해 (太上感應篇圖說諺解)』 (철종 3년, 1852년)	• 중국의 도교 경전 『태상감응편도설(太上感應篇圖說)』을 언해하여 편찬한 책이다. • 어두의 된소리 표기에서 'ㅄ'을 제외하고 ㅅ계 합용병서만을 사용했다. • 말음이 'ㅅ'인 어간들은 곡용하거나 활용할 때 중철 표기를 사용한다.

『관성제군명성경언해 (關聖帝君明聖經諺解)』 (고종 20년, 1883년)	• 촉나라의 장수 관우(關羽, ?~219년)를 모시는 관성교(關聖教)와 관련된 책을 언해한 것이다. • 과도기 근대국어의 혼란한 모습과 더불어 거의 현대국어에 가까운 모습도 보여준다. • 자립명사들은 분철로 되어 있고, 의존명사와 용언의 어간들은 연철되어 있다. • ㅅ을 포함한 7종성의 체계가 나타난다. • 이중모음의 단모음화, 'ㅣ'모음역행동화 등이 나타나며, 구개음화현상이 다양하게 나타난다.

2 역학서

조선시대에 통역 및 번역에 관한 사무를 맡은 사역원(司譯院)에서 중국어, 몽골어, 여진어, 일본어를 번역한 언해서를 간행하였다.

『노걸대언해(老乞大諺解)』 (현종 11년, 1670년)	• 중국어 학습서인 『노걸대』에 언해를 붙인 책으로, 16세기에 최세진이 편찬한 『번역노걸대』를 개정하였다. • 모음조화가 문란해진 모습이 보인다. • 선어말 어미 '-오-'가 기능을 상실하는 과정이 나타나며, 의문형 어미에 혼란이 있었음을 볼 수 있다. • 중철과 분철이 함께 나타난다.
『박통사언해(朴通事諺解)』 (숙종 3년, 1677년)	• 중국어 학습서인 『박통사』를 언해한 책으로, 『번역박통사』를 볼 수 없게 되자 최세진의 『노박집람(老朴集覽)』을 참고하여 편찬한 것이다. • 'ㅿ'과 'ㆁ'이 소실되었다. • 'ㄷ'과 'ㅅ'으로 중화되면서 7종성이 쓰인다. • 비음화와 경음화, 격음화 현상이 나타난다.
『첩해신어(捷解新語)』 (숙종 2년, 1676년)	• 일본어 학습을 위해 편찬한 책으로, 10권 10책으로 되어 있다. • 음절 종성 'ㅅ' 표기가 두드러진다. • 연철과 중철이 함께 나타난다.
『역어유해(譯語類解)』 (숙종 16년, 1690년)	• 신이행(慎以行) 등이 편찬한 중국어 어휘사전이다. 각 어휘를 문항별로 배열하고, 중국어 발음과 뜻을 한글로 적었다. • 어두 된소리의 표기로 ㅅ계와 ㅂ계 모두 나타난다. • 'ㄷ' 구개음화가 아직 나타나지 않는다.
『오륜전비언해 (五倫全備諺解)』 (경종 1년 1721년)	• 명나라의 구준(丘濬)이 지은 『오륜전비기(五倫全備記)』를 언해하여 간행한 중국어 학습서이다. • 어두 된소리 표기에서 ㅅ계·ㅂ계 합용병서와 각자병서가 혼용되어 쓰인다. • 표기에 구개음화가 반영되었으며, 과도 교정된 것도 보인다. • 반모음 'j' 뒤에서만 주격조사 '가'가 나타나, 표기상 보수적인 성격을 보인다.
『동문유해(同文類解)』 (영조 24년, 1748년)	• 현문항(玄文恒, 1688년~?)이 청어 역관(清語譯官)들의 학습용으로 편찬한 만주어 어휘집이다. • 고유어를 한글로 제시하는 원칙이 보인다. • ㅂ계 합용병서가 'ㅳ'을 제외하고, ㅅ계로 나타난다.
『왜어유해(倭語類解)』 (18세기 후반)	• 일본어 어휘집이다. 이의봉(李義鳳, 1733~1801년)의 『고금석림(古今釋林)』 중 「삼학역어(三學譯語)」에 인용된 것을 볼 때, 간행시기는 1789년 이전임을 알 수 있다.
『몽어유해(蒙語類解)』 (영조 44년, 1768년)	• 이억성(李億成, 1708년~?)이 개정하여 간행한 몽골어 학습어이다. • 한글 표기에 부가 기호를 사용하였다.

『청어노걸대(淸語老乞大)』 (영조 41년, 1765년)	• 『노걸대』를 만주어로 번역한 책으로, 청어 역관(譯官)들을 양성하고 역과시(譯科試)에 활용하기 위해 간행되었다. • 문장, 구절 단위로 국역(國譯)이 붙어있다.
『삼역총해(三譯總解)』 (영조 50년, 1774년)	• 만문(滿文) 『삼국지(三國志)』 가운데에서 10회분을 뽑아서 만주어음을 한글로 전사하고, 우리말 번역을 붙인 청학과시(淸學科試用)를 위한 학습서이다. • 연철표기와 분철표기가 모두 나타나는데, 곡용의 경우 분철되는 경향이 나타난다. • ㅅ계 합용병서만 사용되었다.
『소아론(小兒論)』, 『팔세아(八歲兒)』 (정조 1년, 1777년)	• 이 책들은 4권 20종으로 된 『청어총해(淸語總解)』에 속하는데, 『청어총해』는 『삼역총해』(전 10권), 『청어노걸대』(전 8권), 『팔세아』(전 1권), 『소아론』(전 1권)으로 이루어진 20권에 달하는 청력서이다. • 대화를 직접 인용하여 당시 구어체를 살필 수 있다.
『방언유석(方言類釋)』 (정조 2년, 1778년)	• 홍명복(洪命福) 등이 편집한 한·한·청·몽·왜어(漢韓淸蒙倭語)의 5개 언어 대역어휘집(對譯語彙集)이다. • 어두자음군에서 혼기가 나타난다. • 원순모음과 구개음화가 일반화된 모습이 보인다. • 종성의 'ㅅ'과 'ㄷ'이 'ㅅ'으로 통일되었다.
『한청문감(漢淸文鑑)』 (정조 3년, 1779년)	• 청나라의 『어제증정청문감(御製增訂淸文鑑)』(1771년)을 토대로 편찬한 어휘집이다. • 'ㆍ'의 음가가 사라졌음이 나타난다.
『첩해몽어(捷解蒙語)』 (정조 14년, 1790년)	• 『몽어노걸대』을 개정하여 만든 몽골어 학습서이다. 몽골어 문장을 몽골문자로 쓰고 한글로 발음을 함께 표기하였으며, 문절이 끝나는 곳에 번역문을 실었다.
『몽어노걸대(蒙語老乞大)』 (정조 14년, 1790년)	• 『노걸대』를 몽골어 학습서로 개편한 책이다. • 한글로 표기된 발음부호에 몽골문자 표기와 다른 구어체가 반영되었다.
『화음계몽언해 (華音啓蒙諺解)』 (고종 20년, 1883년)	• 이응헌(李應憲, 1855년~?)이 편찬한 『화음계몽(華音啓蒙)』을 언해하여 간행한 중국어 회화서(會話書)이다. • ㅅ계 합용병서로 된소리를 표기하였다. • 주격조사 '가'와 존칭의 주격조사 '계오셔'가 쓰였다.

3 윤음

윤음은 임금이 백성에게 내린 조칙으로 영조 이후에 많은 윤음이 언해되어 있어 국어사 연구의 좋은 자료가 된다.

- 『어제계주윤음(御製戒酒綸音)』(영조 33년, 1757년)
- 『유탐라민인서(諭耽羅民人書)』(정조 5년, 1781년)
- 『유해서윤음(諭解西綸音)』(정조 6년, 1782년)
- 『시혜윤음(施惠綸音)』(정조 8년, 1784년)
- 『척사윤음(斥邪綸音)』(헌종 5년, 1839년)
- 『유팔도사군기로인민등윤음(諭八道四郡耆老人民等綸音)』(고종 19년, 1882년)

4 문학서

(1) **가집** : 김천택 『청구영언(靑丘永言)』(1728년), 김수장 『해동가요(海東歌謠)』(1763년), 이형상 『병와가곡집(甁窩歌曲集)』(18세기)

(2) **소설 필사본 및 목판본**
① **판소리계 소설** : 『춘향전』, 『심청전』
② **장편대하소설** : 『완월회맹연(玩月會盟宴)』, 『화산선계록(華山仙界錄)』, 『명주보월빙(明紬寶月聘)』, 『윤하정삼문취록(尹河鄭三門聚錄)』, 『엄씨효행문청록(嚴氏孝門淸行錄)』

(3) **실기류** : 「의유당일기(意幽堂日記)」(순조 연간), 「계축일기(癸丑日記)」(광해군 연간), 「산성일기(山城日記)」(인조 연간)

(4) **한글 편지**

『숙명신한첩(淑明宸翰帖)』	효종의 제2공주 숙명공주(淑明公主, 1640~1699년)가 왕, 왕비와 주고받은 편지를 모아 놓은 책이다.
『숙휘신한첩(淑徽宸翰帖)』	효종의 제3공주 숙휘공주(淑徽公主, 1642~1696년)가 왕, 왕비와 주고받은 편지를 모아 놓은 책이다.

5 학술서

백과사전류	이수광 『지봉유설(芝峯類說)』(광해군 6년, 1614년), 황윤석 『이재유고(頤齋遺稿)』, 『이수신편(理藪新編)』(영조 연간), 이의봉 『고금석림(古今釋林)』(정조 13년, 1789년), 이덕무 『청장관전서(靑莊館全書)』(정조 19년, 1795년), 이규경 『오주연문장전산고(五洲衍文長箋散稿)』(헌종 연간), 유희 『물명고(物名考)』(순조 연간)
한글 연구서	최석정 『경세정운(經世正韻)』(숙종 4년, 1678년), 신경준 『운해훈민정음(韻解訓民正音)』(영조 26년, 1750년), 유희 『언문지(諺文志)』(순조 24년, 1824년)
운서	박성원 『화동정음통석운고(華東正音通釋韻考)』(영조 23년, 1747년), 홍계희 『삼운성휘(三韻聲彙)』(영조 27년, 1751년), 이덕무 『규장전운(奎章全韻)』(정조 20년, 1796년)

제 2 절 문자 체계와 표기법

1 문자 체계와 맞춤법의 특징 중요 ★★★

(1) **방점의 소멸** : 16세기부터 시작된 변화로, 17세기 초엽에 일반화되었다.

(2) **'ㆁ'의 소실** : 17세기 문헌에 간혹 'ㆁ'의 용례가 나타나지만 'ㅇ'과 구분 없이 쓴 것이므로, 실질적으로 'ㅇ'에 합류되었다고 볼 수 있다.

(3) **'ㅿ'의 소실** : 임진왜란 전까지 약 150년 동안 사용되었지만, 음운으로서의 지위는 크지 않았고, 17세기 문헌도 중세 전기 문헌의 영향을 받아 표기의 보수성이 나타나는 문헌에 한정된다.

(4) **'ㅸ' 표기 소멸** : 세조대의 불경언해류에서부터 이미 자취를 감추었으므로, 사용기간이 15년 정도밖에 되지 않는다.

2 맞춤법의 혼란 중요 ★★

(1) **어두 합용병서의 혼란**

중세 문헌의 합용병서	ㅼ, ㅽ, ㅾ / ㅳ, ㅄ, ㅶ, ㅷ / ㅴ, ㅵ
17세기 초	• 'ㅴ, ㅵ'가 소멸되었다. • 'ㅺ'이 'ㅼ'의 새로운 이체로 등장했다. 15·16세기부터 쓰이던 'ㅼ'과 공존하게 되었다. 예 뻐뎌, 써디니라, 뻐디니라 • 'ㅷ'에 대한 이체로 'ㅴ'이 등장하였다. 예 빼[時](『동국신속삼강행실도』1 : 78), 빼(『동문유해』1 : 33)
18세기	'ㅼ'과 'ㅷ', 'ㅄ'과 'ㅆ'의 혼동이 극심해져서 동일한 된소리에 대한 표기가 자의적으로 선택되었다. 예 뻐나셔 / 써나셔, 쑥 / 쑥
19세기	• 된소리 표기는 모두 된시옷 'ㅺ, ㅼ, ㅽ, ㅾ'으로 통일되는 경향이 뚜렷해졌다. • ㅅ된소리는 'ㅄ'으로 통일되었다.

(2) **종성의 'ㅅ'과 'ㄷ'의 혼란**

① 15세기에는 이 두 받침이 엄격히 구별되었으나 16세기, 특히 그 후반에는 구별이 무너졌다.
② 18세기부터 'ㄷ'은 점차 없어지고, 'ㅅ'만으로 통일되어 갔다. 그래서 '미더'[信]가 '밋어'로 표기되기도 하였다.

> **! 더 알아두기**
>
> **그 밖의 맞춤법의 혼란**
> - 15세기 문헌에 '혀–'[引]로 표기된 동사 어간은 『원각경언해』 이후 문헌에서 '혀–'로 표기되었으나 17세기에 와서 '셔–'으로 표기되었다.
>   예 화를 셔
> - 모음 사이에서 'ㄹㄹ'과 'ㄹㄴ'이 혼용되었다.
>   예 진실노

제3절 음운

1 된소리 중요 ★★

(1) 17세기 문헌의 'ㅄ', 'ㅅ', 'ㅂ'의 혼란은 사실상 ㅄ계, ㅅ계, ㅂ계 음운이 구별되지 않았음을 나타낸다.

　① ㅄ계 어두자음군은 16세기 초부터 동요하기 시작하여 17세기에 된소리가 된 것이 있으며, ㅂ계는 17세기 말에서 18세기 초에 동요하기 시작하여 18세기 전반기에 완전히 된소리가 되었다.

　② 'ㅅㄷ'과 'ㅂㄷ', 'ㅄ'과 'ㅆ'의 혼동이 나타난 것은 17세기 후반이다.

　③ 'ㅆ' 표기가 나타나기 시작한 것은 18세기 후반 문헌인 『왜어유해』부터이다.

(2) 17세기에 어두자음군이 된소리가 되었는데, 17세기 중엽에 완성되었다.

　① 16세기에 ㅅ계가 된소리로 바뀌었다.

　② 17세기를 거쳐 18세기 초엽에 이를 때까지 어두자음군은 완전히 없어지고, 된소리는 그 지반을 굳혔다.

(3) 17세기에 'ㆆ' 된소리가 있었다.

　① 15세기에 '혀–'로 표기되었던 것이 17세기에 '셔–'로 나타나는 것은 제한적이지만 'ㆅ'을 'ㆆ'의 된소리로 인식했음을 보여주는 것이다.

　② 한 단어에만 나타나 그 기능 부담량이 적었기 때문에, 17세기 후반에는 'ㅋ'에 합류된다.

(4) 15~16세기에 많이 나타났던 평음의 된소리화와 유기음화가 더욱 일반화되었다.

된소리화	• 쓸- 〈 슷-[拭] • 뚤- 〈 듧-[鑽] → 된소리의 인상적 가치가 강화되었다.	『동국신속삼강행실도』〈열녀도〉 『박통사언해』
역행동화	• 곳고리 〉 꾀꼬리- • ㅈㅈㅎ 〉 깨끗하- • 덛덛ㅎ 〉 따뜻하-	
유기음화	• 탓 〈 닷 [故] • 풀무 〈 불무 • 코키리 〈 고키리 → 'ㅎ' 끝소리 체언을 가진 말 뒤에 오는 자음 외에 어두의 평음에서도 유기음화가 일어났으며, 된소리화를 거쳐 유기음화된 경우도 있었다.	『첩해신어』 『박통사언해』 『역어유해』

2 모음 'ㆍ'의 소실 중요 ★★★

(1) 1단계 : 16세기에 제2음절 이하에서 소실되었다.

> **더 알아두기**
>
> **변화공식**
>
> | ㆍ 〉 ㅡ | 아둘 〉 아들, 사슴 〉 사슴 |
> |---|---|
> | ㆍ 〉 ㅗ | 소매 〉 소매, 다뭇 〉 다못 |
> | ㆍ 〉 ㅜ | 아ᅀᆞ 〉 아우, ᄀᆞ물 〉 가물 |
> | ㆍ 〉 ㅣ | ᄆᆞ춤 〉 마침, 으춤 〉 아침 |

(2) 2단계 : 18세기 중엽에 어두음절에서 다른 모음으로 변화했다.

> **더 알아두기**
>
> **변화공식**
>
> | ㆍ 〉 ㅏ | ᄀᆞ 〉 가, ᄆᆞᆯ 〉 말 |
> |---|---|

> **더 알아두기**
>
> **18세기 문헌에 나타난 'ㆍ'의 혼란**
>
> | 『동문유해』
(1748년) | 간나히 〉 ᄀᆞ나히 |
> |---|---|
> | 『한청문감』
(1779년) | • 래년과 리년, 타다와 트다, 드리다와 다리다, 다리다가 혼기되어 있다.
• ᄀᆞ래 〉 가래, 돌팡이 〉 달팽이, ᄃᆞ래 〉 다리 |

① 18세기 중반에 심하게 동요가 일어나 말기에 이르러 거의 없어졌다.

> • 신경준(申景濬, 1712~1781년)의 『훈민정음운해(訓民正音韻解)』
> 우리나라 자음에 'ㆍ' 중성을 가진 예는 매우 많으나 'ㆍㆍ'는 하나도 없다. 다만 방언에서 여덟을 'ᄋᆞ듧'이라 할 뿐이다.
> 我東字音 以ㆍ作中聲者頗多 而ㆍㆍ則全無 惟方言謂八曰ᄋᆞ듧).
>
> • 유희(柳僖, 1773~1837년)의 『언문지(諺文志)』
> 우리나라의 발음 습관은 'ㆍ'가 정확하지 못하여 'ㅏ'와 많이 혼동된다. 'ᄋᆞ(兒)', 'ᄉᆞ(事)' 등은 'ㆍ'를 가졌었으나, 요즘은 '아(阿)', '사(些)'와 같이 잘못 발음하고 있다. 또한 'ㆍ'는 'ㅡ'와도 혼동된다. 'ᄒᆞᆰ'은 요새 '흙'이라고 읽고 있다.
> 東俗不明於ㆍ多混於ㅏ (如兒事等字從ㆍ 今俗誤呼 如阿些) 亦多混ㅡ 如ᄒᆞᆰ土 今讀爲흙土.
>
> → 17세기 후반에 이르러 'ㆍ'가 완전히 소실되었음을 알 수 있다

② 음소 'ㆍ'는 소실되었으나, 문자 'ㆍ'는 현대의 맞춤법규정(1993년)에 의해 폐지될 때까지 계속 사용되었다.

3 이중모음의 단모음화 중요 ★★

18세기 말엽에 일어난 것으로 볼 수 있다.

(1) 'ㆍ'의 소실로 제1음절의 이중모음 'ㆍㅣ'가 'ㅐ'로 변하고, 얼마 뒤에 'ㅐ'[ay], 'ㅔ'[əy]가 [ɛ], [e]로 단모음화하였다. 단모음화의 시기를 'ㆍ' 소실 이후로 보는 것은 제1음절의 'ㆍㅣ'가 'ㅐ'와 마찬가지로 [ɛ]로 변했기 때문이다.

> 💡 더 알아두기 🔍
>
> **1780년경까지의 'ㅔ'와 'ㅐ'의 발음**
> 『동문유해』(1748년)에서는 [aj]와 [ej]의 소리를 'ㅐ', 'ㅔ'로 각각 기록하였고, 『몽어노걸대』(1741년 편찬, 1790년 간행)에도 동일하게 나타난다. 이는 『팔세아』(1777년)에서도 마찬가지이다. 따라서 이 1780년 이후 단모음화가 일어났다고 추정할 수 있다.

(2) 단모음화가 일어난 증거로 움라우트(Umlaut) 현상을 들 수 있다.

> ✓ 예
> 『관성제군명성경언해』(1885년)에서 현저하게 나타나기 시작하였다.
> 앗가 〉 익기는, 드라– 〉 듸리고, 머가– 〉 메긴, 기드라– 〉 기듸려, 지팡이 〉 지띵이, 삿기 〉 식기

(3) 'ㅚ, ㅟ'의 단모음화는 아직 일어나지 않았다. 19세기 문헌에서는 'ㅈ'과 'ㅊ' 뒤에 한정되어 움라우트 현상이 나타날 뿐이다.

4 음운체계 ★★

(1) 자음 체계(17세기)

구분	양순음 순음	설단음 설음	치경음 치음		연구개음 아음	성문음 후음
평음	ㅂ	ㄷ	ㅅ	ㅈ	ㄱ	
유기음	ㅍ	ㅌ		ㅊ	ㅋ	ㅎ
경음	ㅃ	ㄸ	ㅆ	ㅉ	ㄲ	ㆅ
비음	ㅁ	ㄴ			ㆁ	
유음		ㄹ				

(2) 모음 체계(19세기 초엽)

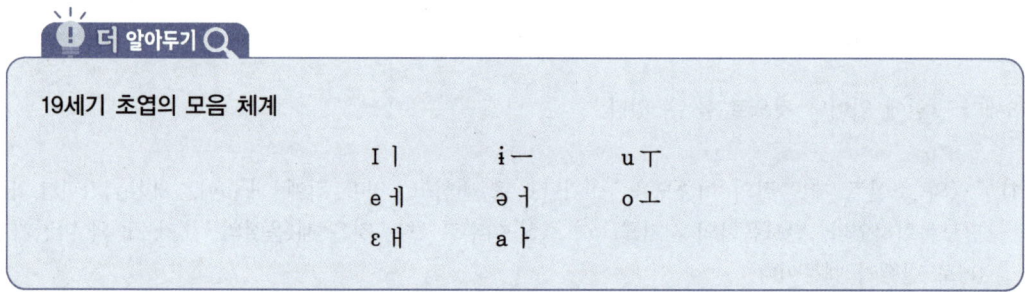

> **더 알아두기**
>
> 19세기 초엽의 모음 체계
>
> I i i ɯ u ㅜ
> e ㅔ ʌ ㅓ o ㅗ
> ɛ ㅐ a ㅏ

5 구개음화 ★★★

(1) 근대국어에서 가장 현저한 음운변화 유형이다.

(2) 남부 지방의 방언에서 일찍이 일어난 후 북상한 것으로 보인다.

> **더 알아두기**
>
> **구개음화의 시기를 추정할 수 있는 기록**
> 유희의 『언문지』
> 우리나라의 발음을 보면 '댜'와 '뎌'를 '자'와 '져'로 발음하고, '탸'와 '텨'는 '차'와 '쳐'로 발음하는데 이것은 안이[중성이 ㅑ, ㅕ, ㅛ, ㅠ, ㅣ 등인 자모] 중에서 전자는 발음하기 어렵고 후자는 발음하기 쉽기 때문이다. 지금도 관서 사람들은 天과 千을 똑같이 발음하지 않으며, 地와 至를 똑같이 발음하지 않는다. 또 정씨 어른께 들으니 그의 고조의 형제 중 한 분의 이름이 '知和'이고 또 한 분의 이름은 '至和'인데 당시에는 구별하여 발음했을 것이다. 그러므로 '디'와 '지'를 구별하지 않은 것은 오래되지 않았을 것이다.
>
> 如東洛다뎌呼同쟈져 탸텨呼同차쳐 不過以按願之此難彼易也. 今唯關西之人 呼天不與千同 呼地不與至同. 又聞鄭文言 其高祖昆弟 一名知和 一名至和. 當時未嘗疑呼 可見디지之混, 未是久遠也.
>
> → 정씨 어른은 정동유(鄭東愈, 1744~1808년)를 가리키는 것으로, 그의 고조가 생존했을 17세기 중엽에는 구개음화가 일어나지 않았을 것으로 추정된다.

(3) 17-18세기 교체기에 일어난 것으로 추정된다.

> **예**
> • 『왜어유해』(1703년)
>   打 칠 타 / 瓦 지새 와 / 刺 지를 ᄌ / 黜 내칠 츌 / 春 찌흘 용 / 觸 찌를 촉 / 樂 질 락
> • 『동문유해』(1748년)
>   씻타 < 싳-, < 딯-, 씨다 < 띠-, 직히다 < 딕히다, 고지식 < 고디식, 좀쳐로 < -텨로

(4) 19세기에 들어 '듸', '틔'가 '디', '티'로 변화하면서, 'ㄷ, ㅌ'와 'ㅣ' 모음의 결합이 다시 나타났다.

> **예**
> 견듸 > 견디-, 무듸- > 무디-, 씌 > 띠[帶]

(5) 어두에서 i, j에 선행하는 'ㄴ'의 탈락은 구개음화와 관련된 현상이며, 18세기 후반에 일어나 19세기에 일반화된다.

> **예**
> 『십구사략언해』(1772년)
> 일음이라 < 니름-, 이르히 < 니르히

6 원순모음화와 전설모음화 중요 ★★

(1) 원순모음화 : 순음 'ㅁ, ㅂ, ㅍ, ㅃ' 아래의 'ㅡ'모음이 원순화되었다.
　① 중세국어부터 존재했던 '므, 브, 프, 쁘'와 '무, 부, 푸, 뿌'의 대립이 없어졌다.

> **예**
> 믈 〉 물

　② 17세기 말엽에 이루어진 것으로 추정된다.

> **예**
> • 『역어유해』(1690년)
> 　불, 무즈미ㅎ다[氽水], 술 붓다, 부티다
> • 『동문유해』(1748년)
> 　샐, 풀, ㄴ물(< ㄴ믈 < ㄴ몰), 붉다

(2) 전설모음화 : 'ㅅ, ㅈ, ㅊ' 아래에서 'ㅡ'가 'ㅣ'로 변하는 현상이다.
　① 19세기 문헌에서 많이 발견된다.

> **예**
> 『관성제군명성경언해』(1885년)
> 다시리는, 질거온, 츠지니, 안지되, 이지러지고

　② '아츰'의 경우 16세기에 '아츰'이 되고 19세기에 다시 '아침'이 되는 변화를 일으킨다.

7 모음조화 중요 ★★★

① 16세기에 'ㆍ'가 비어두음절에서 'ㅡ'로 변한 것은 근대국어의 모음조화에 큰 영향을 미쳤다. 어두음절에서는 'ㆍ'가 여전히 양모음, 'ㅡ'는 음모음이었으나 비어두음절에서는 'ㅡ'만 나타났다.
② 'ㅡ'는 부분적인 중립성을 가지게 되었고, 'ㅡ'의 부분 중립화는 국어의 모음조화 붕괴를 촉진했다.
③ 18세기에 어두음절 'ㆍ'가 'ㅏ'로 변했으나, 두 모음 모두 양모음이었으므로 중립화가 일어나지는 않았다. 그러나 'ㅏ'는 종래와 같이 'ㅓ'와 대립하면서 'ㅡ'와도 대립하게 되었다.
④ 비어두 음절에서의 'ㅗ 〉 ㅜ' 경향이 추가되어, 모음조화가 크게 타격을 받았다.

제 4 절 문법

1 조어법 중요 ★★★

① 명사를 파생시키는 접미사로 '-(으)ㅁ'이 여전히 대표적이었다.
② 중세국어의 동명사 어미는 '-오(ㅁ)/우(ㅁ)'로 동사 파생명사와 구별되었으나, 근대에는 그 구별이 사라졌다.

> **예**
> 동명사가 그대로 파생명사로 쓰였던 '우룸', '우숨'이 '우름', '우음'으로 변하였다.

③ 접미사 '-이'는 비생산적이 되어, 중세어에서 형성된 '맛조이 〈 마쪼빙', '놀이' 등 화석화된 것만 남았다.

> **더 알아두기**
> **'춤'에 일어난 변화**
> 동사 어간 'ㅊ-'가 'ㅊㅜ-'로 변화한 것은 일반적인 경향과 반대되는 것이다.

(1) 동사어간의 파생

① 사동어간을 파생시키는 접미사로 '-히'와 '-우-'가 있었고, 중세국어에서 비생산적이었던 '-ㅇ-'는 사라졌는데, '이ㄹ-'는 없어지고, '사ㄹ 잡-', '사ㄹ 자피-'는 화석화되었다.
② 15세기에 'ㅎ-'의 사동형은 '히-'였는데, 16세기에는 'ㅎ이-'로 바뀌어 17세기까지 계승되었다. 그러다 근대 후기에 '식이-'로 대체되었다.

> **예**
> • 벼슬ㅎ이다   『역어유해』(1690) 상 12
> • 일 식이다   『한청문감』(1779) 2 : 61a

③ 중세국어에서 피동어간을 파생시키는 접미사로 쓰이던 '-이-'가 근대에 와서 '-히-'로 바뀌었다.

> **예**
> 중세국어에서 '붋-'의 피동형은 '볼이(〈 볼뷩)-'였는데, '볼피-'로 바뀌었다.

(2) 형용사의 파생

① 명사로부터 형용사를 파생시키는 접미사는 중세어에서 '-룹 / ㄹ뵈-', '-둡 / ㄷ뵈-' 등의 교체형이 있었는데, 이들이 '-롭-', '-되-'로 변하였다.

> **예**
> 폐롭디, 해롭디, 효도로움, 그릇된

② 18세기에 '-스럽-'이 출현했다.

> **예**
> 원슈스러운 놈, 어룬스러온 체, 촌스러온 이

③ 동사에서 형용사를 파생시키는 '-뵹-', '-ㅂ / 브-'에 따른 파생법은 생산성을 잃었다.
④ 동사의 부동사형과 'ㅎ-'의 합성어가 생산성을 갖게 되었고, 현대로 오면서 일반화되었다.
  ㉠ 전기 근대국어 : 본래 동사 어간 '깃-, 두리-, 젛-, 믜-' 등도 사용되었지만 'ㅎ-'가 결합한 형태가 자주 사용되었다.
  ㉡ 후기 근대국어 : '밉-, 저프-'의 부동사와 'ㅎ-'의 합성이 추가되었다.

2 곡용 ★★★

체언의 비자동적 교체를 지향하고 단일화되는 경향이 뚜렷해졌다.

> **예**
> • 낭기, 낭글 〉 나모
> • 궁글, 굴긔 〉 구멍

(1) 중세국어의 'ㅎ' 말음 명사들은 전기에는 'ㅎ'을 유지했으나 후기에는 탈락되었다.

> **예**
> 쌓 〉 쌍, 집웅 〉 지붕

(2) 주격조사 '가'가 나타난다. 처음에는 y를 가진 이중모음에만 쓰였으나 점차 모음으로 끝난 모든 명사 뒤에 쓰였다.

> **예**
> • 빗가 올 거시니   『첩해신어』 1 : 8b
> • 東來가 요스이 편티 아니ᄒ시더니   『첩해신어』 1 : 26b
> • 더라온 직가 다 처디고   『신전자초방언해』 8a
> • 밋널키롤 해ᄒ는 틱가 다 소사 올나   『신전자초방언해』 12a

(3) '의'만이 속격의 기능을 나타내게 되었다.

(4) 대명사의 주격형 '내가, 네가'가 쓰이기 시작하였다.

(5) 중세어 미지칭 대명사 '누'와 의문의 첨사 '고 / 구'의 결합형인 '누고, 누구'가 어간형으로 자리 잡아 의문형의 경우에는 첨사를 붙여 썼다.

> **예**
> - 누구는 어미오라븨게 난 ᄌᆞ식 누구는 아븨누의게 난 ᄌᆞ식고　　　『노걸대언해』 상16a
> - 이 벗은 누고고　　　『노걸대언해』 하5a

(6) 근대국어에서 '어느'는 대명사로서의 용법을 잃어 곡용하지 않았다.

3 특수조사 중요 ★★

(1) 여격 조사는 평칭은 '의게', 존칭은 '께'로 통일되었다.

(2) 여격 '께'와 '셔'가 결합한 '께셔'가 존칭의 주격을 표시했다.

> **예**
> - 曾祖께셔 나시면　　　『가례언해』(1632) 1 : 17b
> - '끠셔'와 '겨셔, 계셔'가 공존한다.　　　『첩해신어』(1676)
> - 션인겨오셔, 션인계오셔　　　『한중록』(1795)

(3) 비교격 조사로 '도곤'이 있었는데, 18세기에 '보다가'로 대체되어 19세기 후반에 유일형이 되었다. 이는 동사 '보-'[見]의 부동사형에서 비롯되었다.

4 활용 ★★★

(1) 활용어간

① 근대국어에는 'ㅸ', 'ㅿ'이 없었으므로, 중세국어에서 이들을 말음으로 가졌던 어간에 변화가 일어났다.
  ㉠ ㅸ은 'w'가 되었을 뿐 크게 달라지지 않았다.
  ㉡ 'ㅿ'이 사라지면서 변화가 일어났다.

> **예**
> '짓- / 잣-'은 '자- / 잣-'이 되었는데, 이 때 '자-'는 보통 모음 어간과 달라서 '-니', '-며' 등 어간이 이어질 때 연결 모음 '-으-'가 붙었다.

② 어간말음 'ㅅ'은 근대에 와서 역행동화로 'ㄲ'이 되었다.
③ 중세에 'ㅼ'을 가졌던 유일한 어간인 '맜-'은 근대에 '맡-'으로 바뀌었다.
④ 'ㅿ'과 'ㆁ'아 소실되어, 'ㅂㅿ-', 'ㄱㅿ-', 'ㅅㅿ-'는 'ㅂㅅ-', 'ㄱㅇ-', 'ㅅㅅ-'로 변했다. 'ㅺㅿ-'는 'ㅺㅇ-'가 되었다가 'ㅆ'로 바뀌어 접두사처럼 쓰였고, 'ㅂㅿ-'는 '설빔'에 흔적을 남기고 폐어가 되었다.
⑤ '녀-'는 '녜-'로도 쓰였으나, 근대에 와서 '녀-'로 고정되었고, '겨시-'는 '계시-'가 되었다. '이시- / 잇- / 시-'도 '잇-'으로 단일화되었다.

(2) 선어말어미

① 중세어에 있었던 의도법은 근대에 와서 자취를 감추었다.
② 경어법은 존경법, 겸양법, 공손법 체계에서, 겸양법이 공손법으로 변하여 존경법과 공손법의 체계로 이행하였다.

> **예**
> 겸양법과 공손법의 결합인 '-숩ᄂ이다'에 소급하는 '-옵닝이다, -옵닉이다, -옵ᄂ이다' 등의 공손법을 나타내게 되었다.

(3) 시상의 변화 : 시상체계가 심각한 동요를 보이기 시작하였다.

① 과거를 나타내는 '-앗 / 엇-'이 먼저 확립되었는데, 이는 중세국어의 부동사 어미 '-아 / 어-'에 존재동사의 어간 '잇-'이 결합한 것이다.

> **예**
> 물리첫다, 보내엿다   『삼역총해』

② 미래를 나타내는 '-겟-'은 부동사 어미 '-게'에 존재동사의 어간 '잇-'이 결합한 것으로 보이나 자료가 불충분하다.

③ 중세국어 '-ᄂᆞ다'는 모음 어간 뒤에서는 '-ㄴ다'로, 자음 어간 뒤에서는 '-는다'로 실현되었는데, 전자는 16세기 문헌에도 간혹 보이지만 후자는 17세기에 처음으로 나타났다.
④ 감동법 선어말 어미들이 단순화되어 '-도-'만 남았다.

(4) 어말어미

① 근대국어의 동명사형 어미는 중세국어와 마찬가지로 '-ㄴ', '-ㄹ', '-ㅁ', '-기'가 있었고, 근대에 와서 '-기'가 활발하게 쓰였다.
  ㉠ 중세국어에는 '-ᄂᆞᆫ', '-던', '-건', '-린', '-릴' 등이 있었는데, '-ᄂᆞᆫ'과 '-던'만 계속 사용되었다.
  ㉡ 중세국어에서는 '-ㅁ' 앞에 의도법의 선어말 어미 '-오 / 우-'가 붙었는데, 이것이 소멸되어 근대에는 '-(으)ㅁ'이 되었다.
  ㉢ 'ㄹ' 말음 어간에는 연결모음이 오지 않았다.
② 부동사 어미가 간소화되었다. 또한 부동사의 어미들과 선어말어미 또는 특수조사, 첨사의 결합 관계가 간소화되었다. 중세국어에는 '-고', '-며', '-아' 등이 특수조사나 첨사와 결합한 '-곤, -곡, -곰'과 '-며셔', '-명', '-악, -암' 등이 있었는데, '-며셔' 외에 모두 쓰이지 않았다. 그리고 '-며셔'는 근대 후기에 '-면서'로 변하였다.
③ 부동사 어미가 소멸하기도 하였다. '-디옷', '-디비 〉 -디위' 등이 대표적이다.
④ 부동사의 의미가 다소 변화한 것도 있다.
  ㉠ '-오 / 우ᄃᆡ'는 '-되', '-건마ᄅᆞᆫ'은 '-건마는'이 되었으며, 이 변화는 이미 중세 말에 일어났다.

> **예**
> • 아히ᄅᆞᆯ ᄀᆞᆯᄋᆞ치되   『소학언해』(1587) 5 : 2b
> • 쏘 하건마는   『소학언해』서2b

  ㉡ 희구(希求)의 의미를 나타내는 '-과뎌'는 16세기에 '-과댜'로 변하고, 근대에는 구개음화로 인해 '-과쟈'가 되었다.

> **예**
> • ᄆᆞ음을 좃과댜 ᄒᆞ야   『삼역총해』(1774) 10 : 3a
> • 웃과쟈 ᄒᆞ기를 온가지로 ᄒᆞᄃᆡ   『십구사략언해』(1772) 1 : 23a

  ㉢ '-ㄹ스록'은 중세에는 '-디옷'보다 열세였으나 '-디옷'을 소멸시키고, 근대에 와서 '-ㄹ소록'으로 변하였다.
  ㉣ 중세국어의 '-ᄃᆞ록'은 16세기에 '-도록'이 되었다.

(5) 정동사(定動詞)의 어미

① **설명법**

　㉠ 한때 어미 '-롸'가 나타났다. 중세어 의도법이 들어간 설명법 '-오라'가 의도법이 소멸하면서 '-롸'로 나타났다.

> **예**
> 高麗 王京으로셔브터 오롸　　　『노걸대언해』 상1

　㉡ 근대에 와서 중세국어의 '-더이다, -ᄂᆞ이다, -노이다, -노소이다, -도소이다' 등에서 '-다'가 탈락한 형태가 일반화되는 경향이 강해져서 '-데, -닉, -뇌, -노쇠, -도쇠' 등이 나타났다.

> **예**
> • 問安ᄒᆞ옵시데　　　『첩해신어』 1 : 22a
> • 門ᄭᅡ지 왓ᄉᆞᆸ닉　　　『첩해신어』 1 : 2a
> • 니ᄅᆞ옵쇠　　　『첩해신어』 5 : 14b

② **명령법**

　㉠ 중세국어의 '-야쎠'가 소멸되고, '-소'가 등장하였다.

> **예**
> 나 ᄒᆞ는 대로 ᄒᆞ소　　　『첩해신어』 7 : 7b

　㉡ 경어법의 선어말어미 '-옵-'과 '사이다'에서 '-다'가 탈락하고 '-새'가 결합된 1인칭 복수 명령형 '-옵새'가 보인다.

> **예**
> 書契를 내셔든 보옵새　　　『첩해신어』 1 : 16a

　㉢ 중세의 '-져'는 '-쟈'가 되었다.

> **예**
> 감히 피ᄒᆞ쟈 니ᄅᆞᄂᆞᆫ 이롤 버효리라　　　『동국신속삼강행실도』「충신도」 1 : 39b

③ **의문법**

　㉠ 중세국어의 어미들이 근대에도 거의 다 나타났다.
　㉡ 판정의문과 설명의문문의 구별이 점차 사라졌다.
　㉢ 중세국어의 '-녀/-려'가 '-냐/-랴'로 변하였다.

> **예**
> • 삼가디 아니호미 가ᄒᆞ냐　　　『계초심학인문』 83a
> • 비록 무올히나 둔니랴　　　『소학언해』 3 : 5a
> • 다 어듸 죽어가냐　　　『박통사언해』 중5a
> • ᄇᆞ롬 마시랴　　　『노걸대언해』 상18a

　㉣ 중세에 수사의문문을 형성했던 '-이ᄯᅩᆫ/-이ᄯᆞ녀' 등은 소멸하였다.

④ **감탄법**
　㉠ 16세기에 나타난 '-고나'가 일반화되었으며, '-고야/괴야' 등이 사용되었다.

> **예**
> • 비 독별이 모ᄅᆞᄂᆞᆫ고나　　　　　　　『노걸대언해』 상24a
> • 비 믈 니근ᄃᆞᆺ ᄒᆞ괴야　　　　　　　『노걸대언해』 상31a

　㉡ 중세국어의 '-도다'는 근대에 '-는' 뒤에서 '-쏘다'로 변하였고, '-ㄹ셔/쎠'는 '-샤/쌰'로 변하였다.

> **예**
> • 四時ᄅᆞᆯ 조차 노ᄂᆞᆫ쏘다　　　　　　『박통사언해』 상18a
> • 뎌 어린 아히 에엿블샤　　　　　　　　『박통사언해』 하43a

5 첨사 중요 ★

중세의 강세첨사들은 대부분 자취를 감추었다.

(1) 근대국어의 강세첨사는 '야, 곳'이 있었다.
　① 15세기의 'ᅀᅡ'가 16세기 말에 '야'로 변했다.
　② '곳'은 근대국어에서 주로 뒤에 부정어를 수반하였다.

(2) 'ㆁ'은 '-명'에만 보이는데 '오명가명'으로 화석화되었다.

6 문장구조 중요 ★

(1) 통사구조는 중세국어로부터 현대국어까지 일치한다.

(2) 중세국어의 형식명사 'ᄃᆞ'와 'ᄉ'는 인정되지 않는다.

(3) '-기'를 가진 동명사의 세력이 커졌고, '-으(ㅁ)'의 세력이 위축되었다.

(4) '-ㄴ / ㄹ'을 가진 동명사는 예외 없이 수식어적 용법만 지니게 되었다.

(5) 중세국어와 마찬가지로 단문보다는 복합문과 합성문을 많이 사용하여, 문장 구조가 복잡했다.

제 5 절 어휘

1 고유어와 한자어 ★★

(1) 순수 국어 단어들이 대거 한자어로 대체되거나 폐어가 되었다.

한자어로 대체된 것	뫼 → 산(山), ᄀᆞᄅᆞᆷ → 강(江), 오래 → 문(門)
폐어가 된 것	『용비어천가』의 '입더시니'[迷]와 '혀근'[小]을 중간본(1659년)에서 '업더시니', '져근'으로 고친 것은 이들 단어가 없어졌기 때문이다.

(2) 고유어 어휘의 의미가 변화한 것이 있다.

'어엿브-'	중세국어에서는 연민을 뜻하는 단어였는데, 근대국어에서 아름다움을 뜻하게 되었다.
'어리-', '졈-'	'어리-'는 중세국어에서 '어리석다'라는 의미를 지녔는데, 근대어에서는 '유소(幼少)' 의미로 달라지면서, 본래 그 의미를 나타냈던 '졈-'은 '어리-'보다 연령이 높은 '젊다'를 의미하게 되었다.
'ᄉᆞ랑ᄒᆞ-'	중세국어에서는 '생각하다'와 '사랑하다' 두 가지 의미를 지니고 있었으나, 후자의 의미만 남았다. 15세기가 의미변화의 과도기였던 것으로 보이는데, 이 때에는 'ᄃᆞ-'[愛], '괴-'[寵] 등의 단어가 있었으나 차례로 폐어가 되었다.
즛	본래 '용모'를 뜻하는 말이었으나, 현대어의 '짓'으로 달라진다.
힘	본래 '힘줄'을 의미하는 것이었으나, 추상적 개념인 '힘[力]'을 뜻하게 되었다.
빋	중세국어에서는 '값'과 '빚' 두 가지 뜻을 지녔으나, 근대국어에 와서 전자의 뜻이 소멸되었다.
빋ᄊᆞ다	'ᄊᆞ다'는 본래 그만한 값이 있다는 의미를 나타냈는데, 현대에 와서 '빗싸다'는 '고가(高價)'를 의미하는 말이 되고, '값이 싸다'라는 의미를 나타내던 '빋디다'를 '싸다'가 대체하였다.

(3) 중세 문헌에서는 볼 수 없었으나 근대 문헌에 처음 보이는 단어가 있다.

> ☑ 예
> • '뉴[輩]'는 근대에 들어 유행한 말로 추정되며, '類'에서 비롯된 말이다.
> • '싱심이나'는 '감히'란 뜻으로 '언감생심'에서 온 표현으로 짐작된다.

(4) 오늘날 쓰이지 않게 되었거나 원래 뜻으로 쓰이지 않게 된 한자어들이 있다.

> ☑ 예
> 원정(原情) : 진정, 인정(人情) : 뇌물, 방송(放送) : 석방, 하옥(下獄) : 투옥, 발명(發明) : 변명, 정체(政體) : 다스리는 형편, 등대(等待) : 미리 준비하고 기다림.

2 중국어 차용어 중요 ★

근대국어에서도 중국어는 차용어의 주요 공급원이었다.

(1) 황윤석(黃胤錫, 1729~1791년)의 『이수신편(理藪新編)』에서 18·19세기 중국어 차용어의 실태를 알 수 있다.

> **예**
> 당지[當直], 다홍[多紅], 자디[紫的], 망긴[網巾], 던링[團領], 간계[甘結], 슈판[水飯], 비단[匹段], 토슈[套袖], 탕건[唐巾], 무명[水綿], 보리[玻瓈]

(2) **취음자의 사용** : 정약용(丁若鏞, 1762~1836년)의 『아언각비(雅言覺非)』에 따르면, 보리는 중국어 '파려(玻瓈)'를 차용한 말인데, 차용임에도 불구하고 '보리'라는 발음에 맞는 한자를 찾아 우리나라에서는 '菩里'라고 표기했다. 국어에서 '麥'을 '보리'라고 하는 것이 역으로 적용되어 '파려안경(玻瓈眼鏡)'을 '맥경(麥鏡)'이라고 부르게 되었다.

3 만주어 차용어 중요 ★

(1) 만주어 차용어라고 지적된 것은 대부분 몽골어에서 만주어와 국어가 다 같이 차용한 것이다.

(2) 『동문유해』, 『한청문감』, 『역어유해보(譯語類解補)(1775년)』 등에 만주어 차용어의 예가 있다.

> **예**
> - 널쿠[斗蓬] : 소매와 섶이 없는 비옷, 도롱이
> - 소부리[護屁股] : 안장
> - 쿠리매[褂子] : 쾌자, 섶이 없고 소매가 짧은 겉옷
> - 마흐래[冠] : 마래기, 모자

4 새로운 어휘 중요 ★

중국을 통해 서양의 어휘가 우리나라로 유입되었다.

(1) 유럽 지도가 우리나라에 처음 들어와 서양을 지리적으로 인식하게 된 것은 16세기 말이었으며, 서양 문물이 도래하고 서양인과 직접 접촉한 것은 17세기 중반부터 시작되었다.

(2) 서양 문물은 주로 북경으로부터 유입되었는데, '자명종, 천리경' 같은 기계와 더불어 지도, 천문지리서, 과학서, 종교서 등이 들어와 새로운 세계에 대한 지식을 공급했다.

> ☑ 예
> '담배'도 실물이 들어오면서, 단어도 차용되었다.

(3) 인조 5년(1625년)에 와서 정착한 네덜란드인 박연(朴淵, 1595년~?), 효종 4년(1653년)에 일본으로 가다가 표류한 하멜(Hendrik Hamel, 1630~1692년) 일행이 우리나라에 신문물 유입되는 것에 공헌하였다.

제2편 시대별 음운, 어휘, 문법, 표기법의 변천

제5장 현대국어

단원 개요
현대국어는 개화기 이후의 국어를 가리키는데, 언문일치가 확립되었고 근대문물의 유입으로 인해 많은 변화를 겪었다. 특히 이 시기에는 맞춤법이 제정되고 표준어가 확립되어 문자와 언어의 표준화가 이루어졌다.

출제 경향 및 수험 대책
우선 이전 시기와 비교를 통해 현대국어의 특징을 이해하는 것이 중요하다. 그리고 이 시기에 확립된 '한글맞춤법'과 '표준어'에 대해 알아두어야 한다. 음운과 문법에서의 변화에 주목해야 하는데, 특히 모음조화, 곡용과 활용에 대해 묻는 문제가 출제될 확률이 높다.

제1절 문자 체계와 맞춤법

1 개화기의 국어 중요 ★★

(1) **국한문체와 국문체의 갈등**
   ① 언문일치 실현에 대한 요구가 높아지면서, 국한문체와 국문체의 갈등이 시작되었다.
   ② 초반에는 한문에 토를 다는 것과 같은 국한문체가 우세하다가 한자는 점차 한자어 표기에 국한되었다.
   ③ 1945년 이후에 한글 전용 운동이 전개되면서 한글의 세력이 점차 증대되었다.

(2) **표기상 특징** : 'ㄱ, ㄴ, ㄹ, ㅁ, ㅂ, ㅇ' 외에 자음을 말음으로 가지는 어간은 모음 어미와 결합할 때 어간말자음의 종류에 따라 연철, 분철, 중철, 재음소화 등이 나타났다.
   ① 'ㅈ' 말음 어간은 연철 표기, 격음 말음 어간은 'ㅅㅊ, ㅅㅌ, ㅂㅍ, ㄱㅋ'의 중철 표기 또는 'ㅅㅎ, ㅂㅎ, ㄱㅎ'의 재음소화 표기가 나타났다.
   ② 용언 어간의 말음이 'ㅊ'이거나 'ㅌ'일 경우 모음 어미와 결합할 때 연철로 표기되기도 하였다.
   ③ 'ㅎ' 말음 용언 어간은 모음 어미와 결합될 때 반드시 연철하였다.

(3) **음운상 특징** : 후기 근대국어나 현대국어와 유사한 양상이 나타난다.
   ① 'ㅈ, ㅉ, ㅊ'이 경구개파찰음이었다.
   ② '에, 애'가 전설모음화함에 따라 단모음 체계가 전설과 후설의 대립을 지니게 되었다.
   ③ 모음과 모음 사이에서 두 자음까지만 발음할 수 있었다.

(4) 형태상 특징

① **체언** : 중세국어의 요소가 강하게 남아있지만, 비자동적 교체를 보이던 '나모 / 나무', '노루' 등이 단일하게 고정되었다.
② **용언** : 'ㅅ' 어간말음을 가지던 용언이 '꺾-'과 같이 재구조화되었다.
③ **대명사** : 인칭대명사에서 1인칭 겸칭인 '저'와 3인칭 평칭인 '그'가 많이 쓰이고, 재귀대명사 '즈 긔'의 세력이 커졌다. 3인칭 존칭인 '당신'이 나타났다.
④ **조사** : 주격 존칭에 쓰이는 '께'가 나타나고, 처소 부사격 조사가 '에'로 통일되어 갔으며, 여격 조사의 '에게, 한테'가 쓰이기 시작했다. '거드면', '시로에' 등의 보조사와 인용조사 '고'가 새롭게 나타났다.
⑤ **어미** : '-습(읍)'은 선어말어미의 기능이 거의 사라지고 어말어미와 결합하여 새로운 어미들을 생산하였다. 종결어미 '-다', 하오체 평서형 어미 '-어요'등이 쓰이기 시작했다.
⑥ **접사** : '부(不)-', '-적(的)', '-회(會)'와 같은 한자어 접사가 많이 나타났다.

(5) 어휘상 특징

① 서구 문물과 함께 어휘가 수입되었는데, 대개 중국이나 일본을 거쳐 간접적으로 차용되었다.

직접 음역어	인그리스(English), 샤포(chapeau)
간접 음역어	아미리견(亞美利堅, American), 아편[아편(雅片, opium)
직접 의역어	몸제자[使徒, apostle], 십자틀[十字架, cross], 양등[洋燈, lamp]
간접 의역어	• 중국어계 - 백부장(百夫長, centurion) • 일본어계 - 도서관(書籍庫, library), 격물학(格物學, physics)

② 어형이 변화하거나 의미가 변화한 어휘가 있다.
㉠ 어형이 바뀐 어휘

전체 변화	병인(病人) 〉 환자, 분전(分傳) 〉 배달
부분 변화	• 선행어소 변화 - 각침(刻針) 〉 분침, 거민(居民) 〉 주민 • 후행어소 변화 - 교장(敎場) 〉 교실, 교변(交番) 〉 교대
첨가	식물 〉 음식물, 승장 〉 승차장, 유원 〉 유원지
생략	석탄광 〉 탄광, 농사업 〉 농업, 신문지 〉 신문
어순 변화	경순(警巡) 〉 순경

㉡ 의미가 바뀐 어휘

어형이 유지된 것	• 구실 : 벼슬, 세금 〉 기능, 역할, 의무 • 방송 : 석방 〉 방송 • 보람 : 표(表) 〉 좋은 결과
개화기에 새로 만들어진 어휘 중 나중에 의미가 바뀐 것	• 운전 : 운반 〉 차를 몲 • 통행 : 통용 〉 지나다님 • 휴학 : 방학 〉 학교를 쉼

2 ≪한글맞춤법통일안≫ 중요 ★

(1) ≪한글맞춤법통일안≫이 채택한 문자 체계 : 종래의 관용을 존중하면서 최소한의 개혁을 하였다.
   ① 'ㆍ'를 없애고, 된소리 표기 'ㅅㄱ, ㅅㄷ, ㅅㅂ, ㅂㅅ, ㅅㅈ'을 'ㄲ, ㄸ, ㅃ, ㅆ, ㅉ'으로 고쳤다.
   ② 'ㅇ'은 여전히 초성과 종성에서 서로 다른 가치를 지니며, 'ㅅ'도 여전히 s와 t 두 음가를 나타내는 데 쓰였다.
   ③ 'ㅐ, ㅔ, ㅚ' 등은 구조상 두 문자이지만 단모음을 나타내게 되었다.

(2) 원리
   ① **형태음소적 원리** : 표준말을 소리나는 대로 적되 어법에 맞도록 한다.
   ② ≪한글맞춤법≫은 몇 차례 부분적인 수정을 겪었으나 기본적인 원칙에는 변함이 없었으며, 현재 사용되고 있는 ≪한글맞춤법≫은 1933년의 ≪한글맞춤법통일안≫을 기본으로 하여, 1988년 1월 문교부가 확정·고시한 것이다.

제 2 절 표준어 중요 ★

1 표준어의 개념

(1) 근대 민족국가가 형성되면서 성립되었다.

(2) 나라 안의 언어생활을 통일하여 효율을 높이는 데 목적이 있다.

2 우리나라 표준어의 역사

(1) 표준어에 대한 최초의 규정은 ≪한글맞춤법통일안≫의 총론에서 "표준말은 대체로 현재 중류 사회에서 쓰는 서울말로 한다."라고 한 것이다. 그리고 1933년의 ≪한글맞춤법통일안≫ 부록에서 처음으로 표준어의 예를 제시하였다.

(2) 1935년에 표준어를 사정하는 위원회를 조직하여, 1936년 『사정한 조선어 표준말 모음』이란 책을 내어 공표하였다. 여기에서는 6,000여 개의 어휘의 표준형을 밝히고 있다.

(3) ≪한글맞춤법≫ 계정에 앞서 표준어도 1988년에 ≪표준어규정≫이라는 명칭으로 고시되어 시행되고 있다. 여기에서는 표준어를 "교양 있는 사람들이 두루 쓰는 현대 서울말"로 규정하였다.

(4) ≪표준어규정≫은 '제1부 표준어사정원칙'과 '제2부 표준발음법'으로 나뉘어 있으며, 표준어사정원칙은 3장, 표준발음법은 7장으로 구성되어 있다.

제 3 절 현대국어의 특징과 경향 중요 ★

1 특징

(1) 언문일치가 거의 완전히 구현되었으며, 한자 사용이 감소하는 추세이다.

(2) 20세기 초엽부터 오늘날까지 상당한 변화가 있었다. 특히 어휘에서 현저하며, 음운과 문법에서도 나타난다.

(3) 지역 방언을 서북(평안도)방언·동북(함경도)방언·서남(전라도)방언·동남(경상도)방언·중부방언·제주방언 6가지로 구분할 수 있다.

2 경향

(1) 서울말이 표준어로 흡수되면서, 순수 서울말이 거의 소멸하였다.

(2) 6·25 이후 인구 이동과 혼합이 크게 이루어져서, 서울말은 여러 지역 방언들을 기반으로 새롭게 형성되어 가고 있다.

(3) 표준어의 보급으로 지역 방언의 차이가 많이 줄어들고, 지역 방언의 특징이 사라져가고 있다.

(4) 분단 이후 교류가 많지 않아 남북간의 언어의 차이가 커졌다.

(5) 외래어와 외국어가 많이 쓰인다.

(6) 젊은 세대를 중심으로 신조어가 많이 만들어진다.

제 4 절 음운

1 자음 체계 중요 ★★

(1) 18·19세기에 구개음화가 일어난 뒤 거의 변화가 나타나지 않았다.

(2) 폐쇄음과 파찰음에 평음-유기음-경음의 3계열이 있다.
① 평음은 어두에서 무성음, 모음 사이에서는 유성음으로 실현된다.
② 유기음은 강한 기운을 수반한 무성음으로 실현된다.
③ 경음은 성문 폐쇄를 수반한 무성음으로 실현된다.

(3) 마찰음에는 평음-경음의 체계만 있다. 평음 'ㅅ'은 모음 사이에서도 유성화되지 않고 무성음으로 실현된다.

(4) 비음 'ㅇ[ŋ]'과 유음 'ㄹ'은 어두에 오지 않으며, 비음 'ㄴ'도 어두에서 '이' 및 y 앞에 오지 않는다. 다만 일부 외래어에서는 어두에 사용된다.

(5) 모든 자음은 음절말 또는 어말에서 반드시 미파음(未破音)으로 실현된다. 즉 'ㄷ, ㅌ, ㅈ, ㅊ, ㅅ, ㅆ'이 모두 [t]로 발음된다.

(6) 어두자음군이 허용되지 않는다.

2 모음 체계 중요 ★

(1) 현대국어의 모음 체계는 전설 원순모음이 있다는 점에서 19세기와 다르다. 서울말에서는 'ㅚ'와 'ㅟ'가 어두에 올 때에는 [we], [wi]로 발음되고, 자음 뒤, 특히 치음이나 구개음 뒤에서는 [ø], [y]로 발음된다.

(2) 'ㅓ'는 음장에 따라 발음이 달라지는데, 단음은 [ʌ], 장음은 [əː]에 가깝다.

(3) 젊은 세대에서 전설모음 'ㅐ[ɛ]'와 'ㅔ[e]'의 구별이 흐려지고 있다.

(4) 현대 정서법에서는 'ㅢ'를 인정하고 있다. 그런데 어두에서는 [ɨ] 또는 [i]로, 비어두에서는 [i]로 발음되며, 속격조사일 때는 [e]로 발음된다.

> **! 더 알아두기**
>
> 현대 서울말의 모음 체계
>
> ```
> ㅣ    ㅟ    ㅡ    ㅜ
> ㅔ    ㅚ    ㅓ    ㅗ
>       ㅐ          ㅏ
> ```

3 음장과 모음조화 중요 ★

(1) 음장

① 서울말의 음장은 중세국어의 성조가 없어지면서 상성의 음장이 남은 것이다.

> **✓ 예**
> 말[말:, 言] / [말, 馬], 눈[눈:, 雪] / [눈, 眼], 밤[밤:, 栗] / [밤, 夜]

② 음장은 비어두음절에서는 나타나지 않는 경향이 있다.

> **✓ 예**
> '없[없:]-'의 음장은 '끝없-'이나 '부질없-'에서는 없어진다.

(2) 모음조화

① 모음조화는 쇠퇴하였으나 아직 인식되고 있다.
② 양모음 'ㅏ, ㅗ'와 음모음 'ㅓ, ㅜ'의 대립을 주축으로 한다.
③ 주로 의성어와 의태어에 현저하다.

> **✓ 예**
> 졸졸 / 줄줄, 퐁당 / 풍덩

④ 용언의 활용에서는 부동사 어미 '-아 / 어'에 잔재가 남아있을 뿐이다.

제 5 절 문법

1 곡용 ★★

(1) 서울말에서는 중세국어에서 비자동 교체를 보였던 모든 체언이 단일화되었다.

(2) 현대국어에서 새로운 동요가 나타나기도 한다.

> **예**
> '꽃'의 말자음 'ㅊ'이 'ㅅ'으로 수의변화를 일으킨다.

(3) 격조사에서 주격 '이 / 가'의 교체가 확립되었다.

(4) 속격의 '의'와 여격의 '에게'는 유정물 명사에만 쓰였지만, 근래의 '의'는 무정물 명사에도 연결된다.

(5) 1인칭, 2인칭 대명사에서 주격형 '내가', '네가', 속격형 '내', '네' 등의 형태가 생겼다.

(6) 공손의 1인칭 대명사 '저'가 확립되었고, 이에 따라 주격형 '제가', 속격형 '제'가 사용된다.

(7) 미지칭 대명사는 '누'와 '누구'의 두 이형을 가지게 되었다. 그래서 주격 '누구', 속격 '뉘', '누구의', 대격 '누구를'과 같이 사용한다.

2 활용 ★

(1) 근대국어와 큰 차이가 없다.

(2) 계사의 활용이 용언의 활용에 반영되었다.
  ① 부동사형 '이요', 간접화법에서의 '이라(고)'에는 중세국어의 화법이 남아있다. 그러나 '이요' 대신 '이고'가 쓰이기도 하며, 직접화법에서는 '이다'로 굳어졌다.
  ② '아니'는 중세국어에서는 명사였으며 서술어로 쓰이는 경우 계사가 연결되었는데, 근대에 와서 동사로 활용을 하게 되었다. '아니다'의 활용 중 '아니요, 아니라'는 중세국어의 흔적이 남아있는 것이다.

(3) 경어법

존경법	'-(으)시'로 표시된다.
공손법	'해라체, 하게체, 하오체, 합쇼체' 등의 등급이 있는데, 젊은 계층에서는 하오체와 하게체를 쓰지 않는다.

제 6 절 어휘 중요 ★

1 어휘의 유입

(1) 서양 학문의 새로운 개념들이 대개 한자어로 번역되어 중국, 일본을 통해 대량으로 유입되면서, 관념어나 학술어는 대부분 한자어에 의존하고 있다.

> ☑ 예
> - 과학(科學) - 영어 : science
> - 지양(止揚) - 독일어 : Aufhebung

(2) 파생어를 만들어내는 한자어가 유입되면서 한자 어휘가 증가하고 있다.

> ☑ 예
> -적(的), -주의(主義), -화(化)

(3) 구미 제어는 주로 일본을 통해 들어왔다. 영어에서 스포츠 용어, 불어에서 예술과 요리 용어, 이태리어에서 음악 용어가 유입되었다.

(4) 국어 속의 일본어 요소들은 유동적이어서 차용어로 자리 잡은 것과 그렇지 않은 것이 있다.

2 어휘상 특징

(1) 한자어를 순우리말로 순화하려는 시도가 있었으나 대체로 성공을 거두지 못했다.

> ☑ 예
> 문법(文法) 〉 말본, 명사(名詞) 〉 이름씨, 자외선(紫外線) 〉 넘보라살

(2) 언중들 사이에서 자연스럽게 생성되거나 전파된 신어는 생명력을 얻었다.

> ☑ 예
> - '오빠'는 20세기 초만 해도 서울 사대문 안에서만 사용하던 말이었다.
> - 일본어 차용어인 '요꼬도리', '스리'는 '새치기', '소매치기'로 대체되어 자리잡았다.

(3) 문어에서는 3인칭 대명사의 여성형을 구별하여 쓴다. '궐녀(厥女)', '그네' 등이 사용되기도 하였으나 현재는 '그녀'가 주로 쓰이고, 구어에서는 정착하지 못했다.

(4) 약어가 빈번하게 사용된다.

> ☑ 예
> 노동조합 / 노조, 불고기 백반 / 불백

제2편 시대별 음운, 어휘, 문법, 표기법의 변천

제 2 편 실전예상문제

checkpoint 해설 & 정답

제 1 장 고대국어

01 고대국어에 대한 설명으로 옳은 것은?

① 고대국어는 자료가 부족함에도 그 전모가 밝혀졌다.
② 고구려어는 현전 자료를 가진 유일한 한계 어군이다.
③ 백제어의 언어는 계층에 따라 달랐을 것으로 추정된다.
④ 기원 전후에 만주와 한반도에는 부여계와 한계 양대 어군이 있었다.

01 백제의 지배족은 부여계 언어를, 피지배족은 마한계 언어를 사용하였다.

02 고조선의 언어에 대한 설명으로 적절하지 <u>않은</u> 것은?

① 중국의 사적을 통해 추측할 뿐 기록이 남아있지 않다.
② '阿斯達'의 '達'은 신라어의 왕을 뜻하는 '달'과 유사하다.
③ 문자로 기록된 시기가 후대의 일이어서 해석하는데 어려움이 있다.
④ '朝鮮'의 '朝'는 중세국어의 '아춤', 그리고 일본어의 'asa'와 비슷하다.

02 '阿斯達'의 '達'은 고구려어에서 산을 뜻하는 '달'과 비슷하고, '王儉'의 '儉'은 신라어의 왕을 뜻하는 '금'과 유사하다.

03 부여계제어에 대한 설명으로 옳지 <u>않은</u> 것은?

① 부여계제어는 고구려어로 대표된다.
② 진한, 마한, 변한에서 사용하던 말이다.
③ 관명에 나타나는 '가(加)'가 유일하게 남아있는 흔적이다.
④ 고대의 숙신 언어와 명백하게 대립되었던 것으로 추정된다.

03 진한, 마한, 변한에서 사용되던 언어는 한계제어이다.

정답 01 ③ 02 ② 03 ②

04 다음 중 부여계제어에 속하지 않는 것은?

① 예어
② 말갈어
③ 부여어
④ 옥저어

04 말갈어는 숙신의 언어에서 비롯되었으며, 이는 부여계 제어와 대립된다. 부여계 제어에는 부여어, 고구려어, 옥저어, 예어가 있었다.

05 〈보기〉에 대한 설명으로 적절하지 않은 것은?

> **보기**
>
> 買忽 一云 水城
> 水谷城縣 一云 買旦忽

① '買'의 새김은 '水'이고, '매'로 읽는다.
② 음독명과 석독명이 함께 제시되어 있다.
③ '城'의 새김이 '홀(忽)'이었음을 알 수 있다.
④ '水'가 음독으로 쓰일 때와 석독으로 쓰일 때 읽는 방식이 달랐다.

05 고구려에서는 '買忽'과 '水城'을 같은 음으로 읽었을 것이다. 따라서 '水'의 새김이 '매(買)'라고 보는 것이 적절하다.

06 고구려의 명사에 대한 설명으로 적절하지 않은 것은?

① '谷'의 의미를 나타내는 '別'은 중세국어의 '블'과 비슷하다.
② 고구려어 '어을(於乙)'은 신라어 '어을[乙]'에서 그 흔적을 찾을 수 있다.
③ 고구려어 '나(那)'는 만주어와 나나이어에서 '地'의 의미를 나타내는 na와 관련이 있다.
④ '물'의 의미를 나타내는 '買'는 퉁구스어, 몽골어 등에 비슷한 유형이 폭넓게 나타난다.

06 '別(별)'은 '重'의 의미를 나타내는 말이었다.

정답 04 ② 05 ① 06 ①

checkpoint 해설 & 정답

07 백제의 어휘는 독자적인 것들이 있었으며, 이 중 일부는 일본어에 차용되기도 하였다.

08 '毛良夫里'는 음차한 것이므로, '夫里'도 음과 관계가 있다.

09 신라어의 음운 체계에는 우리나라의 전통적인 한자음이 반영되었다.

정답 07 ④ 08 ④ 09 ①

---

07 백제어의 특징으로 옳지 않은 것은?

① 지명에 '夫理'라는 말이 자주 보인다.
② 임금을 뜻하는 특이한 단어 '긔ᄌ'가 있었다.
③ 백제의 어휘는 신라어와 흡사한 것으로 추정된다.
④ 백제의 어휘는 고대 일본어에서 차용한 것이 많다.

08 ㉠, ㉡에 대한 설명으로 옳지 않은 것은?

> **보기**
>
> ㉠ : 石山縣 本百濟 珍惡山縣
> ㉡ : 高敞縣 本百濟 毛良夫里縣

① ㉠ : '珍惡'은 중세국어의 '돌ㅎ[石]'에 대응된다.
② ㉠ : '珍'의 새김이 '돌'이므로, '珍惡'은 '돌악'이라고 읽는다.
③ ㉡ : '毛良'은 중세국어의 'ᄆᆞᄅᆞ[棟]'에 대응되는 말이다.
④ ㉡ : '夫里'는 뜻을 관계가 있고, '毛良'은 음과 관계가 있다.

09 신라어에 대한 설명으로 옳지 않은 것은?

① 중국의 한자음이 신라어의 음운 체계에 반영되었다.
② 신라어가 한반도에서 단독으로 쓰인 것은 7세기 후반의 일이다.
③ 신라가 삼국을 통일하면서 신라어 중심으로 언어의 통일이 이루어졌다.
④ 신라어 표기에 사용된 음독자는 고구려어나 백제어 표기에 사용된 것들과 유사하다.

10 신라어 연구 자료로 적합하지 않은 것은?

① 향가집 『삼대목』
② 『균여전』의 〈보현십원가〉
③ 『삼국사기』와 『삼국유사』의 차용 표기
④ 중국의 『양서(梁書)』에 등장하는 신라 단어

> **10** 『삼대목』이 있었다는 기록은 있으나, 현전하지 않으므로 연구 자료로 삼기에 적합하지 않다.

11 현전하는 향가는 총 몇 수인가?

① 14수
② 24수
③ 25수
⑤ 30수

> **11** 『삼국유사』에 전하는 것이 14수이고, 『균여전』에 실린 〈보현십원가〉가 11수이므로 총 25수이다.

12 신라어의 음독 표기에 대한 설명으로 적절하지 않은 것은?

① '叱'는 음절말의 'ㅈ' 표기에 사용되었다.
② '只'는 이두와 마찬가지로 '기'를 나타낸 것이다.
③ '遣'은 부동사 어미 '-고'를 표기하는 데 사용되었다.
④ '良'은 '라' 뿐 아니라 '아 / 어' 등 넓은 음역을 표기하였다.

> **12** '叱'는 주로 음절말의 'ㅅ' 표기에 사용되었다.

정답 10 ① 11 ③ 12 ①

| checkpoint 해설 & 정답 |

13 '乃'는 '나'음을 표기하는데 사용한 음독자이다.

13 음독 표기의 연결이 옳지 <u>않은</u> 것은?
① 阿 : 아
② 乃 : 내
③ 密 : 밀
④ 於 : 며

14 '谷'의 새김은 중세 자료에 '골'로 나타나나, 본래는 '실'이었던 것으로 추정된다.

14 고대의 석독 표기에 대한 설명으로 옳지 <u>않은</u> 것은?
① '金'의 새김을 '쇠'로 재구할 수 있다.
② 석독 표기에 사용된 한자는 새김으로 읽는다.
③ '谷'의 새김은 '골'로 고대와 중세가 일치한다.
④ '珍'의 새김은 백제 지명에서는 '돌'이었고, 신라 관명에도 나타난다.

15 어미나 조사를 음독자로 표기한 나머지와 달리, 용언 어간의 제2음절 '-ㄴ'을 나타내기 위해 음독자를 덧붙인 것이다.

15 혼합표기의 방식이 <u>다른</u> 하나는?
① 出古(나고)
② 入伊(드리)
③ 直等隱(고든)
④ 有阿米(이샤미)

정답 13 ② 14 ③ 15 ③

16 <보기>에 대한 설명으로 적절하지 <u>않은</u> 것은?

> **보기**
>
> 道尸, 日尸

① '道尸'는 만주어 'girin'에 해당한다.
② '道尸'는 '길', '日尸'은 '날'에 해당한다.
③ '慕理尸'의 '尸'도 같은 발음으로 읽었다.
④ 고대국어의 'l'이 있었음을 보여주는 근거가 된다.

16 '尸'은 고대국어에서 'r'이었을 것으로 추정된다. 고대 이후 내파화가 일어나면서 음절말 위치의 'r'이 [l]로 발음되었다.

17 고대국어의 모음조화에 대한 설명으로 옳은 것은?

① 고대국어에는 중성모음이 없었다.
② 고대국어의 모음조화는 구개적 조화였던 것으로 추측된다.
③ 고대국어에서는 느슨한 모음조화가 존재했다고 볼 수 있다.
④ 고대국어에 나타나는 모음조화는 알타이제어의 특징과 일치하지 않는다.

17 고대국어의 모음조화는 후설모음과 전설모음의 양 계열로 된 구개적 조화였던 것으로 보인다.

18 고대의 문법 체계에 대한 설명으로 적절하지 <u>않은</u> 것은?

① 대격조사의 이형태도 표기에 반영되었다.
② 국어의 복잡한 활용 체계는 고대에 확립되어 있었다.
③ 향가에서 경어법이 발달되어 있음을 확인할 수 있다.
④ 감탄조사는 무정 체언이나 명사절에도 결합되어 쓰였다.

18 고대국어의 대격조사는 乙(을) 또는 肐(홀)로 표기되었는데, '를'을 표기할 수 있는 방법은 없었다.

정답 16 ④ 17 ② 18 ①

checkpoint 해설 & 정답	
19 한자는 우리말의 표기체계를 담당하였고, 우리나라식의 한문이 발달하였으므로, 국어 어휘 중의 한자어는 일반적 차용어와 그 성격이 다르다.	**19 신라의 어휘에 대한 설명으로 적절하지 않은 것은?** ① 수를 나타내는 순수 우리말이 있었다. ② 국어 어휘의 한자어도 차용어 일반과 성격이 같다. ③ '차차웅', '이사금', '마립간' 등은 고유어로 된 칭호이다. ④ 왕호와 지명을 한자어로 개신하면서, 국어에 한자어가 대폭 늘어났다.
20 신라어에서는 하나를 '一等隱, 一等'으로 표기하고, 'ᄒᆞ든'으로 읽었는데, 이는 『계림유사』의 "一曰河屯"과 일치한다.	**20 신라어의 수사 표기가 바르게 연결된 것은?** ① 1 - ᄒᆞ든 ② 2 - 너리 ③ 5 - 다리 ④ 100 - 즈믄

정답 19 ② 20 ①

제 2 장 전기 중세국어

01 중세국어에 대한 설명으로 옳지 <u>않은</u> 것은?

① 고려 초 개경방언이 중세국어의 토대가 되었다.
② 신라어의 개경방언에는 고구려어의 저층이 있었을 것으로 추정된다.
③ 고구려어의 요소는 신라어에 대체되어 점차 소멸한 것으로 추정된다.
④ 개경방언을 토대로 성립된 고려의 중앙어는 현대에는 남아있지 않다.

02 『향약구급방』에 대한 설명으로 적절하지 <u>않은</u> 것은?

① 중세 전기 한자 차용 표기법을 연구하는 자료이다.
② 당시의 국어 단어 또는 어구 350여 항이 기록되어 있다.
③ 우리나라 전통 의약서 중 하나로 1417년에 간행된 중간본이 전해진다.
④ 13세기 중엽의 국어 어휘, 특히 동식물, 광물과 관련된 어휘가 풍부하게 수록되었다.

03 ㉠에 대한 설명으로 적절한 것은?

> 보기
> 花曰㉠骨

① 설내입성자의 예외적인 예이다.
② 우리나라의 음독자를 사용한 것이다.
③ 『계림유사』에 제시된 우리말 어휘이다.
④ '꽃'의 의미를 지닌 우리말 '곶'에 해당하는 차자표기이다.

해설 & 정답

01 신라어의 개경방언을 토대로 성립된 고려의 중앙어는 조선까지 이어졌고, 현대까지 계승되었다.

02 ②는 12세기 초의 전기 중세국어 자료 중 『계림유사』에 대한 설명이다.

03 『계림유사』에서 활용한 입성자는 송대 북방음을 반영한 것으로 보인다.

정답 01 ④ 02 ② 03 ②

checkpoint 해설 & 정답

04 『계림유사』에 사용된 한자들은 우리나라의 음독자와는 거리가 있으며, 순수하게 표음적 용법으로 사용된 것이 아니라 표의성을 띠고 있다. "太曰家豨"에 그런 경향이 나타난다.

05 한자 어휘는 상류 계급의 것으로 평민들에게 모방의 대상이 되었고, 고유어는 한자어에 밀려나게 되었다.

06 '고라물'은 몽골어 차용어로, 여진어 차용어인 나머지와 구별된다.

정답 04② 05③ 06④

---

04 〈보기〉의 괄호에 들어갈 한자로 적절한 것은?

> **보기**
> ( )曰家豨

① 過
② 太
③ 果海
④ 蓋音渴

05 전기 중세국어의 한자어에 대한 설명으로 옳지 <u>않은</u> 것은?

① 이 시기에 한자어가 급증하였다.
② 한자어로 된 학술적·문화적 용어가 많이 생성되었다.
③ 평민 계층에서는 상류 계층과 달리 한자어는 거의 사용하지 않았다.
④ 고려 광종 때 실시된 과거제도로 인해 한자어가 우위를 점하게 되었다.

06 다음 차용어 중 나머지 셋과 근원이 <u>다르게</u> 차용된 단어는?

① 두만
② 워허
③ 쌍개
④ 고라물

07 『이중력』에 나타난 국어의 수사 표기에 대한 설명으로 적절하지 않은 것은?

1	katana
2	tufuri
3	towi
4	sawi
5	esusu
6	hasusu
7	tarikuni
8	tirikuni
9	etari
10	etu

① 1 : katana → 『계림유사』의 '河屯'과 일치한다.
② 2 : tufuri → 『계림유사』의 '途孛'과 일치한다.
③ 5 : esusu → 6과 바뀐 듯하다.
④ 9 : etari → 7로 고쳐야 할 것으로 보인다.

07 'etari'는 '여덟'과 음가가 비슷하므로 8로 고치는 것이 적절하다.

08 전기 중세국어의 음운에 대한 설명으로 적절하지 않은 것은?

① 어두자음군은 아직 형성되지 않았다.
② 14세기 무렵에 ㅿ은 s > z의 변화를 겪었다.
③ 'ㅸ'이 존재했으나 표기에는 반영되지 않았다.
④ 13세기 중엽에 'ㅅ'과 'ㅈ'의 중화가 일어났다.

08 13세기 중엽에는 'ㅈ'과 'ㅊ'이 중화되었고, 'ㅅ'과 'ㅈ'의 중화는 아직 일어나지 않았다.

09 전기 중세국어의 자음 체계 중 대표적인 특징으로 볼 수 있는 것은?

① ㅸ이 표기에 반영되었다.
② 된소리 계열이 등장했다.
③ 어두자음군이 형성되었다.
④ 음절 말 위치에서 자음의 중화가 일어났다.

09 전기 중세국어의 자음 체계에서 가장 큰 특징은 된소리 계열이 등장했다는 것이다. 된소리는 본래 단어와 형태소의 연결에서 비롯된 현상으로 여겨지는데, 다른 음운 뒤가 아니라 어두에 나타남으로써 음운체계 속에 확고하게 자리잡게 되었다.

정답 07 ④ 08 ④ 09 ②

checkpoint 해설 & 정답

10 현대 서울말의 'ㅈ'은 [ʧ], [ʤ]로 발음된다는 점에서 파찰음 체계에 변화가 있었음을 알 수 있다.

11 14세기 무렵에 's 〉 z'의 변화가 일어났는데, 이 변화는 이중모음의 부음인 y, 'ㄹ', 'ㄴ'과 모음 사이라는 특수한 환경에서만 일어났다.

12 몽골 차용어에서 [o]와 [u]가 모두 'ㅗ'로 나타난 것을 볼 때, 13세기 국어에는 후설 원순 고모음이 'ㅗ' 하나밖에 없었다.

정답 10 ① 11 ④ 12 ②

10 전기 중세국어의 파찰음에 대한 설명으로 적절하지 <u>않은</u> 것은?

① 파찰음 체계는 이 시기에 확립된다.
② 'jegerda[赤]'은 국어의 '젺다'에 대응된다.
③ 13세기의 'ㅈ'은 [ʦ], [ʣ]였던 것으로 추정된다.
④ 몽골어 차용어 'ʒa[ʤɑ]'가 국어에서 '쟈'로 되어 있는데, 몽골어 발음에 가깝게 하기 위해 [y]를 첨가한 것이다.

11 〈보기〉를 통해 알 수 있는 내용으로 적절한 것은?

> **보기**
> 새삼 〉 새암, 한숨 〉 한움

① 'ㅿ'은 음절말에서도 나타났다.
② 전기 중세국어에 'ㅸ'이 있었던 것과 관계가 있다.
③ 전기 중세국어에서는 'ㅿ'에 해당하는 음가가 없었다.
④ 이중모음의 부음인 y, 'ㄹ', 'ㄴ'과 모음 사이에서 's 〉 z'의 변화가 일어났다.

12 전기 중세국어의 모음체계에 대한 설명으로 옳지 <u>않은</u> 것은?

① 13세기의 모음 체계는 7모음 체계였다.
② 13세기 국어에서 후설 원순 고모음은 'ㅗ'와 'ㅜ'로 분화되었다.
③ 12세기에 'ㆍ'는 [o]보다는 원순성이 약한 [ɔ]였을 것으로 추정된다.
④ 14세기에 일어난 모음추이는 'ㅓ'가 중설 쪽으로 이동한 것이 단초가 되었을 것이다.

13
13세기 중엽의 국어의 모음 체계를 '당기는 사슬'이 아닌 '미는 사슬'로 보는 가장 중요한 이유는?

① 'ㅏ'의 불안정성
② 'ㅗ'의 불안정성
③ 'ㅣ'의 불안정성
④ 'ㆍ'의 불안정성

해설 & 정답

13 전설모음으로 발음되던 ㅓ[e]가 ㅓ[ə]로 중설화되면서 모음 추이가 시작되었다. 이렇게 중설화된 ㅓ에 의해 ㅡ가 고모음 쪽으로 밀리고, ㅡ는 다시 가까운 위치의 ㅜ를 후설로 밀어냈다. 이로 인해 기존의 ㅗ[u]를 중모음 쪽인 ㅗ[o]로 밀어내었으며, 결국 ㆍ[ɔ~o]가 ㆍ[ʌ]로 밀렸다가 소멸한다.

14
중세 전기 시기의 어휘에 대한 설명으로 적절하지 <u>않은</u> 것은?

① 원간섭기를 거치면서 몽골어 어휘가 다량 유입된다.
② 한자 어휘는 중국으로부터 수입된 것들이 주로 쓰였다.
③ 여진족은 12세기 이전부터 15세기 이후까지 우리 땅에 살았으므로 어휘에 흔적이 남아있다.
④ 『계림유사』, 『향약구급방』과 같은 자료에는 국어 어휘의 우리말 독음이 한자로 기록되어 있다.

14 중국어 차용어도 쓰였지만, 한자가 오랜 시간 국어의 문자 생활을 담당했기 때문에 우리식의 한자어가 많이 생성되었다.

15
다음 몽골어 차용어 중 범주가 <u>다른</u> 하나는?

① 나친
② 타락
③ 도롱태
④ 보라매

15 타락은 '우유'를 뜻하므로 음식과 관련된 어휘이다. 몽골어 차용어 중에는 매 관련 차용어가 많은데, 나머지는 이에 해당한다.

정답 13 ④ 14 ② 15 ②

제 3 장 후기 중세국어

01 후기 중세국어의 자료에 대한 설명으로 적절하지 <u>않은</u> 것은?

① 『번역박통사』에는 구어의 특징이 반영되어 있다.
② 『석보상절』은 한문 번역문의 전형적 특징이 나타난다.
③ 15~16세기의 훈민정음 문헌의 간행은 관(官)이 주도하였다.
④ 훈민정음 창제 이전에도 국어 어휘를 재구할 수 있는 자료가 있었다.

해설 & 정답

01 『석보상절』은 다른 언해 자료들과 달리 자유로운 문체를 보여준다.

02 15세기와 16세기에 간행된 자료를 순서대로 바르게 나열한 것은?

	15세기	16세기
①	『노박집람(老朴集覽)』	『내훈(內訓)』
②	『소학언해(小學諺解)』	『대학언해(大學諺解)』
③	『구급간이방(救急簡易方)』	『신증유합(新增類合)』
④	『번역박통사(飜譯朴通事)』	『박통사언해(朴通事諺解)』

02 『구급간이방(救急簡易方)』은 1489년, 『신증유합(新增類合)』은 1576년에 간행되었다. 그리고 『내훈(內訓)』은 1475년 자료이며, 『노박집람(老朴集覽)』(1517년), 『소학언해(小學諺解)』(1588년), 『대학언해(大學諺解)』(1590년)는 16세기 자료이다. 또한 『박통사언해(朴通事諺解)』(1697년)는 17세기 자료이다.

03 『훈몽자회(訓蒙字會)』에 대한 설명으로 옳지 <u>않은</u> 것은?

① 16세기에 간행된 자료이다.
② 한글 자모의 명칭이 처음 나타난다.
③ 훈민정음의 체계와 제자원리를 기록한 책이다.
④ 최세진(崔世珍, ?~1542년)이 편찬한 학습서이다.

03 훈민정음의 체계와 제자원리는 1446년에 간행된 『훈민정음』의 해례에 나와 있다.

정답 01 ② 02 ③ 03 ③

04 ㉠~㉣ 중 '훈민정음'에 대한 설명으로 적절한 것을 모두 고른 것은?

> ㉠ 방점을 찍어 음장을 표시하였다.
> ㉡ 종성은 따로 문자를 만들지 않았다.
> ㉢ 초성 17자, 중성 10자의 27자 체계이다.
> ㉣ 한 음절은 초성과 중성, 종성으로 나누었다.

① ㉠, ㉡
② ㉡, ㉢
③ ㉡, ㉣
④ ㉡, ㉢, ㉣

04 방점은 성조를 표기하기 위한 것이었으며, 훈민정음은 초성 17자, 중성 11자의 28자 체계이다.

05 훈민정음 초성에 대한 설명으로 적절하지 <u>않은</u> 것은?

① ㄱ : 혀뿌리가 목구멍을 막는 모양을 본떠 만든 기본자이다.
② ㄹ : 'ㄴ'의 이체자이다.
③ ㅈ : 'ㅅ'에 가획하여 만든 글자이다.
④ ㆁ : 'ㅇ'에 가획하여 만든 글자이다.

05 ㆁ은 ㄱ의 이체자이며, ㅇ의 가획자는 'ㆆ, ㅎ'이다.

06 병서와 연서에 대한 설명으로 옳은 것은?

① 'ㅼ'나 'ㅕ'도 자주 쓰였다.
② 병서는 두 자음자를 상하로 결합하는 방법이다.
③ 합용병서는 동국정운식 한자음 표기에 사용되었다.
④ 순수한 국어 단어의 어두음 표기에 사용된 것은 'ㅆ'과 'ㆅ'뿐이다.

06 각자병서는 주로 동국정운식 한자음 표기에 사용되었으며, 순수한 국어 단어의 어두음에는 'ㅆ'과 'ㆅ' 두 가지만 쓰였다.

정답 04 ③ 05 ④ 06 ④

checkpoint 해설 & 정답

07 재출자는 초출자에 'ㆍ'를 더하여 만드는 것으로, 'ㅛ, ㅕ, ㅠ, ㅑ'가 이에 해당된다.

08 15세기 맞춤법의 1차 원리는 '음소적'이었다. 그래서 모든 형태음소론적 교체가 표기에 반영되었다.

09 속격조사는 앞 단어의 말음이 불청불탁자인 경우 그것과 같은 계열의 전청자를 사용하였다. 따라서 ㅇ 뒤에서는 'ㆅ'이 아닌 ㆆ이 속격조사로 쓰였다.

07 훈민정음 중성의 제자원리에 대한 설명으로 적절하지 <u>않은</u> 것은?
① 기본자는 천(天)·지(地)·인(人) 모양을 본떠서 만들었다.
② '기본자'와 'ㅡ', 'ㅣ'를 어울려서 초출자를 만든다.
③ 초출자에 'ㅡ', 'ㅣ'를 한 번 더 더하면 재출자가 된다.
④ 상형이나 합성으로 만들어진 글자를 더하여 만드는 합용의 방식이 있다.

08 15세기에 나타나는 맞춤법의 원리를 설명한 것으로 옳지 <u>않은</u> 것은?
① 15세기 맞춤법의 1차 원리는 형태적이다.
② 'ㅇ'을 '바올'과 같이 초성으로 쓰는 것이 원칙이었다.
③ 'ㄱ, ㆁ, ㄷ, ㄴ, ㅂ, ㅁ, ㅅ, ㄹ' 8종성만을 사용한다.
④ '모음 + 자음'으로 구성되는 음절에도 표기상으로는 반드시 초성을 붙이게 하였다.

09 중세국어에서 앞 단어의 말음과 속격조사가 바르게 연결되지 <u>않은</u> 것은?
① ㆁ – ㄱ
② ㄴ – ㄷ
③ ㅁ – ㅂ
④ ㅇ – ㆅ

정답 07 ③ 08 ① 09 ④

10 동국정운식 표기에 대한 설명으로 옳은 것은?

① 90운, 24자모의 체계이다.
② 현실적인 한자음 표기를 지향한다.
③ 자모에서 전탁, 영모, 의모를 재구했다.
④ 불경언해에서 활발하게 쓰이면서 문헌 전반으로 확대되었다.

해설 & 정답

10 동국정운식 한자음 표기는 우리나라의 실제 한자음이 아니라 중국 운서 체계와 절충한 것으로, 자모에서 전탁[ㄲ, ㄸ, ㅃ, ㅆ, ㅉ, ㆅ]과 영모[ㆆ], 의모[ㆁ]를 재구했다.

11 후기 중세국어에 나타나는 된소리의 특징으로 적절하지 <u>않은</u> 것은?

① 어두의 된소리는 16세기에 이르러서야 나타났다.
② 'ㅈ'의 된소리는 어두에 존재한 증거가 보이지 않는다.
③ 'ㅆ'은 어두에는 없고, 일부 피동 및 사동 어간에 국한되어 나타났다.
④ 'ㅅㄱ, ㅅㄷ, ㅅㅂ'에서 'ㅅ'은 15세기 중엽에 이미 '된시옷'이었던 것으로 보인다.

11 『훈몽자회』의 '쎙-', '씹-'이나 『본문온역이해방』의 '쯇-', '싸홓-'의 예를 볼 때 어두의 된소리는 15세기 후반 이전에 나타난 것으로 볼 수 있다.

12 'ㅿ'에 대한 설명으로 옳지 <u>않은</u> 것은?

① 15세기 후반에서 16세기 전반에 소실되었다.
② 분포가 제한적이며 의성어 및 중국어 차용어에 나타난다.
③ 불청불탁의 반치음으로 규정된 것을 볼 때, [s]로 실현되었다.
④ 기록 자료로는 『계림유사』 이전부터 내려오는 것과 13세기 이후에 s 〉 z의 변화에 따라 나타난 것이 있다.

12 불청불탁의 반치음으로 규정되었으므로, 유성마찰음 [z]로 실현되었다고 볼 수 있다.

정답 10 ③ 11 ① 12 ③

13

'ㄹ'과 'ㅐ', 'ㄹ'과 'ㅟ' 사이에서 'ㄱ'이 'ㅇ'로 변한 것을 알 수 있다. 'ㅇ'은 y, 'ㄹ', 'ㅿ'과 모음 사이에서만 나타난다.

14

자음군 표기는 'ㄺ, ㄼ, ㄻ' 등 'ㄹ'이 앞에 있는 경우에 한정되었고, 드물게 'ㄳ'도 나타난다.

15

②는 하향 이중모음에 해당하는 것이며, 상향 이중모음으로는 'ㅑ, ㅕ, ㅛ, ㅠ'가 있었다.

정답 13 ③ 14 ① 15 ②

---

13 <보기>를 통해 'ㅇ'에 대해 알 수 있는 내용으로 적절한 것은?

> **보기**
> 몰개 > 몰애, 멀귀 > 멀위

① 유성 후두마찰음[ɦ]으로 추정할 수 있다.
② 명사의 'ㄹㅇ'은 16세기 말까지 변화가 없었다.
③ y, 'ㄹ', 'ㅿ'과 모음 사이에서 'ㄱ'이 약화된 결과로 나타난 것이다.
④ 어중에서 두 모음 사이에 사용되어 서로 다른 음절에 속하는 것을 표시한다.

14 후기 중세국어의 음절말 자음에 대한 설명으로 적절하지 않은 것은?

① 음절말에는 한 자음만이 가능해서 표기에도 나타나지 않았다.
② 음절말 자음의 내파화가 일어나 'ㅅ, ㅈ, ㅊ'의 대립이 중화되었다.
③ 『훈민정음』 해례 종성해에서는 'ㄱ, ㆁ, ㄷ, ㄴ, ㅂ, ㅁ, ㅅ, ㄹ'의 8종성을 규정했다.
④ 15세기와 16세기 교체기에 모음 사이의 'ㅿ, ㅇ'에서 'ㅇ'이 소실되어 음절말의 'ㅿ'이 없어졌다.

15 중세국어의 이중모음 체계에 대한 설명으로 옳지 않은 것은?

① 훈민정음 체계에는 wi를 표기할 방법이 없었다.
② 상향 이중모음으로 'ㅣ, ㅐ, ㅔ, ㅚ, ㅟ, ㅢ'가 있었다.
③ 상향 이중모음은 y가 앞선 것이고, 하향 이중모음은 y로 끝나는 것이다.
④ 어미 '-디빙'는 15세기 이후 '-디위', '-디외', '-디웨' 등으로 다양하게 표기되었다.

16 ㉠~㉣ 중 후기 중세국어의 모음조화에 대한 설명으로 적절한 것은?

> ㉠ 한 단어 안에 양모음이나 음모음만 있을 수 있었다.
> ㉡ '-ᄇ / 브-'와 같은 일부 접미사에는 모음조화가 적용되었다.
> ㉢ 조사·어미는 두음이 모음인 경우에 일반적인 규칙을 따르지 않았다.
> ㉣ 부동사 어미 '-고', '-긔'는 어간의 모음이 양모음일 때만 쓰였다.

① ㉠, ㉡
② ㉠, ㉢
③ ㉡, ㉢
④ ㉢, ㉣

16 모음조화의 원칙은 한 단어 안에 양모음이나 음모음만 있을 수 있으나, 중성모음은 어느 것과도 어울릴 수 있는 것이다. 모음으로 시작된 조사나 어미는 모음조화의 일반규칙을 따랐으나, 자음으로 시작된 것들은 이를 따르지 않았고, 부동사 어미 '-고', '-긔'는 어간의 모음이 양모음과 음모음에 관계없이 쓰였다.

17 후기 중세국어에 나타나는 성조의 특징으로 적절하지 <u>않은</u> 것은?

① 평성은 무점, 거성은 1점, 상성은 2점으로 표기하였다.
② 동사의 성조는 고정되어 있었지만, 명사는 유동적인 것이 많았다.
③ 'ᅀ'과 'ᄫ'을 가진 어간들은 일정한 어미가 오면 평성으로 변동되었다.
④ 중세국어의 성조는 저조와 고조의 두 평판조(平板調)로 이루어진 단순한 체계였다.

17 명사의 성조는 고정되어 있었지만, 동사는 어미에 따라 변동되기도 하였다.

18 다음 중 비통사적 방법으로 형성된 합성어는?

① 붓돌
② 안팎
② 듯거니
③ 즘겻ᄂ니

18 '붓돌'은 동사의 어간에 명사가 직접 결합한 합성어로, 이러한 비통사적 합성은 중세국어에서 많이 나타난다.

정답 16① 17② 18①

| checkpoint | 해설 & 정답 |

19 사동 어간을 형성하는 접미사 '-하-'는 어간 말음이 'ㅂ, ㄷ, ㅈ'이면 '-하-', 'ㅁ, ㅅ'이면 '-가-', 그 밖의 자음이나 모음이면 '-ㅣ-'로 나타났다.

19 후기 중세국어의 파생어에 대한 설명으로 옳지 <u>않은</u> 것은?

① 피동 어간을 형성하는 접미사는 대개 사동 어간과 통용되었다.
② 파생부사는 체언에서 파생된 것과 용언 어간에서 파생된 것이 있었다.
③ 근대 이후에 어근이었던 동사는 다수가 폐어화 되고 파생어만 남게 되었다.
④ 사동 어간을 형성하는 접미사 '-히-'는 어간 말음이 'ㅁ, ㅅ' 이면 '-히-', 'ㅿ, ㄹ'이면 '-이-'로 나타났다.

20 '숑아지'는 축소사 '-아지'가 붙은 것으로 명사에서 파생된 파생어이다.

20 다음 중 용언의 어간에서 파생된 파생어가 <u>아닌</u> 것은?

① 기릐
② 여름
③ 글지시
④ 숑아지

21 'ᄒᆞ놃'은 ㅎ 말음 명사로 '하ᄂᆞ리/하ᄂᆞᆯ와'로 곡용되는데, 이는 자동적 교체에 해당된다.

21 다음 중 비자동적 교체가 일어나는 단어가 <u>아닌</u> 것은?

① 나모
② 아ᅀᆞ
③ ᄒᆞ놃
④ ᄒᆞᆯ

정답 19 ④ 20 ④ 21 ③

22 후기 중세국어에서 격조사 'ㅣ'의 쓰임에 대한 설명으로 적절하지 않은 것은?

① 자음 뒤에서는 '이'로 쓰인다.
② 자음 뒤에 쓰일 때는 분철되었다.
③ 'ㅣ'와 y로 끝나는 말 뒤에서는 쓰이지 않는다.
④ 'ㅣ'와 y로 끝나는 말 외의 모음으로 끝나는 말 뒤에서는 그 모음과 상향 이중모음을 형성한다.

22 자음 뒤에 쓰일 때는 연철되었다.

23 후기 중세국어의 인칭대명사의 체계에 대한 설명으로 옳지 않은 것은?

① 미지칭 '누'의 대격형은 '눌, 누를'이었다.
② 미지칭 '누'의 주격형과 속격형은 '뉘'로 거성과 상성의 대립이 있었다.
③ '너'는 주격형과 속격형이 일치했으며 상성, 평성으로 성조에 차이가 나타났다.
④ '나'는 주격형과 속격형이 모두 '내'였으나 거성, 상성의 성조의 차이를 보였다.

23 '나'의 주격형과 속격형인 '내'는 거성, 평성의 성조 차이가 나타났다.

24 후기 중세국어에서 사용된 특수조사의 특성으로 옳지 않은 것은?

① 'ᄀ장'은 대명사에서 기원하였다.
② '자히'는 '차히', 축약형 '재', '채'로도 쓰였다.
③ '게, 그에, 거긔, 손ᄃᆡ' 등은 여격으로도 쓰였다.
④ '더브러'는 동사 '더블-'의 부동사형이 굳어진 것이다.

24 'ᄀ장'은 명사에서 비롯된 조사이다.

정답 22 ② 23 ④ 24 ①

checkpoint 해설 & 정답

25 '파랗다'의 의미를 지닌 'ᄑᆞᄅ-'는 'ᄑᆞᄅ고, ᄑᆞᄅ니, ᄑᆞᄅ서' 등으로 규칙 활용하였다.

26 과거에 완료된 동작을 나타내는 '-거-', '-아/어-'와 과거에 완료되지 않은 동작을 회상하는 '-더-'가 구별되어 쓰였다.

27 동명사 어미는 '-ㄴ'과 '-ㄹ'은 15세기에는 주로 체언 앞에서 수식하는 기능을 했으며, 그 본래의 명사적 용법을 완전히 잃지는 않았다.

정답 25 ④ 26 ③ 27 ④

25 후기 중세국어에서 어간의 교체가 일어나는 용언이 아닌 것은?

① 겨시-
② 븟-
③ 시므-
④ ᄑᆞᄅ-

26 후기 중세국어의 시제의 특징으로 적절하지 않은 것은?

① '-리-' 뒤에 오는 '-더-', '-거-'는 '-러-', '-어-'가 되었다.
② '-ᄂᆞ-'는 현재 계속되고 있는 동작을 나타내는 선어말어미이다.
③ 과거에 완료된 동작과 완료되지 않은 동작을 구별할 수는 없었다.
④ 동사 '오-'는 과거를 나타낼 때 특이한 이형인 '-나-'가 주로 사용되었다.

27 후기 중세국어의 어말어미에 대한 설명으로 옳지 않은 것은?

① 부동사 어미는 매우 다양하게 나타난다.
② 판정의문문에서는 첨사 '-가'를 사용하였다.
③ 정동사 어미는 화자의 태도를 나타내었다.
④ '-ㄴ'과 '-ㄹ'은 15세기에 주로 명사적 용법으로 쓰였다.

28 후기 중세국어에서 쓰인 첨사가 아닌 것은?
① ㅁ
② 곰
③ 사
④ 셔

28 '셔'는 후기 중세국어에서 조사로 쓰였다. 명사나 부사에 직접 연결되어 쓰이기도 하고, 처격형 향격형, 부동사 뒤에서 나타나기도 하는 등 광범위한 분포를 보인다.

29 후기 중세국어의 문장 구조에 대한 설명으로 적절하지 않은 것은?
① '곧ᄒᆞ-', '쓰' 등은 아직 공동격형으로 쓰이지 않았다.
② 중세국어의 설명문은 대부분 동사문으로 변모되었다.
③ '與, 以'가 '다ᄆᆞᆺ, 뻐'로 직역되어 국어에서 일반화되었다.
④ 알타이제어의 일반적인 특징과 달리 공동격조사 '과'가 사용된다.

29 '곧ᄒᆞ-', '쓰' 등은 주격형을 지배하였는데, 15세기에 이미 공동격형을 지배한 예가 보인다.

30 15세기와 16세기 사이에 어휘가 달라진 예에 대한 설명으로 옳지 않은 것은?
① 15세기의 '밍글-'이 16세기에는 '민둘-, ᄆᆞᆫ둘-'로도 나타난다.
② 15세기 사용된 'ᄒᆞ다가' 대신 16세기에 '만일에'가 일반화되었다.
③ 조격형인 '뎨로'는 '톄로 〉 텨로 〉 쳐로'를 거쳐 현대어 '처럼'에 도달한다.
④ 『번역소학(翻譯小學)』에서는 '비솜'으로 쓰였던 것이 『소학언해(小學諺解)』에서는 '치마'로 쓰였다.

30 『번역소학』(1518년)의 '비솜'은 『소학언해』(1587년)에서 '단장'으로 달라졌으며, '치마'에 해당하는 말은 '우틔'였다.

정답 28 ④ 29 ① 30 ④

제 4 장 근대국어

01 언해서에는 표기의 보수성이 나타나므로 무조건 이전 시기의 표기가 유지된다고 판단하지 않도록 주의해야 한다.

01 근대국어의 자료에 대한 설명으로 적절하지 않은 것은?
① 언해서는 표기의 창의성이 나타나므로 주의해서 보아야 한다.
② 영조 이후 많은 운음이 언해되어 있어 국어사 연구에 활용할 수 있다.
③ 『병와가곡집』, 『청구영언』과 같은 한글로 된 가집이 편찬되었다.
④ 『청장관전서』, 『오주연문장전산고』와 같은 백과사전류의 책들이 편찬되어 풍부한 어휘자료를 제공한다.

02 ⓒ『경민편언해』(1658년) – ⓛ『첩해신어』(1676년) – ⓔ『어제내훈언해』(1737년) – ⓙ『방언유석』(1778년)의 순서가 적절하다.

02 자료의 간행 시기가 오래된 것부터 바르게 나열한 것은?

> ⓙ 『방언유석(方言類釋)』
> ⓛ 『첩해신어(捷解新語)』
> ⓒ 『경민편언해(警民編諺解)』
> ⓔ 『어제내훈언해(御製內訓諺解)』

① ⓛ – ⓙ – ⓒ – ⓔ
② ⓛ – ⓒ – ⓙ – ⓔ
③ ⓒ – ⓛ – ⓔ – ⓙ
④ ⓒ – ⓙ – ⓛ – ⓔ

03 『오륜행실도(五倫行實圖)』는 이병모(李秉模, 1742~1806년) 등이 왕명에 따라 『삼강행실도(三綱行實圖)』와 『이륜행실도(二倫行實圖)』를 합하고 수정하여 편찬한 책이다. 『오륜전비언해(五倫全備諺解)』는 사역원에서 간행한 책으로, 명나라의 구준(丘濬)이 지은 『오륜전비기(五倫全備記)』를 언해하여 만든 중국어 학습서이다.

03 사역원에서 간행한 자료로 적절하지 않은 것은?
① 『팔세아(八歲兒)』
② 『한청문감(漢淸文鑑)』
③ 『몽어노걸대(蒙語老乞大)』
④ 『오륜행실도(五倫行實圖)』

정답 01 ① 02 ③ 03 ④

04 근대 시기에 소멸된 음운 요소에 대한 설명으로 적절하지 않은 것은?

① 'ㅸ' 표기는 세조대의 불경언해류에서부터 쓰이지 않았다.
② 17세기 문헌에 간혹 'ㆁ'의 용례가 나타나지만 'ㅇ'과 구분 없이 쓴 것이다.
③ 방점의 소멸은 16세기부터 시작되었지만, 근대 시기가 끝날 때까지 유지되었다.
④ 'ㅿ'이 17세기 문헌에 나타나는 것은 중세 전기 문헌의 영향을 받은 문헌에 한정된다.

04 방점 표기는 16세기부터 문란해지기 시작하여, 17세기 초엽에는 방점을 쓰지 않는 것이 일반화되었다.

05 어두 합용병서의 변화에 대한 설명으로 옳지 않은 것은?

① 전기 중세의 합용병서 3체계가 축소되었다.
② 17세기 초에 'ㅂ'계가 완전히 소멸되었다.
③ 18세기에는 동일한 된소리에 대한 표기가 자의적으로 선택되었다.
④ 19세기에 된소리 표기는 된시옷으로 통일되는 경향이 뚜렷해졌다.

05 17세기 초에 'ㅴ, ㅵ', 즉 ㅄ계가 소멸되었다. 그러나 19세기에 ㅅ 된소리가 'ㅆ'으로 통일된 것을 볼 때, ㅂ계가 완전히 소실된 것은 아니다.

06 근대에 국어의 음운에 나타난 변화로 적절하지 않은 것은?

① 평음의 유기음화가 더욱 일반화되었다.
② ㅄ계, ㅅ계, ㅂ계 음운이 구별되지 않았다.
③ 된소리가 발달하면서 어두자음군도 그 지반을 굳혔다.
④ 'ㆍ'는 18세기 중엽에 어두음절에서 다른 모음으로 변화했다.

06 17세기를 거쳐 18세기 초엽에 이를 때까지 어두자음군은 완전히 없어지고, 된소리는 그 지반을 굳혔다.

정답 04 ③ 05 ② 06 ③

checkpoint 해설 & 정답

07 'ㆍ'의 소실로 제1음절의 이중모음 'ㆎ'가 'ㅐ'로 변하고, 얼마 뒤에 'ㅐ'[ay], 'ㅔ'[əy]가 [ɛ]와 [e]로 단모음화하였다. 단모음화가 일어난 증거로 움라우트(Umlaut) 현상을 들 수 있으며, 『관성제군명성경언해』(1885년)에서 그 예가 뚜렷하게 나타난다.

08 ㅅ과 ㅈ은 치음이지만 평음에 해당하며, ㅃ은 경음이지만 순음에 해당한다.

09 정씨 어른이 생존했던 17세기 중엽에는 '知'와 '至'를 '디'와 '지'로 구별하여 발음했다고 하였으므로 당시에 구개음화가 일어나지 않았음을 알 수 있다.

---

07 근대국어에서 이중모음이 단모음화한 근거로 들 수 있는 것은?

① 믈 > 물
② 불무 > 풀무
③ 아츰 > 아침
④ 지팡이 > 지팡이

08 근대의 자음 체계에서 치음의 경음에 해당하는 것을 바르게 묶은 것은?

① ㅅ, ㅆ
② ㅅ, ㅈ
③ ㅃ, ㅉ
④ ㅆ, ㅉ

09 〈보기〉의 내용을 통해 알 수 있는 사실로 적절한 것은?

> **보기**
>
> 우리나라의 발음을 보면 '댜'와 '뎌'를 '쟈'와 '져'로 발음하고, '탸'와 '텨'는 '챠'와 '쳐'로 발음하는데 이것은 안이(중성이 ㅑ, ㅕ, ㅛ, ㅠ, ㅣ 등인 자모) 중에서 전자는 발음하기 어렵고 후자는 발음하기 쉽기 때문이다. 지금도 과서 사람들은 天과 千을 똑같이 발음하지 않으며, 地와 至를 똑같이 발음하지 않는다. 또 *정씨 어른께 들으니 그의 고조의 형제 중 한 분의 이름이 '知和'이고 또 한 분의 이름은 '至和'인데 당시에는 구별하여 발음했을 것이다. 그러므로 '디'와 '지'를 구별하지 않은 것은 오래되지 않았을 것이다.
> * 정씨 어른은 정동유(鄭東愈, 1744~1808년)를 가리킴

① 구개음화는 오랜 시간을 두고 천천히 일어난 수의적 변화이다.
② 남부 지방의 방언에서 일어난 후 북상한 것으로 추정된다.
③ 〈보기〉의 내용은 '견듸- > 견디-, 무듸- > 무디-'와 같은 예와 관련이 있다.
④ 정씨 어른이 생존했을 17세기 중엽에는 구개음화가 일어나지 않았다고 볼 수 있다.

정답 07 ④ 08 ④ 09 ④

10 근대의 모음조화에 대한 설명으로 적절하지 않은 것은?

① 비어두음절에서 음성모음은 'ㅡ'만 나타났다.
② 어두음절의 'ㆍ'가 'ㅏ'로 변하면서 중립화가 일어났다.
③ 'ㅡ'가 부분적인 중립성을 가지면서 모음조화 붕괴가 촉진되었다.
④ 비어두음절에서 'ㅗ 〉 ㅜ' 경향이 추가되면서 모음조화가 타격을 받았다.

10 18세기에 어두음절의 'ㆍ'가 'ㅏ'로 변했으나, 두 모음 모두 양모음이었으므로 중립화가 일어나지는 않았다.

11 근대국어에 나타난 접미사의 기능에 대한 설명으로 옳지 않은 것은?

① 형용사를 출현시키는 '-스럽-'이 출현했다.
② 명사를 파생시키는 접미사는 '-(으)ㅁ'이 대표적이었다.
③ 사동어간을 파생시키는 접미사로 '-ㆍ-'가 계속 쓰였다.
④ 동명사 어미 '-오(ㅁ)/우(ㅁ)'와 동사파생명사의 구별이 사라졌다.

11 사동어간을 파생시키는 접미사는 '-하-'와 '-우-'가 있었고, 중세국어에서 비생산적이었던 '-ㆍ-'는 사라졌다.

12 근대국어에 나타난 곡용의 특징으로 옳은 것은?

① 속격 기능을 나타내는 조사가 모두 소실되었다.
② 대명사의 주격형 '내가, 네가'가 쓰이기 시작했다.
③ '어느'가 대명사로서의 용법을 얻어 곡용하게 되었다.
④ 근대 초기에 중세국어의 'ㅎ' 말음 명사들의 'ㅎ'이 탈락되었다.

12 ②는 중세국어 시기에는 없던 형태가 나타난 것이다.

정답 10 ② 11 ③ 12 ②

checkpoint 해설 & 정답

13 여격 '께'와 '셔'가 결합한 '께셔'는 존칭의 주격을 표시했다.

14 어간말음 'ㅅ'은 역행동화로 'ㄲ'이 되었다.

15 중세국어에서는 '-ㅁ' 앞에 의도법의 선어말 어미 '-오/우-'가 붙었는데, 이것이 소멸되어 근대에는 '-(으)ㅁ'이 되었다.

정답 13 ④ 14 ① 15 ④

---

13 근대에 사용된 특수조사의 격이 바르게 연결되지 <u>않은</u> 것은?

① 께 : 여격 존칭
② 보다가 : 비교격
③ 의게 : 여격 평칭
④ 께셔 : 여격 존칭

14 근대국어에서 활용어간에 나타난 변화로 적절하지 <u>않은</u> 것은?

① 어간말음 'ㅅ'이 순행동화로 'ㅆ'이 되었다.
② 'ㅺ'을 가진 어간 '맜-'이 '맡-'으로 바뀌었다.
③ '비스-'는 '설빔'에 흔적을 남기고 폐어가 되었다.
④ '녀-'는 '녜-'로도 쓰였으나, 근대에 와서 '녀-'로 고정되었다.

15 근대국어의 어말어미에 나타난 특징으로 옳지 <u>않은</u> 것은?

① 'ㄹ'말음 어간에는 연결모음이 오지 않았다.
② 부동사 어미가 간소화되어, '-며셔' 외에 모두 쓰이지 않았다.
③ 16세기에 '-과댜'로 변한 '-과뎌'는 구개음화로 인해 '-과쟈'가 되었다.
④ '-ㅁ' 앞에 붙었던 의도법의 선어말 어미 '-오 / 우-'가 소멸되어 근대에는 '-옴 / 움-'이 되었다.

16 근대국어에서 첨사에 나타난 변화로 적절하지 <u>않은</u> 것은?

① 'ㅇ'은 '-명'에만 나타난다.
② '곳'은 주로 뒤에 긍정어를 수반하였다.
③ 15세기의 'ᅀᅡ'가 16세기 말에 '야'로 변했다.
④ 중세의 강세첨사들은 대부분 자취를 감추었다.

> **16** 근대국어에서 '곳'은 주로 뒤에 부정어를 수반하였다.

17 근대국어의 문장구조에 대한 설명으로 옳지 <u>않은</u> 것은?

① 중세국어에 비해 문장 구조가 복잡했다.
② '-기'를 가진 동명사의 세력이 커졌다.
③ 중세어의 형식명사 'ᄃ'와 'ᄉ'는 인정되지 않는다.
④ '-ㄴ/ㄹ'을 가진 동명사에 수식어적 용법이 추가되었다.

> **17** '-ㄴ/ㄹ'을 가진 동명사는 예외 없이 수식어적 용법만 지니게 되었다.

18 근대에 의미가 변한 고유어에 대한 설명으로 적절하지 <u>않은</u> 것은?

① '졈-'은 '어리-'의 의미 변화로 인해 '젊다'를 의미하게 되었다.
② '빋'은 '값'과 '빚' 두 가지 뜻을 지녔으나 후자의 뜻이 소멸되었다.
③ '어엿브-'는 중세국어에서는 연민을 뜻하는 단어였는데, 근대국어에서 아름다움을 뜻하게 되었다.
④ 'ᄉᆞ랑ᄒ-'는 중세국어에서는 '생각하다'와 '사랑하다' 두 가지 의미를 지니고 있었으나, 후자의 의미만 남았다.

> **18** '빋'의 두 가지 의미 중 '빚'의 의미가 남고 '값'의 의미가 소멸되었다.

정답 16 ② 17 ④ 18 ②

checkpoint 해설 & 정답

19 하옥(下獄)은 옥에 갇히는 투옥의 의미로 쓰였다.

19 근대국어에서 쓰이던 한자어의 의미로 적절하지 <u>않은</u> 것은?

① 발명(發明) : 변명
② 원정(原情) : 진정
③ 하옥(下獄) : 옥에서 풀려남
④ 정체(政體) : 다스리는 형편

20 슈판[水飯]은 중국어 차용어로 황윤석(黃胤錫, 1729~1791년)의 『이수신편(理藪新編)』에 기록되어 있다.

20 다음 중 만주어 차용어에 해당하지 <u>않는</u> 것은?

① 널쿠
② 슈판
③ 소부리
④ 쿠리매

정답 19 ③ 20 ②

제 5 장 현대국어

01 개화기 국어의 특징으로 적절하지 않은 것은?

① 완전한 분철이 이루어졌다.
② 3인칭 존칭인 당신이 쓰이기 시작했다.
③ 국한문체와 국문체의 갈등이 시작되었다.
④ 단모음 체계가 전설, 후설의 대립을 지니게 되었다.

01 용언 어간의 말음 'ㅈ', 'ㅊ', 'ㅌ', 'ㅎ'이 모음 어미와 결합할 때 연철 표기를 하였고, 격음 말음 어간은 'ㅅㅊ, ㅅㅌ, ㅂㅍ, ㄱㅋ'와 같은 중철 표기가 나타났다.

02 ≪한글맞춤법통일안≫에 대한 설명으로 옳지 않은 것은?

① 1988년에 확정되었다.
② 형식상으로 쓰이던 'ㆍ'를 없앴다.
② 'ㅐ, ㅔ, ㅚ'에 단모음의 지위가 주어졌다.
④ 기존의 관용을 존중하면서 최소한의 개혁을 하였다.

02 ≪한글맞춤법통일안≫은 1933년에 채택되었으며, 1988년에 확정·고시한 것은 이를 개정하여 현재까지 따르고 있는 ≪한글맞춤법≫이다.

03 우리나라 표준어의 역사에 대한 것으로 옳지 않은 것은?

① 1933년 ≪한글맞춤법통일안≫의 부록에서 처음으로 표준어의 예를 제시하였다.
② 1935년에 표준어를 사정하는 위원회를 조직하였다.
③ 1936년 발행한 『사정한 조선어 표준말 모음』에서 6,000여 개 어휘의 표준어를 밝혔다.
④ 1988년 고시된 ≪표준어규정≫에 따르면 표준어는 "대체로 현재 중류 사회에서 쓰는 서울말"이다.

03 ④는 1933년의 ≪한글맞춤법통일안≫에 제시된 정의이며, ≪표준어규정≫에서는 표준어를 "교양 있는 사람들이 두루 쓰는 현대 서울말"로 규정하였다.

정답 01① 02① 03④

| checkpoint | 해설 & 정답 |

04 서울말이 표준어에 흡수되어, 순수 서울말은 거의 소멸하였다.

04 현대국어의 경향으로 적절하지 않은 것은?
① 외래어와 외국어의 비중이 커졌다.
② 분단 이후 남북간의 언어 차이가 커졌다.
③ 순수 서울말을 보편적으로 사용하게 되었다.
④ 젊은 세대를 중심으로 신조어가 많이 만들어졌다.

05 18·19세기에 구개음화가 일어난 뒤 큰 변동 없이 현대국어의 체계로 이어졌다.

05 현대국어의 자음 체계에 대한 설명으로 옳지 않은 것은?
① 어두자음군이 허용되지 않는다.
② 18·19세기로부터 큰 변화가 있었다.
③ 마찰음은 평음-경음 두 체계로 되어 있다.
④ 폐쇄음에 평음-유기음-경음의 3계열이 있다.

06 유음 'ㄹ'과 비음 'ㅇ[ŋ]'은 어두에 올 수 없으며, 비음 'ㄴ'도 어두에서 '이' 및 y 앞에 오지 않는다. 다만 일부 외래어에서만 어두에 사용된다.

06 다음 중 어두에 올 수 없는 자음은?
① ㄱ
② ㄹ
③ ㅁ
④ ㅅ

정답 04 ③ 05 ② 06 ②

07 모음의 음장에 대한 설명으로 적절하지 않은 것은?

① 거성의 음장이 남은 것이다.
② 중세어의 성조와 관련이 있다.
③ 비어두음절에서는 나타나지 않는다.
④ 말의 뜻을 구별하는 음운의 역할을 한다.

> 07 음장은 중세어의 성조가 소실되면서, 상성의 음장이 남은 것이다.

08 현대국어에서 쓰이는 조사의 특징으로 옳은 것은?

① 주격조사의 교체가 확립되었다.
② 속격조사 '-ㅅ'의 사용이 빈번하다.
③ '의'는 유정명사에만 제한적으로 쓰인다.
④ 여격의 '에게'가 무정명사에도 확대되어 쓰인다.

> 08 앞말이 자음으로 끝나면 '이', 앞말이 모음으로 끝나면 '가'를 사용한다.

09 현대국어에 나타나는 활용상 특징으로 볼 수 없는 것은?

① 존경법이 '-(으)시'로 표시된다.
② 계사의 활용이 용언의 활용에 반영되었다.
③ 젊은 계층에서는 합쇼체를 사용하지 않는다.
④ '아니'는 '아니하다'란 동사로 굳어져 활용을 한다.

> 09 젊은 계층에서도 '합쇼체'는 쓰인다. 젊은 계층에서 사용하지 않게 된 것은 '하오체'와 '하게체'이다.

정답   07 ①   08 ①   09 ③

checkpoint 해설 & 정답

10 '-적(的), -주의(主義), -화(化)' 등 파생어를 형성하는 한자어가 유입되면서 한자 어휘가 증가하고 있다.

10 현대국어에서 나타난 어휘의 변화로 적절한 것은?

① 약어를 쓰는 것을 지양한다.
② 파생어를 만들어내는 한자어를 많이 사용한다.
③ 명사를 '이름씨'와 같이 순화한 말이 일반화되었다.
④ 이전에 쓰던 '궐녀', '그네'와 같은 표현이 사라졌다.

정답 10 ②

합격으로 가는 가장 똑똑한 선택 SD에듀!

부록

최종모의고사

제1회 　최종모의고사
제2회 　최종모의고사
제1~2회 정답 및 해설

I wish you the best of luck

국어국문학과 2단계

자격증·공무원·금융/보험·면허증·언어/외국어·검정고시/독학사·기업체/취업

이 시대의 모든 합격! SD에듀에서 합격하세요!
www.youtube.com → SD에듀 → 구독

제1회 최종모의고사 | 국어사

독학사 국어국문학과 2단계

제한시간: 50분 | 시작 ___시 ___분 ~ 종료 ___시 ___분

정답 및 해설 197p

01 국어사의 연구 방법에 대한 설명으로 적절하지 않은 것은?

① 국어사 연구는 보편적으로 통시적 방법을 사용한다.
② 문헌연구에서 차자표기된 문헌이 1차적인 자료가 된다.
③ 내적재구를 통해 단어의 구조 및 문법 형태를 밝힐 수 있다.
④ 비교방법은 공통조어로부터 갈라진 언어들이 변천하는 과정을 밝힌다.

02 국어사의 시대 구분에 대한 설명으로 옳지 않은 것은?

① 고대국어는 통일신라시대까지이다.
② 중세 전기는 대체로 고려왕조에 해당한다.
③ 중세를 전기와 후기로 나누는 기준은 훈민정음 창제이다.
④ 근대국어와 중세국어를 나누는 데는 임진왜란이 영향을 미쳤다.

03 언어변화의 유형에 대한 설명으로 옳지 않은 것은?

① 음운변화에는 조건변화와 무조건변화가 있다.
② 유추는 문법변화를 일으키는 주요한 과정이다.
③ 음운변화는 문법체계의 변화를 유발하지 않는다.
④ 어떤 음의 변화가 그 인접음의 영향으로 설명될 수 있는 음운변화를 '조건변화'라고 한다.

04 언어의 계통적 분류는 어떤 언어 연구 방법에 해당하는가?
① 내적재구
② 문헌연구
③ 방언연구
④ 비교방법

05 다음 중 국어가 속하는 언어의 계통은?
① 남아어족
② 우랄어족
③ 알타이어족
④ 고아시아제어

06 국어와 일본어 동계설의 근거로 적절하지 않은 것은?
① 모음조화가 나타난다.
② 음가가 비슷한 것이 있다.
③ 동명사 또는 동사 파생 접미사 '-*i'가 일치한다.
④ 중세국어의 '바다ㅎ'가 고대 일본어의 'wata'와 유사하다.

07 국어의 문자 표기에 대한 설명으로 적절하지 않은 것은?
① 고유한 차자 표기 방식이 여러 가지 있었다.
② 한자의 음과 훈을 활용하여 차자 표기를 하였다.
③ 차자 표기는 육서 중 '전주'의 원리와 관련이 있다.
④ 훈민정음은 우리말을 표기하기 위한 고유한 문자 체계이다.

08 이두와 구결을 비교한 것으로 적절하지 않은 것은?
① 이두는 구결보다 역사가 긴 것으로 짐작된다.
② 이두와 달리 구결은 한자의 약체를 사용한다.
③ 이두와 구결은 모두 문법 요소를 표시하는 데 쓰였다.
④ 이두와 구결 모두 국어의 문장구조에 따라 단어를 배열한다.

09 신라어의 차자 표기에 대한 설명으로 옳지 않은 것은?
① 속격조사로 '矣', '叱' 등이 사용되었다.
② 주격조사로 '伊', '是' 등이 사용되었다.
③ '叱'은 음절말의 'ㄹ' 표기에 사용되었다.
④ '良'은 어미 '-아/어'를 표기하는 데 사용되었다.

10 고대국어에 대한 설명으로 옳은 것은?
① 신라어는 중세국어의 기반이 되었다.
② 백제의 언어는 고대일본어와 동계의 언어였다.
③ 고구려와 백제, 신라의 언어는 각각 그 기원이 달랐다.
④ 통일신라어에는 고구려어와 백제어의 흔적이 남지 않았다.

11 고대의 음운체계에 대한 설명으로 옳지 않은 것은?
① 음절말 내파화가 일어났다.
② 동명사의 어미 '*r'은 '尸'로 표기되었다.
③ 신라어에 유기음이 있어도 매우 미약했을 것이다.
④ 중세국어를 미루어 볼 때 엄격한 모음조화가 존재했을 것이다.

12 신라어의 문법에 대한 설명으로 적절하지 않은 것은?
① 존경법과 겸양법 뿐 아니라 공손법도 있었다.
② 신라어의 문법 체계는 이두와 향가를 통해 알 수 있다.
③ 신라어에는 체언 밑에 붙어 격을 표시한 조사가 존재했다.
④ 국어의 복잡한 활용 체계가 이미 신라어에 확립되어 있었다.

13 신라어의 부동사 어미에 해당하는 것은?
① 古(-고)
② 隱(-ㄴ)
③ 米(-매)
④ 齊(-져)

14 고대 자료에서 볼 수 있는 왕의 명칭으로 적절하지 않은 것은?
① 구가
② 긔ᄌ
③ 왕검
④ 이사금

15 중세국어의 토대에 대한 설명으로 옳지 않은 것은?
① 고구려어의 요소는 고려 이후에도 중앙 신라어와 공존한다.
② 고려 중앙어 성립 이후에도 옛 신라 중앙어는 큰 영향을 미쳤다.
③ 개성이 고려의 중심지가 되면서 개성 지역의 방언이 두각을 나타내었다.
④ 개경은 고구려의 옛 땅이었으므로 개경방언에는 고구려어 저층이 있었을 것이다.

16 훈민정음 이전의 자료로, 중국 한자의 음을 활용하여 국어 단어를 중국어로 설명한 책은?
① 『이중력』
② 『계림유사』
③ 『고려도경』
④ 『향약구급방』

17 전기 중세국어의 자음 체계에 대한 설명으로 옳지 <u>않은</u> 것은?
① 'ㅿ'이 존재했다.
② 어두자음군이 형성되었다.
③ 된소리 계열이 등장하였다.
④ 13세기에는 'ㅈ'의 음가가 [ts], [dz]였다.

18 중세 전기의 유성마찰음에 대한 설명으로 옳지 <u>않은</u> 것은?
① ㅿ는 음절말에도 있었던 것으로 추정된다.
② 14세기 무렵에 's > z'의 변화가 일어났는데, 이는 전면적인 변화였다.
③ 『향약구급방』에 있는 "漆矣於耳"의 '於耳'는 15세기의 '어ㅿㅣ'와 일치한다.
④ 『계림유사』에 나온 "四十日麻刃"의 '麻刃'는 '마ㅿㆍㄴ'과 대응하여, '刃'이 ㅿ(z)음을 나타냈음을 보여 준다.

19 몽골 차용어와 국어의 모음 체계를 비교한 것으로 적절하지 <u>않은</u> 것은?
① 'ㅓ'는 [ʌ]에 가까운 후설모음이었다.
② 13세기에는 'ㅜ'가 [ü]였다는 추정이 가능하다.
③ 국어에는 중세몽골어의 [ö]에 가까운 단모음이 없었다.
④ 중세국어의 모음 체계는 고대국어의 모음 체계와 큰 차이가 없었다.

20 고려의 어휘 중 몽골어 차용어에 해당되지 <u>않는</u> 것은?

① 슈라
② 털릭
③ 두만강
④ 보라매

21 『조선관역어』에 대한 설명으로 옳지 <u>않은</u> 것은?

① 15세기 초에 편찬되었다.
② 중국어와 외국어의 대역 어휘집의 일종이다.
③ 훈민정음 창제 직후 우리말의 모습을 알 수 있다.
④ 중국어 표기-한자음으로 된 국어 표기-중국어음 표기로 구성되어 있다.

22 훈민정음의 음운 체계에 대한 설명으로 적절하지 <u>않은</u> 것은?

① 이체자의 원리에 대해서는 정확하게 알 수 없다.
② 초성은 기본자-초출자-재출자의 체계를 갖추고 있었다.
③ 두 자음자를 상하로 결합하여 쓰는 연서의 방식이 있었다.
④ 종성에 대해서는 '종성부용초성(終聲復用初聲)'이라 하여 따로 문자를 만들지 않았다.

23 'ㆁ'에 대한 설명으로 옳지 <u>않은</u> 것은?

① 하나의 자음 음소로도 볼 수 있다.
② 15세기에 사동형과 피동형 '-오/우'는 i나 y 뒤에서 '-요/유'로 달라진다.
③ '孔子ㅣ'에서 'ㅣ'에 초성 'ㆁ'이 붙지 않은 것은 독립음절이 아니기 때문이다.
④ y, 'ㄹ', 'ㅿ'과 모음 사이에서만 나타나는 것은 모음 사이에서 'ㄱ'이 약화된 결과이다.

24 중세 후기의 된소리에 대한 설명으로 옳지 않은 것은?
① 국어의 표기에서 어두에 나타나는 것은 'ㅆ' 뿐이었다.
② 'ㅎ'의 된소리 'ㆅ'은 'ㅆ'과 달리 부활하지 못했다.
③ 『동국정운』에 탁성은 'ㄲ, ㄸ, ㅃ, ㅆ, ㅉ, ㆅ'으로 제시되었다.
④ 어두 된소리는 15세기 후반보다 앞서 나타났다고 볼 수 있다.

25 성조에 대한 설명으로 옳은 것은?
① ':말'은 거성으로 높은 소리로 발음한다.
② 성조는 기능 부담량이 적어 곧 소멸한다.
③ 입성은 따로 표시하지 않으며 빨리 끝을 닫는 소리이다.
④ '·미'는 상성으로 처음은 낮고 나중은 높은 소리로 발음한다.

26 다음 중 'ㅎ말음명사'가 아닌 것은?
① 돌
② 안
③ 나라
④ 노ᄅ

27 주격조사 'ㅣ'를 활용한 예로 옳지 않은 것은?
① 구뮈
② 돌히
③ 불휘
④ 여ᅀㅣ

28 선어말 어미 '-오/우-'에 대한 설명으로 옳지 않은 것은?
① 동명사 어미 '-ㅁ'과 부동사 어미 '디' 앞에는 붙지 않았다.
② 주관적 의도가 가미된 동작 또는 상태의 진술에서 사용되었다.
③ 어말어미 중에 '-오/우-'와 결합할 수 있는 어미 종류는 제한적이었다.
④ 경어법의 '-시-'와 결합하면 '-샤-', 계사와 결합하면 '-이로-'가 되었다.

29 15세기와 16세기의 어휘개신에 대한 설명으로 적절하지 않은 것은?
① 15세기의 '딩굴-'이 16세기에는 '민돌-, 문돌-'로도 나타난다.
② 15세기의 '반독기'는 사라지고, '반독시, 반드시'가 주로 사용되었다.
③ 조격형인 '톄로'는 톄로 > 텨로 > 쳐로를 거쳐 현대어 '처럼'에 도달한다.
④ 15세기에 빈번하게 사용된 'ㅎ다가'는 소멸하여 16세기에는 대체할 말이 없었다.

30 후기 중세국어와 근대국어를 비교한 내용으로 적절하지 않은 것은?
① 15세기 문헌에 '혀-'[引]로 표기된 동사 어간은 17세기에 이르러 'ㅆㅎ'으로 표기되었다.
② 15세기에는 종성의 'ㅅ'과 'ㄷ'이 엄격히 구별되었으나 18세기부터 'ㄷ'은 없어지고, 'ㅅ'만으로 통일되어 갔다.
③ 중세국어부터 존재했던 '므, 브, 프, 쁘'와 '무, 부, 푸, 쁘'의 대립이 17세기에 없어졌다.
④ 18세기 모음의 중립화 경향으로 'ㅚ, ㅟ'의 단모음화가 일어났다.

31 문자 체계의 변화에 대한 설명으로 적절하지 않은 것은?
① 18세기에는 '미더'[信]가 '밋어'로 표기되기도 하였다.
② 'ㅸ' 표기는 사용 기간이 15년 정도밖에 되지 않는다.
③ 'ㅿ'은 임진왜란 이전까지는 음운으로서의 지위가 확고했다.
④ 17세기 문헌에 간혹 'ㆁ'의 용례가 나타나는 것은 'ㅇ'과 구별이 남아있었음을 보여 준다.

32 17세기에 간행된 문헌끼리 바르게 연결된 것은?

① 『번역소학(飜譯小學)』, 『소학언해(小學諺解)』
② 『석보상절(釋譜詳節)』, 『훈몽자회(訓蒙字會)』
③ 『경민편언해(警民編諺解)』, 『노걸대언해(老乞大諺解)』
④ 『목우자수심결언해(牧牛子修心訣諺解)』『이로파(伊路波)』

33 근대국어의 문장구조에 대한 설명으로 옳지 않은 것은?

① 통사구조가 현대국어와 다르지 않다.
② 중세어의 형식명사 'ᄃ'와 'ㅅ'는 인정되지 않는다.
③ '-ㄴ/ㄹ'을 가진 동명사는 수식어적 용법만 지니게 되었다.
④ '기'를 가진 동명사와 '-으(ㅁ)'을 가진 동명사가 대등하게 사용되었다.

34 구개음화에 대한 설명으로 옳지 않은 것은?

① 남부 지방의 방언에서 일어난 후 북상한 것으로 보인다.
② 『왜어유해』, 『동문유해』를 볼 때 17~18세기 교체기에 일어난 것으로 추정된다.
③ 어두에서 i, j에 선행하는 'ㄱ'의 탈락은 구개음화와 관련된 현상이며, 18세기에 일반화된다.
④ 19세기에 들어 '듸', '틔'가 '디', '티'로 변화하면서, 'ㄷ, ㅌ'와 'ㅣ' 모음의 결합이 다시 나타났다.

35 근대국어의 문법적 특징으로 적절하지 않은 것은?

① 동사 어간 '츠-'가 '추-'로 변화한 것은 근대국어 문법의 일반적 경향을 따른 것이다.
② 동사에서 형용사를 파생시키는 '-ᄫ-', '-ㅂ/브-'에 따른 파생법은 생산성을 잃었다.
③ '-ㄹ스록'은 중세에는 '-디옷'보다 열세였으나 결국 '-디옷'을 소멸시키고 근대에 와서 '-ㄹ소록'으로 변하였다.
④ 중세국어의 미지칭 대명사 '누'와 의문의 첨사 '고/구'의 결합형인 '누고, 누가'가 어간형으로 자리 잡았으며 의문형의 경우에는 첨사를 붙여썼다.

36 음절말 자음의 변화에 설명으로 적절하지 <u>않은</u> 것은?

① 고대에는 음절말 자음의 내파화가 일어나지 않아서 'ㅅ, ㅈ'을 비롯한 모든 자음이 음절말에서도 제대로 음가를 가지고 있었다.
② 14세기 『향약구급방』에서는 분명하게 음절말 자음들이 구별되어 있다.
③ '엿의 갗'에 있는 종성은 훈민정음 창제 직후에 'ㅅ'으로 대체되었다.
④ 15세기 중엽에는 'ㄱ, ㅇ, ㄷ, ㄴ, ㅂ, ㅁ, ㅅ, ㄹ'의 8종성 체계였으나 'ㅅ'과 'ㄷ'이 중화된 결과 7자음 체계로 변화하게 된다.

37 모음조화에 대한 설명으로 적절하지 <u>않은</u> 것은?

① 모음조화는 알타이제어의 공통적인 특질이다.
② 현대 용언의 활용에서는 부동사 어미 '-아/어'에 잔재가 남아있을 뿐이다.
③ 18세기에 어두 음절의 'ㆍ'가 'ㅏ'로 변했으나, 두 모음 모두 양모음이었으므로 중립화가 일어나지는 않았다.
④ 15세기에는 체언·용언의 어간의 두음이 모음인 경우에 일반적인 규칙을 따랐지만, 자음인 경우에는 따르지 않았다.

38 사동형의 변화에 대한 설명으로 옳지 <u>않은</u> 것은?

① '-오/우-'는 15세기 중엽 이전에는 '-ㅸ/보-'였다.
② '-히-'는 어간 말음이 'ㅂ, ㄷ, ㅈ'이면 '-히-', 'ㅁ, ㅅ'이면 '-기-'로 나타났다.
③ 중세국어에서 피동어간을 파생시키는 접미사로 쓰이던 '-히-'가 근대에 와서 '-이-'로 변화하였다.
④ 15세기의 'ㅎ-'의 사동형 '히-'는 16세기에는 'ㅎ이-'로 바뀌어 17세기까지 계승되었고, 근대 후기에 '식이-'로 대체되었다.

39 국어의 차용어에 대한 설명으로 적절하지 않은 것은?
① 차용어로 인해 음운체계가 변화하기도 한다.
② 국어 차용어의 주된 공급원은 중국에서 몽골로 바뀌었다.
③ 서구에서 어휘가 유입될 때 중국을 거쳐 들어오는 경우가 많았다.
④ 고대에는 국어가 일본어에 차용되었으나, 근대에는 일본어를 국어가 차용하였다.

40 〈보기〉과 관련된 후기 중세국어의 어형은?

> **보기**
> 傘曰聚笠

① 빗
② 수립
③ 슈룹
④ 우산

제 2 회 최종모의고사 | 국어사

독학사 국어국문학과 2단계

제한시간: 50분 | 시작 ___시 ___분 – 종료 ___시 ___분

정답 및 해설 201p

01 국어사 연구에 대한 설명으로 적절하지 <u>않은</u> 것은?
① 국어사 연구는 큰 실용성을 지닌다.
② 우리말의 변화를 통시적으로만 살핀다.
③ 국어가 겪어 온 모든 변화가 국어사 연구의 대상이다.
④ 국어사에서는 언어체계의 변화보다 음운체계에 더 관심을 갖는다.

02 국어사 연구를 위해 사용되는 연구방법이 <u>아닌</u> 것은?
① 문헌연구
② 방언연구
③ 비교방법
④ 외적재구

03 음운변화에 대한 설명으로 적절한 것은?
① 이화의 예는 음운도치가 있다.
② 동화와 이화는 무조건변화에 해당된다.
③ 모음추이는 조건변화의 유형으로 볼 수 있다.
④ 한 언어의 문법체계에 변화를 유발하지 않는다.

04 언어의 계통에 대한 설명으로 적절하지 않은 것은?
① 국어는 고대일본어와 동계의 언어로 확정할 수 있다.
② 국어는 모계언어로부터 가장 먼저 분리되어 나간 언어이다.
③ 언어의 친족관계를 밝히려면 우연성이나 차용의 결과로 설명될 수 있는 것은 배제해야 한다.
④ 친족관계에 있는 언어들에 남아있는 공통 요소들을 토대로 분리되기 이전의 상태인 공통조어를 재구할 수 있다.

05 알타이 제어와 국어의 공통점으로 옳은 것은?
① 유음이 한 음소로 되어 있다.
② 관계대명사와 접속사가 있다.
③ 모음교체와 자음교체가 일어난다.
④ 활용형 중 상당수가 동명사형에서 기원하였다.

06 포페의 가설에 따를 경우, 한국어의 언어재는 어떤 제어와 가장 가까운가?
① 몽골제어
② 추바시어
③ 터키제어
④ 퉁구스어군

07 국어의 문자 표기 방식에 해당하지 않는 것은?
① 새김
② 이두
③ 입겿
④ 향찰

08 〈보기〉의 ㉠ ~ ㉣에 대한 설명으로 적절하지 않은 것은?

> 보기
>
> (가) 辛亥年二月卄六日 南山新城作㉠節 如法以作 後三年崩破者 罪教事㉡爲聞教令誓事之.
> (나) 二塔天寶十七年戊戌中立在之
>   娚姊妹三人業以成在之
>   娚者蕪妙寺言寂法師㉢在㉣㫆
>   姊者照文皇太后君妳尒在㫆
>   妹者敬信太王女妳尒在也

① ㉠은 '지위'로 읽는데, 이는 석독으로 읽은 것이다.
② ㉡은 음독하여 '이'로 읽는다.
③ ㉢은 후세 이두에서는 '견'으로 읽지만, 본래는 '-겨'로 읽었다.
④ ㉣는 이두에서 '며'로 읽으며, 부동사 어미에 해당된다.

09 이두에 대한 설명으로 적절하지 않은 것은?
① '이두'라는 명칭은 조선 초에 처음 보인다.
② 고구려에서 시작되어, 조선 말까지 사용되었다.
③ 신라시대 서리 계층이 형성되면서 관용으로 쓰이기 시작했다.
④ 〈갈항사석탑명(葛項寺石塔銘)〉에는 본격적인 이두가 여실히 드러나 있다.

10 〈보기〉의 ㉠ ~ ㉢을 비교한 것으로 옳지 않은 것은?

> 보기
>
> ㉠ 成叱 : 잣
> ㉡ 枝次 : 갖
> ㉢ 蓬次 : 다봊

① ㉠ ~ ㉢은 모두 사잇소리를 예를 보여준다.
② ㉠의 '叱'과 ㉡ ~ ㉢의 '次'은 서로 다른 음을 나타낸다.
③ ㉠ ~ ㉢을 볼 때, 고대에는 음절말 자음의 내파화가 일어나지 않았다.
④ ㉠ ~ ㉢에서 사잇소리가 '叱'과 '次'로 나타나는 것은 음절말에서 평음과 유기음의 대립이 없었음을 나타낸다.

11 구격을 표시하는 신라어 격조사에 해당되지 않는 것은?

① 留
② 以
③ 也
④ ᆢ

12 고대국어의 어휘에 대한 설명으로 옳지 않은 것은?

① 초반에는 순수한 신라어로 된 관직명이 사용되었다.
② 수사 자료는 많지 않으나 중세국어와 대개 일치한다.
③ 중국어와의 직접적인 접촉에서 비롯된 차용어도 있다.
④ 통일신라 후반에 이르러 지명을 중국식으로 한자 두 자로 표기하였다.

13 중세국어에 대한 설명으로 적절하지 않은 것은?

① 전기와 후기를 나누는 기준은 15세기이다.
② 'ㅿ'은 중세후기 초반에만 사용되다가 소멸되었다.
③ 전기에서 후기로 넘어가면서 어두자음군이 출현하였다.
④ 전기에서 후기로 넘어가면서 표기 문자의 변화가 일어났다.

14 전기 중세국어의 자료에 대한 설명으로 적절하지 않은 것은?

① 『향약구급방(鄕藥救急方)』에는 한자 차용 표기로 향명이 기록되어 있다.
② 『향약구급방(鄕藥救急方)』은 1400년대 초엽의 차자표기를 반영하고 있다.
③ 『계림유사(鷄林類事)』에는 당시의 국어 단어 또는 어구 350항이 한자로 기록되어 있다.
④ 『계림유사(鷄林類事)』는 손목(孫穆, ?~?)이 고려에서 직접 기록한 것이므로, 당시의 송나라의 한자음이 반영되어 있다.

15 전기 중세국어의 자음에 대한 설명으로 옳지 않은 것은?
① 어두자음군은 형성되지 않았다.
② 된소리가 어두에 나타나게 되었다.
③ 파찰음의 발음은 현대국어와 다르다.
④ 음절말 위치에서 자음 대립이 나타나지 않았다.

16 전기 중세국어의 선어말어미에 대한 설명으로 옳지 않은 것은?
① 이 시기에만 나타나는 독특한 의도법이 있다.
② 시제를 나타내는 선어말 어미에는 '-거-', '-리-' 등이 있었다.
③ 어말어미 중에 '-오/우-'와 결합할 수 있는 어미 종류가 제한적이었다.
④ 중세 문헌에서 자주 보이는 선어말어미 '-ㅅ-'은 경어법으로 사용된 것으로 추측된다.

17 중세 전기의 어휘 자료에 대한 해석으로 적절하지 않은 것은?
① "尼曰阿尼"를 볼 때 여승은 '아니'라고 발음되었다.
② '必書赤'와 '站赤'을 볼 때, '赤'는 군사와 관련된 어휘이다.
③ "鉛 俗云 那勿"에서 '납'을 '나믈'이라고 불렀음을 알 수 있다.
④ "兄曰長官"은 중세어에서 형을 '댱관'이라고 한 것과 일치한다.

18 전기 중세국어의 모음 체계가 후기 중세국어와 큰 차이를 보이는 원인이 된 현상은?
① 중화
② 내파화
③ 모음추이
④ 당기는 사슬

19 후기 중세국어 자료에 대한 설명으로 적절하지 않은 것은?
① 대부분이 언해라는 점이 특징적이다.
② 대부분 관(官)에서 주도하여 간행한 것들이다.
③ 구어적 특징을 알 수 있는 자료는 찾을 수 없다.
④ 번역문이 지니는 독특한 문체의 특징이 나타난다.

20 병서에 대한 설명으로 옳지 않은 것은?
① 어두음 표기에 'ㅥ'과 'ㆀ'이 드물게 나타난다.
② 둘 또는 세 자음자를 좌우로 결합하는 방법이다.
③ 각자병서는 주로 동국정운식 한자음 표기에 사용되었다.
④ 15세기 문헌에서는 'ㅺ, ㅼ, ㅽ, ㅳ, ㅄ, ㅶ, ㅺ, ㅷ, ㅴ'가 자주 나타난다.

21 다음 중 2자 합용자에 해당하지 않는 것은?
① ㅘ
② ㅙ
③ ㅖ
④ ㆊ

22 15세기에 사용된 속격조사로 적절하지 않은 것은?
① 익
② ㄷ
③ ㅁ
④ ㆆ

23 훈민정음의 한자음 표기에 대한 설명으로 적절하지 않은 것은?

① 동국정운식 표기법을 사용하였다.
② 동국정운식 한자음에서 실제 한자음은 고려되지 않았다.
③ 『훈몽자회(訓蒙字會)』는 실질적 한자음을 수록하고 있다.
④ 연산군 때에 이르러 현실 한자음을 기초로 한 표기법이 사용되었다.

24 후기 중세국어의 유성마찰음에 대한 설명으로 옳지 않은 것은?

① 'ㅿ', 'ㅸ', ㅇ이 있었다.
② 입술을 가벼이 다물어 후성이 많이 섞인 소리이다.
③ 제한적으로 분포되었지만 중세 후기까지 꾸준히 나타났다.
④ 모음과 모음 사이 또는 'ㄹ'과 'ㅿ'과 모음 사이에 분포하였다.

25 조어 방식과 단어의 예가 바르게 연결되지 않은 것은?

① 파생명사 : 여름
② 파생형용사 : 붓그럽
③ 비통사적 합성동사 : 딕먹-
④ 통사적 합성동사 : 즘겻ᄂᆞ-

26 비자동적 교체의 예에 대한 설명으로 적절하지 않은 것은?

① '아ᅀᆞ'의 곡용형은 '아ᇫ이, 아ᇫᄋᆡ, 아ᇫᄋᆞᆯ, 아ᇫᅀᆞ와'이다.
② '므스/므슥'은 모음 앞에서도 2음절 모음이 유지되었다.
③ 'ᄆᆞᄅᆞ'의 곡용형은 'ᄆᆞᆯ리, ᄆᆞᆯᄅᆡ, ᄆᆞᆯᄅᆞᆯ'으로, 어간이 'ᄆᆞᄅᆞ'와 'ᄆᆞᆯㄹ'로 교체되었다.
④ '노ᄅᆞ'[獐]은 모음 앞에서 제1음절 모음이 탈락하여 '놀ㅇ'이 된 것으로 추정된다.

27 중세국어의 격조사에 대한 설명으로 옳지 않은 것은?

① 속격조사는 '-ㅅ'만 쓰였다.
② 공동격조사 '와'와 '과'가 쓰였다.
③ '의'는 속격조사와 처격조사로 모두 쓰였다.
④ 주격조사 '가'는 16세기부터 살필 수 있다.

28 중세 후기의 계사에 대한 설명으로 적절하지 않은 것은?

① 중세국어의 계사는 연결에 제한이 있었다.
② 의도법 선어말어미 '-오-'가 계사 뒤에서는 '-로'로 나타난다.
③ 선어말어미 '-더-', '-도-'와 어말어미 '-다' 등의 'ㄷ'이 'ㄹ'로 교체되었다.
④ 선어말어미 '-거-'와 어말어미 '-게', '-고' 등의 'ㄱ'이 'ㅇ'으로 교체되었다.

29 중세 후기의 어휘에 대한 설명으로 옳지 않은 것은?

① '온'[百], '즈믄'[千]이 16세기 말에 자취를 감추었다.
② '좌시-', '자시-'와 같은 어휘를 활용한 존경법 실현이 이루어졌다.
③ 자음의 경우 평음과 된소리의 대립이 미세한 의미 차이를 나타냈다.
④ '낡-', '넘-'과 달리 '늙-'[老], '놁-'[古]의 의미 분화는 이루어지지 않았다.

30 『번역노걸대(飜譯老乞大)』와 『노걸대언해(老乞大諺解)』를 비교한 것으로 적절하지 않은 것은?

① 두 책 모두 풍부한 국어 자료를 제공해 준다.
② 『번역노걸대』는 16세기, 『노걸대언해』는 17세기에 간행된 책이다.
③ 『번역노걸대』와 달리 『노걸대언해』에는 모음조화가 문란해진 모습이 나타난다.
④ 『번역노걸대』에서 나타난 선어말 어미 '-오-'가 기능을 상실하는 과정이 『노걸대언해』에서 완료된 것을 볼 수 있다.

31 근대국어만의 특징으로 적절하지 않은 것은?
① 동명사형 어미 '-기'가 쓰였다.
② 'ㆁ'은 '오명가명'으로 화석화되었다.
③ 감탄형 어미 '-고나'가 일반화되었다.
④ '類'에서 비롯된 '뉴[輩]'가 사용되었다.

32 근대국어의 시기에 따른 맞춤법의 변화로 옳지 않은 것은?
① 17세기에 'ㅂㄱ'이 'ㅄ'의 새로운 이체로 등장했다.
② 18세기에 'ㅳ'에 대한 이체로 'ㅲ'이 등장하였다.
③ 18세기에 'ㅼ'과 'ㅳ', 'ㅄ'과 'ㅆ'의 혼동이 극심해졌다.
④ 19세기에 ㅅ된소리는 'ㅄ'으로 통일되었다.

33 음운변동 현상과 그 예가 바르게 연결되지 않은 것은?
① 된소리화 : 듭- → 쏠-
② 유기음화 : 불무 → 풀부
③ 전설모음화 : 아춤 → 아침
④ 단모음화 : 읶기는 → 앗기-

34 근대국어에서 형용사가 파생하는 양상에 대한 설명으로 적절하지 않은 것은?
① 근대 후기에 '뮙-, 저프-'의 부동사와 'ㅎ-'의 합성이 추가되었다.
② '-릅/ㄹ뷔-', '-듭/ㄷ뷔-' 등의 교체형이 '-롭-', '-되-'로 변하였다.
③ 동사에서 형용사를 파생시키는 '-ㅸ-', '-ㅂ/브-'에 따른 파생법이 활발하게 사용되었다.
④ 본래 동사 어간 '궂-, 두리-, 졓-, 믜-'과 함께 'ㅎ-'가 결합한 형태가 자주 사용되었다.

35 근대국어의 차용어에 대한 설명으로 옳지 않은 것은?

① 취음자의 사용이 나타난다.
② 서구문물 유입과 함께 어휘가 차용되기도 하였다.
③ 훈민정음을 쓰게 되면서 중국어 차용어는 거의 사용하지 않게 되었다.
④ 만주어 차용어라고 부른 것은 몽골어에서 만주어와 국어가 같이 차용한 것이다.

36 ㉠에 대한 설명으로 적절하지 않은 것은?

> 보기
> 툐흡㉠乃耳

① 葶藶[냉이]의 향명이다.
② 15세기의 '나싀'와 일치한다.
③ 근대국어에서는 '나시'로 읽혔다.
④ 전기 중세국어에 'ㅿ'이 있었음을 보여주는 근거가 된다.

37 'ㆍ'에 대한 설명으로 적절하지 않은 것은?

① 'ㆍ'는 후설저모음에 해당하며, 고대국어의 /ɐ/ 모음을 계승한 것이다.
② 16세기에 제2음절 이하에서 소실되었다.
③ 18세기 중엽에 어중음절에서 다른 모음으로 변화했다.
④ 18세기 말기에 이르러 거의 없어지고, 표기에만 남는다.

38 〈보기〉의 밑줄 친 'ㅎㅎ'에 대한 설명으로 옳지 않은 것은?

> 보기
>
> '빠혀-'[拔], '니르혀-'[起]

① 17세기 문헌에 '혀-'로 나타난다.
② 16세기에 'ㅆ'과 같이 부활하였다.
③ 'ㅎ'의 된소리는 기능 부담량이 적었다.
④ '혀-'[引]라는 동사 어간에만 존재했던 것이다.

39 경어법의 변화에 대한 설명으로 옳지 않은 것은?

① 겸양법 체계는 중세 전기와 후기에 일치한다.
② 경어법 체계는 현대로 오면서 더 복잡해졌다.
③ 신라시대의 향가에서 경어법의 체계가 존재했음을 확인할 수 있다.
④ 중세 전기에는 고대에 확인되지 않던 공손법 체계를 확인할 수 있다.

40 현대국어의 특징으로 적절하지 않은 것은?

① 약어가 빈번하게 사용된다.
② 동사문보다 명사문을 주로 사용한다.
③ 언문일치를 이루었으나 어휘는 한자어가 많다.
④ 3인칭 대명사에서 여성형을 추구하는 모습이 나타난다.

최종 모의고사

독학사 국어국문학과 2단계

정답 및 해설 | 국어사

제1회

01	02	03	04	05	06	07	08	09	10
②	④	③	④	③	①	③	④	③	①
11	12	13	14	15	16	17	18	19	20
①	①	③	①	①	②	②	②	①	③
21	22	23	24	25	26	27	28	29	30
③	②	②	①	③	④	④	①	④	④
31	32	33	34	35	36	37	38	39	40
④	③	④	③	①	③	④	③	②	④

01 정답 ②
문헌연구에서는 우리말을 가장 정확하게 표기하고 있는 훈민정음으로 기록된 문헌이 1차적인 자료가 된다.

02 정답 ④
국어사의 변화가 큰 기점이 되는 시기에 임진왜란이 일어나 이 전란이 언어변화의 단초로 오인되었으나 이 시기에 대부분의 변화는 전란 이전부터 감지되던 것들이었다.

03 정답 ③
문법변화는 한 언어의 문법체계의 변화를 유발하지 않지만, 음운변화는 문법형태들의 형태를 깨뜨려 문법체계의 변화를 유발한다.

04 정답 ④
언어의 공통요소를 바탕으로 문헌자료 이전의 언어의 역사를 밝히는 방법이므로, 비교 방법을 활용한 것이다.

05 정답 ③
우리 국어는 일본어, 퉁구스어, 몽골어, 터키어 등과 함께 알타이어족에 속한다.

06 정답 ①
모음조화는 알타이제어의 특징이지만, 일본어에 나타났는지는 확실하지 않다.

07 정답 ③
차자 표기는 원래 뜻과는 상관없이 음만 빌려다 쓴 글자인 '가차'의 원리와 관련이 있으며, '전주'는 이미 만들어진 한자를 관련 있는 다른 뜻으로 돌려 쓰는 방식이다.

08 정답 ④
이두는 국어의 문장구조를 따르지만, 구결은 한문에 토를 다는 방식으로 문장구조를 변형하지 않는다. 그래서 구결은 이두와 달리 문법 요소를 전부 제거하면 한문 원문이 그대로 남는다.

최종모의고사 제1회 정답 및 해설 **197**

09 정답 ③
'叱'은 음절말의 'ㅅ'을 표기하는 데 사용되었다.

10 정답 ①
신라가 통일을 하면서 신라의 언어가 중앙어가 되었고, 새로운 왕조인 고려 건국 이후에도 영향을 미쳐 중세국어가 형성되었다.

11 정답 ①
음절말 자음의 내파화가 고대에는 일어나지 않았다. 그래서 모든 자음이 음절말에서도 제대로 음가를 가지고 있었다.

12 정답 ①
향가에서 '賜(-시-)'로 표시한 존경법과 '白(-솗-)'로 표시한 겸양법은 확인할 수 있으나, 공손법은 확인되지 않는다.

13 정답 ③
①, ④는 정동사 어미, ②는 동명사 어미이다. '-매' 즉 '-며'는 문장을 종결시키지 못하고 연결하는 역할을 하므로 부동사 어미라고 할 수 있다.

14 정답 ①
'구가'의 '가(加)'는 고구려에서 왕을 뜻하는 '皆'와 같지만, 이 자체는 부여의 중앙 귀족 중 하나를 지칭하는 말이었다.

15 정답 ①
고구려어의 요소는 신라어의 요소로 대체되어 점차 소멸된다. 15세기 정음(正音) 문헌을 보면 『조선관역어(朝鮮館譯語)』에 남아있던 고구려가 신라 계통의 어휘로 대체된 것을 확인할 수 있다.

16 정답 ②
『계림유사』의 「방언편」에 국어 단어를 수록하고 있는데, 여기에서는 송대 북방음으로 우리말 단어를 표기하였다.

17 정답 ②
『계림유사』에 따르면 중세 전기에는 어두자음군이 형성되지 않았으며, 두 자음 사이에 모음이 있던 2음절어에서 중세 후기에 모음이 탈락하면서 '뿔[米]'과 같은 형태가 나타난 것으로 보인다.

18 정답 ②
14세기 무렵에 's > z'의 변화가 일어났는데, 이 변화는 이중모음의 부음인 y, 'ㄹ', 'ㄴ'과 모음 사이라는 특수한 환경에서만 일어났다.

19 정답 ①
'ㅓ'는 [e]에 가까운 전설모음이었다.

20 정답 ③
두만강은 여진어 차용어에 해당된다.

21 정답 ③
훈민정음 창제 직전의 우리말을 연구할 수 있는 자료이다.

22 정답 ②
기본자-초출자-재출자는 중성의 체계였으며, 초성은 기본자-가획자-이체자의 체계를 갖추고 있었다.

23 정답 ②
사동형과 피동형 '-오/우'가 i나 y뒤에서도 '-요/유'로 달라지지 않는 것은 이들을 하나의 자음 음소로 볼 수 있는 근거가 된다.

24 정답 ①
'ㅆ'과 더불어 'ㆅ'도 어두에 나타났다.

25 정답 ③
우리말의 입성은 ㄱ, ㄷ, ㅂ 받침을 가진 음절에 나타나는데, 입성을 따로 표시하지 않은 이유는 한 자음과 달리 그 가락이 일정하게 정해져 있던 것이 아니었기 때문이다.

26 정답 ④
'노르'는 비자동적 교체가 일어나는 명사이다. 노르[獐]의 고형은 '노룩'이었는데, 휴지나 자음 앞에서 끝 자음이 탈락하여 '노르'가 되고, 모음 앞에서 제2음절 모음이 탈락하여 '놀ㅇ'이 된 것으로 추정된다.

27 정답 ④
'ㅣ'와 y로 끝나는 말 이외의 모음으로 끝나는 말 뒤에서는 그 모음과 하향 이중모음을 형성하므로, '여싀'와 같이 써야 한다.

28 정답 ①
동명사의 어미 '-ㅁ'과 부동사 어미 '듸'는 그 앞에 늘 '-오/우-'를 수반하였다.

29 정답 ④
15세기 문헌에서 빈번하게 사용되던 'ᄒᆞ다가'는 16세기 문헌에서는 자취를 감추고 '만일에'가 일반화되었다.

30 정답 ④
'ㅚ, ㅟ'의 단모음화는 18세기까지는 일어나지 않았다. 19세기 문헌에서는 'ㅈ'과 'ㅊ' 뒤에 한정되어 움라우트 현상이 나타날 뿐이다. 그리고 단모음화는 중립화와 관계가 없다.

31 정답 ④
17세기 문헌에 간혹 'ㆁ'의 용례가 나타나지만 'ㅇ'과 구분없이 쓴 것이므로, 실질적으로 'ㅇ'에 합류되었다고 볼 수 있다.

32 정답 ③
『경민편언해(警民編諺解)』는 1658년, 『노걸대언해(老乞大諺解)』는 1670년에 편찬되었다. 『목우자수심결언해(牧牛子修心訣諺解)』, 『석보상절(釋譜詳節)』, 『이로파(伊路波)』는 15세기에, 『번역소학(飜譯小學)』, 『소학언해(小學諺解)』, 『훈몽자회(訓蒙字會)』는 16세기에 간행된 자료이다.

33 정답 ④
'-기'를 가진 동명사의 세력이 커졌고, '-으(ㅁ)'의 세력이 위축되었다.

34 정답 ③
어두에서 i, j에 선행하는 'ㄴ'의 탈락이 구개음화와 관련된 현상이며, 18세기 후반에 일어나 19세기에 일반화된다.

35 정답 ①
중세국어의 동명사 어미는 '-오(ㅁ)/-우(ㅁ)'로 동사 파생 명사와 구별되었으나, 근대에는 그 구별이 사라졌다. 따라서 일반적 경향에 역행하는 것이다.

36 정답 ③
『훈민정음』해례의 종성해에 따르면 '엿의 갗'에 있는 종성은 'ㅅ'으로도 쓸 수 있었으며, 『월인석보』 등에 '엿이'와 같은 표기가 나타나기도 하지만, '엿이'와 같이 쓰는 것이 일반적이었다.

37 정답 ④
체언·용언의 어간에는 일반적인 모음조화의 규칙을 적용하고, 조사·어미도 두음이 모음인 경우는 일반적인 규칙을 따랐지만, 자음인 경우에는 따르지 않았다.

38 정답 ③
중세국어에서 피동어간을 파생시키는 접미사로 쓰이던 '-이-'가 근대에 '-히-'로 바뀌었다.

39 정답 ②
중세 전기에 원나라의 영향으로 몽골어 차용어가 많이 사용되지만, 전반적으로 중국어 차용어가 가장 많았으며, 중세 후기에도 중국어 차용어가 가장 큰 비율을 차지했다.

40 정답 ④
'傘'은 『계림유사』의 표기에 따르면 '슈룹'이었으나 『훈몽자회』(1527년)에는 '우산'으로 표기되었다.

제2회

01	02	03	04	05	06	07	08	09	10
②	④	①	①	④	④	①	②	③	④
11	12	13	14	15	16	17	18	19	20
③	④	②	②	④	④	②	③	③	①
21	22	23	24	25	26	27	28	29	30
③	③	②	③	①	④	①	①	④	④
31	32	33	34	35	36	37	38	39	40
①	②	④	③	③	③	③	②	②	②

01 정답 ②
국어사 연구는 국어 변천의 양상과 원인을 살피는 통시적 연구와 함께 어느 한 시대에 나타난 언어 상태를 연구대상으로 삼아 언어의 구성요소 간의 관계를 연구하는 공시적 연구를 같이 한다.

02 정답 ④
공시적 상태를 보여주는 자료가 내재하고 있는 내용에 근거하여, 이전의 상태를 내구할 수 있는 방법으로 '내적 재구'의 방법이 있다.

03 정답 ①
이화는 어중의 근접한 동일음이나 유사음 중 하나가 유사성이 적은 음으로 바뀌거나 탈락하는 현상을 이르는 것으로, 음운도치는 이에 해당된다.

04 정답 ①
국어는 일본어와 문법적으로 유사성이 있고 고유어 중 일본어와 음가가 비슷한 것도 있으나, 기초 어휘의 유사성이 적고 형태론적 차이가 커서 일본어 동계론은 하나의 가설로만 인정된다.

05 정답 ④
알타이조어는 동사형 서술형에서 동명사형이 많이 사용되는데, 국어에도 같은 특징이 나타난다.

06 정답 ④
포페의 가설에 따르면, 한국어의 언어재는 퉁구스제어와 가장 가까우며, 퉁구스제어는 음운론적으로 터키제어보다 몽골제어에 가깝다.

07 정답 ①
새김은 낱낱의 한자를 읽을 때, 한자의 음 앞에 풀이하여 놓은 뜻을 가리키는 말이며, 한자로 우리말을 표기할 때 활용하는 요소이지 문자 표기 방식은 아니다.

08 정답 ②
여기에서 '爲'는 석독으로 읽으며, '으로'로 볼 수 있다.

09 정답 ③
이두가 공문서나 관용문에서 쓰이기 시작한 것은 고려시대이다. 이로 인해 이두가 긴 생명력을 얻게 되었다.

10 정답 ④
사잇소리가 'ㄸ'[ㅅ]과 'ㅊ'[ㅈ, ㅊ]로 나타나는 것은 음절말에서 평음과 유기음의 대립이 없었던 것이 아니라 표기법이 체계적이지 못했음을 나타낸다.

11 정답 ③
'也'는 감탄조사로 호격의 기능을 하는 경우도 있었다.

12 정답 ④
8세기 중엽인 경덕왕(景德王, ?~765년) 때에 이르러 지명을 중국식으로 한자 두 자로 표기하였다.

13 정답 ②
'ㅿ'은 『계림유사』에도 나타나므로 13세기 이전부터 사용되었다고 할 수 있다. 그러다 15세기 후반에서 16세기 전반에 소실되었다.

14 정답 ②
『향약구급방(鄕藥救急方)』은 1236년에 대장도감에서 간행된 초간본은 전하지 않고 태종 17년(1417년)에 간행된 중간본만 전하지만, 표기 경향은 그 이전의 형태를 그대로 따르고 있다.

15 정답 ④
13세기 중엽에는 'ㅈ'과 'ㅊ'은 중화되었지만, 'ㅅ'과 'ㅈ' 사이의 중화는 아직 일어나지 않았으며, 'ㅎ'도 발음되었다고 추정된다. 'ㅅ'과 'ㅈ' 사이의 중화는 15세기에 일어난다. 따라서 중세 전기에는 음절말 위치에서 자음 대립이 나타났다고 볼 수 있다.

16 정답 ④
'-것다', '-놋다', '-닷다,' '-샷다' 등에 나타나는 선어말어미 '-ㅅ-'은 감동법으로 사용된 것으로 추정된다.

17 정답 ②
'必書赤'가 서기, '站赤'가 역(驛)을 담당하던 관직임을 고려할 때, '赤'는 관직명 또는 사람과 관련된 접미사인 듯하다.

18 정답 ③
'ㅓ'가 중설모음으로 이동하면서 'ㅡ'가 위로 움직이고, 이 앞력으로 'ㅜ'가 후설로 이동했으며, 'ㅗ'는 'ㅜ'에 밀려 아래로 움직이게 되었다. 이에 불안정한 'ㆍ'는 아래로 밀리게 되었고, 결국 완전히 소실된다. 여기에서 나타나는 'ㆍ'의 불안정성 때문에 '모음추이'는 '당기는 사슬'이 아닌 '미는 사슬'에 의한 변화일 가능성이 높다고 본다.

19 정답 ③
『번역노걸대(飜譯老乞大)』, 『번역박통사』 등의 일상 회화를 다루는 자료에서 구어의 특징을 살필 수 있다.

20 정답 ①
'ㄵ'과 'ㆀ'은 어두음이 아니라 어중음에 나타난다.

21 정답 ③
'ㅖ'는 'ㅣ상합자'에 해당한다.

22 정답 ③
15세기에는 속격조사로 '익/의' 외에 사잇소리를 표기하는 음운도 활용되었는데, 'ㅅ'과 더불어 앞 단어의 말음이 불청불탁자인 경우 그것과 같은 계열의 전청자를 사용하였다. 따라서 'ㅁ'이 아닌 'ㅂ'이 적절하다.

23 정답 ②
동국정운식 한자음은 실제 한자음과 중국 운서 체계를 절충한 것이다.

24 정답 ③
유성마찰음은 매우 제한된 분포를 보였으며, 그래서 15세기에 소멸되었다.

25 정답 ①
어간 '열-'[實]에 선어말어미 '-움'이 연결된 '여룸'은 동명사이고, '-음'이 연결된 '여름'이 파생명사이다.

26 정답 ④
'노ㄹ'[獐]의 고형은 '노록'이었는데, 휴지나 자음 앞에서 끝자음이 탈락하여 '노ㄹ'가 되고, 모음 앞에서 제2모절 모음이 탈락하여 '놀ㅇ'이 된 것으로 추정된다.

27 정답 ①
중세국어에서 속격조사는 '-ㅅ'과 더불어 '의'도 함께 쓰였으며, 현대국어에 이르러 '의'만 쓰인다.

28 정답 ①
중세국어의 계사는 연결이 자유로워 동사의 선어말어미 및 부동사어미에 연결될 수 있었다.

29 정답 ④
'늙-'[老]과 '닭-'[古]의 의미 분화도 이미 15세기에 이루어졌다.

30 정답 ④
선어말 어미 '-오-'가 기능을 상실하는 과정은 『노걸대언해』에 나타난다.

31 정답 ①
근대국어에서는 중세국어와 마찬가지로 '-ㄴ', '-ㄹ', '-ㅁ', '-기'가 쓰였으며, 이전 시기보다 '-기'가 활발하게 쓰였다.

32 정답 ②
②는 17세기에 일어난 변화이다.

33 정답 ④
단모음화는 이중모음 'ㆍㅣ'가 'ㅐ'로 변하고, 'ㅐ'[ay], 'ㅔ'[əy]가 다시 [ɛ]과 [e]로 단모음화한 것이다. 따라서 '앗기-'가 '읶기ᄂᆞᆫ'과 같이 표기가 바뀐 것이다.

34 정답 ③
동사에서 형용사를 파생시키는 '-ㅸ-', '-ㅂ/브-'에 따른 파생법은 생산성을 잃었다.

35 정답 ③
중국의 문화적 영향이 여전히 컸으므로, 근대국어에서도 중국어는 차용어의 주요 공급원이었다.

36 정답 ③
'ㅿ'은 16세기 이후에 소실되었고, 'ㅅ'으로 대체되지는 않았다.

37 정답 ③
'ㆍ'는 18세기 중엽에 어두음절에서 'ㅏ' 등의 다른 모음으로 변화했다.

38 정답 ②

'뼈-'는 기능 부담량이 적어 16세기에 이르러 소멸하였다.

39 정답 ②

중세국어에 있던 의도법은 근대에 와서 자취를 감추었고, 존경법, 겸양법, 공손법 세 체계에서, 겸양법이 공손법으로 변하여 두 존경법과 공손법의 체계로 이행하였다. 따라서 중세에 복잡했던 경어법 체계가 현대로 오면서 간소화되었다고 할 수 있다.

40 정답 ②

근대로 이행하면서 문장이 명사문에서 동사문으로 바뀌어가는 경향이 나타난다. 따라서 현대국어에는 동사문이 많이 나타난다고 볼 수 있다.

독학학위제 2단계 전공기초과정인정시험 답안지(객관식)

컴퓨터용 사인펜만 사용

전공분야

성 명

★ 수험생은 수험번호와 응시과목 코드번호를 표기(마킹)한 후 일치여부를 반드시 확인할 것.

수험번호

응시과목 코드번호

답안지 작성시 유의사항

1. 답안지는 반드시 컴퓨터용 사인펜을 사용하여 다음 보기와 같이 표기할 것.
   보기) 잘된 표기: ●
   잘못된 표기: ⊗ ⊙ ○ ◐ ●
2. 수험번호 (1)에는 아라비아 숫자로 쓰고, (2)에는 "●"과 같이 표기할 것.
3. 과목코드는 뒷면 "과목코드번호"를 보고 해당과목의 코드번호를 찾아 표기하고, 응시과목란에는 응시과목명을 한글로 기재할 것.
4. 교시코드는 문제지 전면의 교시를 해당란에 "●"와 같이 표기할 것.
5. 한번 표기한 답은 긁거나 수정액 및 스티커 등 어떠한 방법으로도 고쳐지지 아니되고, 고친 문항은 "0"점 처리됨.

※ 감독관 확인란

(인)

관리란 (연번) (응시자수)

[이 답안지는 마킹연습용 모의답안지입니다.]

독학학위제 2단계 전공기초과정인정시험 답안지(객관식)

[이 답안지는 마킹연습용 모의답안지입니다.]

독학학위제 2단계 전공기초과정인정시험 답안지(객관식)

컴퓨터용 사인펜만 사용

★ 수험생은 수험번호와 응시과목 코드번호를 표기(마킹)한 후 일치여부를 반드시 확인할 것.

전공분야

성명

수험번호

과목코드 / 응시과목

답안지 작성시 유의사항

1. 답안지는 반드시 컴퓨터용 사인펜을 사용하여 다음 보기와 같이 표기할 것.
   보기) 잘된 표기: ● 잘못된 표기: ⊗ ⊙ ◐ ○
2. 수험번호 (1)에는 아라비아 숫자로 쓰고, (2)에는 "●"와 같이 표기할 것.
3. 과목코드는 뒷면 "과목코드번호"를 보고 해당과목의 코드번호를 찾아 표기하고, 응시과목란에는 응시과목명을 한글로 기재할 것.
4. 교시코드는 문제지 전면의 교시를 해당란에 "●"와 같이 표기할 것.
5. 한번 표기한 답은 긁거나 수정액 및 스티커 등 어떠한 방법으로도 고쳐서는 아니되고, 고친 문항은 "0"점 처리함.

※ 감독관 확인란

(응시자수)

[이 답안지는 마킹연습용 모의답안지입니다.]

독학학위제 2단계 전공기초과정인정시험 답안지(객관식)

참고문헌

1. 국어사대계간행위원회 저, 『국어사 연구 1, 2』, 태학사, 2019.
2. 김경아, 『국어의 역사-음운과 문자』, 한국문화사, 2021.
3. 김민수, 『국어사강의』, 박이정, 2020.
4. 남성우 외, 『국어사 연구와 자료』, 태학사, 2007.
5. 박재민, 『고려 향가 변증』, 박이정, 2013.
6. 안병희, 『국어사 연구』, 문학과지성사, 1992.
7. 이기문, 『국어사개설』, 태학사, 2006.
8. 이기문, 『국어사』, 한국방송통신대학교출판문화원, 2017.
9. 전광현, 『국어사와 방언1-국어사 연구』, 월인, 2003.

여기서 멈출 거예요? 끝지가 바로 눈앞에 있어요.
마지막 한 걸음까지 SD에듀가 함께할게요!

시대에듀 독학사 국어국문학과 2단계 국어사

개정1판1쇄 발행	2025년 01월 08일 (인쇄 2024년 10월 29일)
초 판 발 행	2022년 05월 06일 (인쇄 2022년 03월 16일)
발 행 인	박영일
책 임 편 집	이해욱
편 저	장세희
편 집 진 행	송영진 · 김다련
표지디자인	박종우
편집디자인	차성미 · 고현준
발 행 처	(주)시대고시기획
출 판 등 록	제10-1521호
주 소	서울시 마포구 큰우물로 75 [도화동 538 성지 B/D] 9F
전 화	1600-3600
팩 스	02-701-8823
홈 페 이 지	www.sdedu.co.kr

I S B N	979-11-383-7958-8 (13710)
정 가	20,000원

※ 이 책은 저작권법의 보호를 받는 저작물이므로 동영상 제작 및 무단전재와 배포를 금합니다.
※ 잘못된 책은 구입하신 서점에서 바꾸어 드립니다.

시대에듀 독학사
국어국문학과

왜? 독학사 국어국문학과인가?

4년제 국어국문학과 학위를 최소 시간과 비용으로 **단 1년 만에 초고속 취득 가능!**

1. 1990년 독학학위제의 시작부터 함께한 **가장 오래된 전공 중 하나**
2. 국어 및 국문학의 **체계적 학습 가능**
3. 교육대학원 진학 및 출판계, 언론계, 미디어 등 **다양한 분야로 취업 가능**

국어국문학과 과정별 시험과목(2~4과정)

1~2과정 교양 및 전공기초과정은 객관식 40문제 구성
3~4과정 전공심화 및 학위취득과정은 객관식 24문제+주관식 4문제 구성

2과정(전공기초)	3과정(전공심화)	4과정(학위취득)
국어사 국어학개론 한국현대시론 국문학개론 고전소설론 한국현대소설론	문학비평론 국어의미론 국어정서법 국어음운론 고전시가론 한국문학사(근간)	국어학개론(2과정 겸용) 국문학개론(2과정 겸용) 문학비평론(3과정 겸용) 한국문학사(3과정 겸용)

시대에듀 국어국문학과 학습 커리큘럼

기본이론부터 실전문제풀이 훈련까지!
시대에듀가 제시하는 각 과정별 최적화된 커리큘럼에 따라 학습해 보세요.

STEP 01 기본이론 — 핵심이론 분석으로 확실한 개념 이해
STEP 02 문제풀이 — 실전예상문제를 통해 문제 유형 파악
STEP 03 모의고사 — 최종모의고사로 실전 감각 키우기

1과정 교양과정 | 심리학과 | 경영학과 | 컴퓨터공학과 | **국어국문학과** | 영어영문학과 | 간호학과 | 4과정 교양공통

독학사 국어국문학과 2~4과정 교재 시리즈

독학학위제 공식 평가영역을 100% 반영한 이론과 문제로 구성된 완벽한 최신 기본서 라인업!

START

2과정

▶ 전공 기본서 [전 6종]
- 국어사
- 국어학개론
- 한국현대시론
- 국문학개론
- 고전소설론
- 한국현대소설론

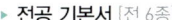

3과정

▶ 전공 기본서 [전 6종]
- 문학비평론
- 국어의미론
- 국어정서법
- 국어음운론
- 고전시가론
- 한국문학사(근간)

4과정

▶ 전공 기본서
- 국어학개론(2과정 겸용)
- 국문학개론(2과정 겸용)
- 문학비평론(3과정 겸용)
- 한국문학사(3과정 겸용)

※ 표지 이미지 및 구성은 변경될 수 있습니다.

GOAL!

➕ 독학사 전문컨설턴트가 개인별 맞춤형 학습플랜을 제공해 드립니다.

시대에듀 홈페이지 **www.sdedu.co.kr**   상담문의 **1600-3600**   평일 9~18시 · 토요일 · 공휴일 휴무

시대에듀 동영상 강의 | www.sdedu.co.kr